我与兰登书屋
贝内特·瑟夫回忆录

〔美〕贝内特·瑟夫 著 彭伦 译

At Random
The Reminiscences of Bennett Cerf

人民文学出版社
PEOPLE'S LITERATURE PUBLISHING HOUSE

著作权合同登记号　图字 01-2017-1155

Bennett Cerf
At Random:The Reminiscences of Bennett Cerf
Copyright © 1977 by Random House，Inc.
Introduction Copyright © 2002 by Christopher Cerf
This translation published by arrangement with
Random House，an imprint of The Random House
Publishing Group，a division of Random House，Llc.
Simplified Chinese edition copyright ©
2017 by Shanghai 99 Readers Culture Co. Ltd
All Rights Reserved.

图书在版编目(CIP)数据

我与兰登书屋：贝内特·瑟夫回忆录/（美）贝内特·瑟夫著；彭伦译.
—北京：人民文学出版社，2017
（出版人书系）
ISBN 978-7-02-012903-4

Ⅰ.①我…　Ⅱ.①贝…　②彭…　Ⅲ.①回忆录-美国
-现代　Ⅳ.①I712.55

中国版本图书馆 CIP 数据核字(2017)第 119172 号

总　策　划　黄育海
责任编辑　赵　萍
特约策划　欧雪勤
装帧设计　张志全

出版发行　人民文学出版社
社　　址　北京市朝内大街 166 号
邮政编码　100705
网　　址　http://www.rw-cn.com

印　　制　上海盛通时代印刷有限公司
经　　销　全国新华书店等

字　　数　343 千字
开　　本　635 毫米×965 毫米　1/16
印　　张　24
版　　次　2007 年 2 月北京第 1 版
印　　次　2017 年 11 月第 1 次印刷

书　　号　978-7-02-012903-4
定　　价　59.00 元

如有印装质量问题，请与本社图书销售中心调换。电话:010 - 65233595

目 录

序 言

我的父亲贝内特·瑟夫是公认的二十世纪出版业巨子,他以融才华、激情与奉献精神为一身的独特风格,和他的合伙人唐纳德·克劳弗尔一起创办了兰登书屋,将一家每年只是"偶尔"出版几种精装珍藏版图书的出版社,发展成为世界上最重要、最有影响的媒体集团之一。

不幸的是,父亲于一九七一年因心脏病突发而意外去世,使他再也没有机会整理、润色他一九六〇年代末开始写作的回忆录。多亏我的母亲菲丽丝·瑟夫·瓦格纳和长期担任兰登书屋总编辑的阿尔伯特·厄斯金,他将我父亲的笔记、日记、剪贴本和父亲为哥伦比亚大学所做的口述史精心汇编成书,使父亲丰富多样的性格中的每一个侧面在《我与兰登书屋》这本书中得以栩栩如生地呈现。

完美无瑕的文学趣味;不可思议的商业本能;用之不尽的精力与激情;天才的公关与销售技巧;坚定而又兴致勃勃地把握每一次机遇的决断;充满孩子气的魅力;令人信赖的诚实;在逆境中不失风趣幽默的惊人才智;不偏不倚的公正与慷慨;迫切受人欣赏、喜欢的强烈愿望;不让自己板起面孔做事的坚持;对自己的好运总是感到高兴的满足——我父亲用他那充满趣味的文笔,在《我与兰登书屋》中展现了他如何将这些有时相互矛盾的特点,转化为自己的优势,实现他渴望的成功,并由此感到由衷的快乐。

比方说,除了贝内特·瑟夫,当年谁还有那种勇气和魄力胆敢在美国

1

出版詹姆斯·乔伊斯的《尤利西斯》这部以淫秽为名被禁止引进的书，谁有他那种敏锐的商业头脑，居然安排自己出版社的人员故意走私该书进口被抓，以此在法庭上挑战禁令？（对该书的另外一种选择是：过早推出可能会被定性为非法出版物的美国版，导致的代价对于像兰登这样规模的出版社来说是极其高昂的。）还有哪个出版家像他那么聪明，居然想到在美国海关查缴之前，把英国、法国重要评论家赞扬《尤利西斯》的评论贴在走私的书里面？（他解释说："只有把这些文章贴在书里，我们才能在法庭上当庭引用这些评论。"）在我父亲的竞争者中，有谁具备他那样的胆量和魅力，去说服大律师莫里斯·恩斯特免费为他打官司（父亲说："他跟我一样喜欢出风头！"），还给他从未谋面的乔伊斯一笔预付金，承诺就算兰登的官司最终败诉，这笔钱也不用还，从而获得乔伊斯本人的支持？（父亲写道，由于在美国出版过乔伊斯其他小说的维京出版社"不敢"出版《尤利西斯》，乔伊斯因为能从这本书上赚到美金而过于兴奋，在去和他见面的路上被一辆出租车撞倒，到的时候"头上缠着绷带坐着，一只眼睛戴着眼罩，一只胳膊挂在吊带上，还有一条腿裹得严严实实，伸直了摊在椅子上"。"我后来才知道，那只眼罩他是一直戴着的。"他又说。）

同样，也很难想象别人会有他那样的品位和远见出版格特鲁德·斯泰因的作品，居然还老老实实地承认他看不懂，正如他在斯泰因的《美国地理史》勒口上写的那样："我不知道斯泰因小姐在说什么。我连书名都看不懂。……格特鲁德小姐告诉我，那是因为我是个笨蛋。"格特鲁德·斯泰因很欣赏我父亲率直的幽默。《出版人周刊》封面上登了作家凯瑟琳·温瑟一张非常漂亮的照片后，兰登书屋也做了一个广告，选用斯泰因和爱丽丝·托克拉斯逊色几分的照片，照片下的广告语却说："嗨，我们也有美女作家！"斯泰因看到以后乐坏了。

由于 W.H.赫逊的《绿色公寓》在美国没有版权问题，从法律角度，任何出版社再版这本书都不用向首先引进该书的阿尔弗雷德·A.克瑙夫的出版社付费。但部分因为克瑙夫是我父亲的"出版偶像"，父亲和唐纳德·克劳弗尔在一九二五年收购"现代文库"后不久就去拜访克瑙夫,同意按照每本六分钱的条件支付版税,而此前,"现代文库"丛书的前老板贺拉斯·利弗莱特一直拒绝支付这笔钱。这一异常公道、慷慨的举动,从此成为他们友谊的开端,这也导致几十年以后,阿尔弗雷德·A.克瑙夫最终作出将其出版社并入兰登书屋的决定。

又有哪位"严肃的出版家"会像我父亲那样,在兰登书屋出版《性心理学研究》不久会见作者霭理斯博士之后,直率地表示对他的失望之情?("他和蔼可亲,风度迷人,"我父亲写道,"但是,他不想和一个年轻出版人谈什么性。")有谁会像他那样,在密西西比州的奥克斯福德参加威廉·福克纳葬礼时,因为在福克纳床头柜上发现一本他编的文集《为快乐而阅读》,而坦率地表达自己的得意之情?("[威廉]斯泰伦找到一本他写的《在黑暗中躺下》,"我父亲写道,"也很高兴。")①

当然,我爸爸绝不仅仅是作为出版家而为人所知的。他的身份还有:专栏作家,文选编纂者,演说家,电台节目主持人,笑话、轶闻、绝妙双关语的收集者,美国小姐选美比赛的固定评委,收视率很高的电视综艺节目《我是干哪行的?》嘉宾。有些人批评他一心多用到处露脸,或者指责他在电视上哗众取宠,"有失一个体面出版人的身份"。他会纠正说,他的这些社会活动为兰登书屋带来了很多好处。

比如,通过演讲,他就可以周游全国各地,"到一些出版人——我指的是大出版社的老板——过去从未涉足的城镇"。每到这种地方,贯穿他一生的顽皮个性和进取心就显露无遗。"我总是去当地的书店见见店主,跟他们聊聊,也看看他们把'现代文库'的书放在什么位置。"他写道,"我会说,'你把现代文库放在书店那么靠里的位置是什么意思?'如果他们说还没想到要挪挪它们的位置,我就帮他们挪。趁他们不注意,我会从'现代文库'的书架上抽出几种新出的书,放到书店前头的展示架上。"

---

① 《在黑暗中躺下》为威廉·斯泰伦成名作。——本书注释均为译注

更重要的是,每周一次在电视上露面的现场直播讨论节目,给了他宣传兰登书屋、兰登作者和图书的一个绝佳机会。对此,他一直乐此不疲地强调。有一次父亲在每周一次的《我是干哪行的?》节目中不失时机地介绍威廉·福克纳而不是约翰·奥哈拉的最新小说,约翰·奥哈拉看到节目后怒气冲冲地打电话给他兴师问罪,从而证明父亲用意之有效,父亲流露出的那种高兴劲儿,我永远也忘不了。

父亲的朋友和同事杰生·爱泼斯坦(父亲称之为"我佩戴的十字架",而他以"贝内特是我遇到的一只熊"反唇相讥。①)曾评价,正是父亲,和贺拉斯·利弗莱特、阿尔弗雷德·克瑙夫,以及其他二十世纪二三十年代一批年轻的犹太裔出版人,一起掀起了书业的革命。爱泼斯坦在《书业》一书中写道,他们"在被上个世纪的偏见统治的出版社里"与"他们绅士派头十足的前辈决裂",并"甘冒个人财富流失、得罪前辈的风险,大胆推广文学和现代主义理念"。兰登书屋当初植根于那套名为"现代文库"的再版书系的做法是何等英明!

但是,正如爱泼斯坦本人指出,整个二十世纪上半叶的出版业,依然是一个"家庭作坊"式的产业。的确,一九六〇年代初我去兰登书屋工作的时候,社里每个人的电话分机都是两位数,整个出版社的人名录打在一张跟明信片差不多大的纸上就足够了。(今天,这样一份人名录仍然挂在兰登书屋的传奇编辑鲍勃·卢米斯办公室的墙上。)也许没有被充分注意到的是,我父亲还推动引导兰登书屋——乃至整个出版业——经历"第二次"革命:他比任何同时代的人都更早、更透彻地意识到了以二十世纪四十年代末电视出现为发轫的大众文化、技术、商业和媒体惊天动地的变革,这些变革改变了书业形态,因此终其一生,他使局势以更快的速度朝着对他有利的方向发展。有人会好奇:将来有一天,是否会出现一种"后现代文库"丛书不用归功于他的影响?

---

① "他佩戴的十字架"原文为 the cross I bear,"遇到的一只熊"原文为 the bear I cross,两人在这里是利用多义词 cross 和 bear 互相开玩笑。

我父亲始终将他的一部分成功归功于幸运,他在《我与兰登书屋》的最后几页总结自己一生时说:"我的运气再好也没有了!"确实,在他最成功的几件大事中,运气起了非常重要的作用。就拿他从博尼与利弗莱特出版社收购"现代文库"的交易过程来说吧,就在这家出版社的发行经理朱立安·梅斯纳即将说服贺拉斯·利弗莱特拒绝我父亲的收购条件之际,一个文学经纪人因为怀疑利弗莱特勾引他老婆,挥舞着一把手枪冲进出版社的门厅。利弗莱特吓坏了,派梅斯纳去应付这个经纪人——这种事显然得到附近的地下酒吧去解决——我父亲这才少掉谈判中态度最强硬的反对者。他写道:"对我来说运气真是好得难以置信呀!"

父亲还非常幸运地碰到了当时默默无闻的詹姆斯·米契纳。就在此前几天,麦克米伦出版社总裁乔治·布雷特建议这位颇有抱负的小说家,"还是专心做编辑工作,别再把时间和精力浪费在写作上了"。当时米契纳还是布雷特手下的教材编辑,刚刚出了一本几乎没人注意的短篇小说集。"我们一拍即合。"父亲写道。他立刻和米契纳签了兰登书屋的出版合同。不到两星期,米契纳在麦克米伦出版的短篇小说集《南太平洋的故事》就获得了普利策奖。用我父亲的话说,一夜之间,他就成了"冉冉升起的文学新星"。

每当别人问他一九五九年兰登书屋怎么会公开发行股票时,我父亲总是归因于一次令人高兴的巧合:我父亲当年哥伦比亚大学毕业后短暂受雇于萨托里乌斯-史密斯-洛维证券公司时,坐在他隔壁柜台的年轻收银员查尔斯·艾伦,后来成为美国顶尖的投资银行家。"一天,我就找我这位老朋友查理咨询,"父亲写道,就好像每个出版人都有在华尔街的工作经历,因而上市时机成熟时随随便便就能找一个老同事咨询似的,"他说:'当然行,我们帮你发行股票吧。'"

事实上,对我这个永远乐观的父亲来说,就算是坏运气也会变成好机会。一九二〇年代初他还在博尼与利弗莱特出版社工作,有一次出版社的仓库着火了,他的第一反应是,这把火大概可以烧掉《圣经的故事》这本由于对销售前景过于乐观而造成的大量库存书。可他的希望破灭了：消防队及时赶到，在"快烧到《圣经的故事》那庞大书堆"的那一刻把火扑灭了。"所幸，"他写道，"还是有几千本被水冲得报废了。"

再来看兰登书屋一次更令人尴尬的挫折——昆丁·雷诺兹在他的畅销书《不肯说话的人》中描写主人公在"二战"期间为法国地下抵抗运动英勇地完成了许多艰巨使命，被德国人逮捕后坚决不招供。有人揭发说这完全是编造的故事。"我明天会召开一场新闻发布会。"我父亲对雷诺兹说，"我们将宣布这本书不是纪实作品，而是小说。而且书名也马上改掉，不叫《不肯说话的人》，改成《话说得太多的人》。"这个安排极其奏效，我父亲写道："媒体只是拿这事儿当作一个无伤大雅的骗局把戏来报道，结果好玩的是，这本书的销量比真相曝光前翻了四倍。"

当然，重要之处在于，我父亲有一种不可思议的本事，能"创造"机遇——或者发现别人不太注意的机遇——然后带着他那种几乎永不衰竭的高兴劲儿抓住它。在他的好朋友莫斯·哈特①的一次悼念仪式上，我父亲特地说起，要是有人把他的成功归因于幸运，莫斯就反驳说："没有人会成天坐在那里说，'今天我们能为莫斯·哈特做些什么？'幸运都是你创造的。"如果贝内特·瑟夫不妄自菲薄，或许他也会这样说自己。

我记忆中的爸爸是一个出色的老师，他每天都习惯性地说出他对生活和工作的想法；他清楚、生动而幽默地解释为何他想做的事情基本上都能做到；他诚恳地要求我们像他一样，反省每一次错误，让自己进步。你可以想象他把大段时间投入工作，可他总是能想出法子让哥哥乔纳森和我感觉很受他重视。他甚至有办法一边写两个每周一期的报纸专栏一边陪我，而平时他一般都是周末下午在那栋有花式圆柱的乡间别墅里写文章的，他用业余时间为报纸写文章，也是以此来贴补买这栋房子的（它也被酷爱双关语的爸爸称作"柱子"）②。嗯，更准确地说，是他给我设计了

---

① 莫斯·哈特(1904—1961)，美国剧作家。

② 在英语中 column 有"柱子"义，也有"专栏"义。

一桩差事,造成了他尽其所能陪我更多时间的"假象":他封我为"扬基队比赛指定观看员"①。我的任务是一旦电视里的球赛有什么值得他一看的内容,就马上通知他;然后,他会笑嘻嘻地跟我讨论我打断他的时机是对还是错。(结果证明,我永远是错的,除非是扬基队得分,或者扬基队的投手在满垒无人出局的情况下成功逃脱。)爸爸向我保证,他搞这个游戏的唯一目的,就是"训练我学会判断"。要是我敢说他在看扬基队比赛的一些关键时刻也流露出一点小小的兴趣,他就会像受了很严重的冒犯,然后就给我机会,让我到他自己发明的组织"家庭委员会"上申诉。我和我哥哥每人有一票投票权,妈妈三票,爸爸有六票,所以他的观点永远胜出。

最近重读《我与兰登书屋》,我想起爸爸在和我拉家常的时候教给我的人生智慧,许多都能在书中找到。诚然,他说的故事非常有趣;换别的风格他也不会写。不过,这本书也可以作为自传性的行业手册来读:一本"如何成功"的入门读物,可以颠覆下面这些普遍观点:用格特鲁德·斯泰因的句式说,经理人就是经理人就是经理人;一个其他行业的资深经理人来到一家公司,经营得和一个花了一辈子心血掌握他公司所在行业方方面面知识的人一样好甚至更好;每一次交易都得是一方获益一方吃亏的局面,输赢非常重要;商场如战场,没有精神价值,没有幽默,对了,还没有乐趣。"人们过得体面的时候,谁的事情都好办。"爸爸教导我们,"那是我一辈子都遵循的理论。如果你赚钱,要让别人也赚……如果你做的事情能让每个人都得到好处,那才是理想的生意。"如果这种理念能被广泛接受,现在的许多企业一定会经营得更顺利!

对我来说,爸爸最让我感到亲切的特点是他永远的乐观——他似乎在任何地方都能找到乐子,("他是我见过的最快乐的人。"他的好朋友莱昂诺拉·霍恩布娄赞道。)而且他天生就有一种亲和力,能把这种快乐带给他周围的每个人。在哥伦比亚大学举行的父亲追悼会上,威廉·斯泰伦

---

① 扬基队是纽约最著名的棒球队。

的话让我热泪盈眶,他称我父亲是"提升生命价值的人"。贝内特·瑟夫可能没有想过自己会获得这么深刻的赞誉。"一点点幽默就能让我们活得有滋味。"他在《我与兰登书屋》中告诉我们,"那一直是我的信条。有人曾经问我,'你希望自己的墓志铭上写什么?'我总是说,我希望这样写,'当他离开房间时,屋里的人们会因为刚才与他共度的这段时间而更加快乐。'"

今天,写这篇文章的时候,离贝内特·瑟夫去世差不多已经三十年了。与许多其他名人、成功人士的子女不同的是,我深深热爱我的父亲,几乎毫不保留地崇拜他。我永远都怀念他。

克里斯托弗·瑟夫

二〇〇一年九月

原版出版说明

在一九六七年九月至一九六八年二月间,哥伦比亚大学口述历史部的玛丽·R.霍金斯对贝内特·瑟夫作了二十一次问答式长篇访谈。这些访谈均有录音和文字整理,经他初步校订后又重新录排。一九七一年三月,他又补写了一些笔记,使口述历史的内容一直更新到最近的时间。

撰写《我与兰登书屋》是他本人的主意(书名也是他取的),写作的方式是从一千多页打字稿中整理,把问题删掉,重新安排布局,校订、润色文本,补写他访谈时没想到的内容。在一九七一年八月猝死之前,他已经开始写了,而且在他生前最后几个月里,他经常跟我们和别人说起他对这本书的想法。如果他能活着写完,我们一定会参与他的整个写作过程,而不是带着悲伤的心情,在他缺席的情况下努力贯彻他的意图。

口述历史的材料是《我与兰登书屋》的主要素材,但不是唯一素材。极少有人会像贝内特这么有条理地记录自己的人生,我们从中获益匪浅:他保存着哥伦比亚大学学生时代的日记,到国外旅行的日记更多;精心保存的大量剪贴本,它们本身就是一个参考文献图书馆,里面有关于兰登书屋和他自己的新闻,以及几百篇他发表的文章剪报;大堆大堆他按照顺序有条不紊整理好的书信(很明显,他几乎从不扔信)。

所有这些资料在贝内特的记忆偶尔出现疏漏的时候,都成了核对日期、事实最宝贵的依据。更重要的是,它们实质上也构成了本书的内容。当我们发现对同样的主题,他很久以前写的文章比口述历史的更好时,我们就采用前者。在他的旅行日记中有好几则他当场写的片断,比他多年以后在访谈中回忆的更有趣更详尽,我们就替换掉访谈中的回忆内容。最后,在从大量口述历史素材中选择材料的问题上,我们都是以他自己为这本书定的书名和我们估计他本人也会那么做的思路为指导,这样,本书主要是一本关于出版和他在其中的卓越表现的书。

菲丽丝·瑟夫·瓦格纳

阿尔伯特·厄斯金

我与兰登书屋

At Random

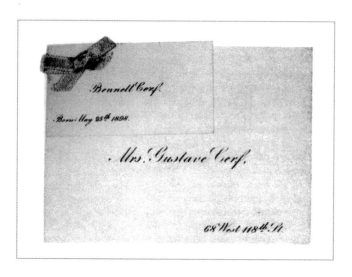

贝内特·瑟夫的出生证明。贝内特的剪贴本上是这么加注的："麻烦从此开始。"

我是个颇为奇怪的人，因为不光是我，我的爷爷奶奶、外公外婆和我父母都出生在曼哈顿岛。我爸爸这一支家族来自法国阿尔萨斯，我妈妈则是一个姓怀斯的德国人后裔。我爸爸的爸爸，马塞尔·瑟夫，是个珠宝商。瑟夫家族很有魅力但没多少钱，而怀斯家族呢，正相反，很有钱但没什么魅力。我外公内森·怀斯拥有一家烟草经销公司——大都会烟草公司——在他稳健的经营下，他积累了一百多万美元的家产，后来这笔家产的分配方式在我事业起步阶段起了很重要的作用。

　　每个人都奉承我外公怀斯，他蓄着大胡子，不苟言笑，看起来就像当时印在"史密斯兄弟"牌止咳药包装盒上史密斯兄弟中的一个。我主要是在星期天才会见到他，这是跟他们一家吃晚饭的固定日子。我妈妈有五个兄弟姐妹，三个兄弟两个姐妹。外公有一幢私家大宅，生活颇为优渥，他的汽车是我这辈子见到的第一辆汽车。他用手背打人很有一套。在餐桌上他会猛然伸手过来，没等你反应过来就打你一下。所以每到星期天晚餐时，挨过打的人都坐得离他远远的，越远越好。下午他午睡的时候，屋子里必须像教堂一样安静。我一辈子都没有安静的时候，所以常常会把他吵醒，挨他反手一巴掌。

　　我爸爸古斯塔夫·瑟夫长得很帅，又讨人喜欢。我很崇拜他，人人都喜欢他。他的工作是平版印刷工，业余兼职教演讲课，一度还考虑过打职业棒球。他曾经作为接球手打过周末的半职业比赛，一八九二年还参加了布鲁克林道奇队的一场联赛预赛。他一辈子都被我们取笑没能参加职业棒球大联盟当接球手，不过不管我们多少次拿他开玩笑，他总要花很长时间解释为什么他没去打棒球。

我父母是通过一种相当奇怪的方式相识的。那时候上大学的女孩不多，至少我们家生活的圈子里是这样。不过我父母年轻的时候，体面人家的小姐上点演讲课、会朗诵《男孩站在燃烧的甲板上》这样的诗，已被认为是颇为重要的事。我妈妈弗雷德里卡·怀斯家就请来一个老师给她上演讲课，这位教书先生就是我爸爸。这对师生陷入了热恋，然后私奔——这令我外公暴跳如雷，他觉得我爸爸是个讨人喜欢但不牢靠的家伙。但他俩一辈子都彼此深爱。我就这样，出生在一个非常幸福的家庭里。

我出生的房子所在的位置现在是纽约最破的地区之一——第一一八街，就在和第七大道相交的地方——可它一度是最繁华的犹太人社区。后来，在我很小的时候，我们家搬进了附近的第一二一街西二〇一号，道格拉斯公寓楼。

贝内特与爸爸的合影（一八九九年十月一日）

4

大约四岁时

大约六岁时

　　我爸爸是个很骄傲的人，一家的生活全靠他一个人挣钱。我在城里长大，在街头巷尾跟一大群强壮的小孩打棍子球①，其中不少人后来都很出名。那时候在街上玩耍不像现在这么危险；汽车刚开始出现。我们常常穿着旱冰鞋，手搭在送冰的马车②上满城乱窜。手伸进去抓点冰块是很了不起的事。你还可以在大街中央玩"拳球"③，玩这种游戏不用经常跑到人行道上去。

　　我们小孩都是狂热的棒球迷。（打我五岁起，爸爸就带我去看比赛，我因此受了启蒙。）那时候《纽约先驱报》报社在第一二五大街、第七大道有个办事处，门口放着一块棒球比赛积分板。每隔一会儿就有个男孩拿着橡皮垫跑出来，把比分贴在板上。由于当时还没有广播，更没有电视，我们放学以后就站在那儿等那个男孩贴比分。每次他出来，我们就喊：

---

　　① 棍子球是美国小孩在街上玩的游戏，类似棒球。
　　② 送冰的马车是过去挨家挨户送冰的马车。
　　③ 拳球是一种以拳代棒击球的游戏，类似棒球。

"怎么样？"可他老是装蒜，不回答我们，只是把比分贴上去。我们都是纽约巨人队的铁杆球迷，一直讨厌布鲁克林道奇队，尽管我爸曾经差点进道奇队打球。他们是死对头。

我在位于第一一七大街和圣尼古拉路路口的第十公立学校上学。开学第一天，妈妈把我的穿着打扮得像巴斯特·布朗[①]。我穿着一身有大领子和下垂蝴蝶结的衣服出门，引起了曼哈顿大道、第八大道一带爱尔兰裔小孩的注意。回到家时，我的领子撕破了，鼻子流着血，我气得大喊大叫。我并不是为那些对我搞偷袭的孩子生气，而是为妈妈让我穿成这副样子。我是她的骄傲，她的快乐，她的独生子。他们告诉我，我当时虽然没怎么被宠坏，可有时候碰到事情还是会大着胆子按照自己的方式做。我不记得这次是不是也算在内，不过我记得从那以后我就再也没有穿着

大约十二岁时

①巴斯特·布朗是二十世纪初美国流行的漫画形象。

6

这种巴斯特·布朗式的打扮上学。第十公立学校是所好学校,我们都认为在这里读书是一种恩宠,所以很为此骄傲。这所学校有很多聪明孩子,其中一些成了我终生的朋友。霍华德·迪茨就是其中之一,他后来成了著名的剧作家,写过《乐队花车》。他在担任米高梅公司公关部主任的时候,给一个小演员露茜尔·勒苏尔改名"琼·克劳馥"。

这所学校的毕业生里还有一个叫莫蒂·罗杰斯,他后来成了著名的妇产科医生,我的两个儿子都是他接生的。他有个小弟弟,我们那时候常常绕着房子踢脚,叫他"滚出来",他后来也相当有名,就是理查德·罗杰斯,他的热门音乐剧——《葆·乔伊》《俄克拉荷马!》《南太平洋》《音乐之声》等——不仅让他自己发了财,还丰富了整个音乐世界。第十公立学校的校长是珀金斯博士,人人都爱戴他。有一位名叫艾比·格林堡的老师,也是学校运动队的教练,他带的队很厉害,第十公立学校一年接一年地夺得校际锦标赛冠军。我一直是个近视眼,可跑步不错,所以在运动队里跑接力比赛。

我自小就爱读书。一开始读杂志,记得当时很爱读的有《流行》《拔尖》,里面刊登关于棒球、橄榄球和探险方面的故事——按照今天的标准来看它们很乏味,可我就是爱读。《星期六晚刊》是当时很受欢迎的杂志,我们所有人常常到街上兜售,肩上背着装满这份杂志的白包,我们就在地铁站入口或者其他繁忙的地方蹲点。一份卖五分钱,我们根据销量提成。

我记得自己最早看的书是《流浪少年》《摩托少年》和《普特南堂的士官生》。后来我发现在第一二三大街和雷诺克斯路路口有一个公共图书馆分馆;我和伙伴们都去那儿,一起发现了一个名叫拉尔夫·亨利·巴博的作家写的书。我到现在还记得他的一些书名:《深红色羊毛衫》《为了学校的荣誉》《四人宿营》和《四人漂流》。这些书让我从读《拔尖》杂志的阶段提升了一步——这是第一步。我妈妈也一直喜欢读书,她督促我读当时流行的儿童故事,比如《黑美人》《阳光溪农场的丽贝卡》,可要说哪些是真正的好书,我父母就没多少主意了。我舅舅赫伯特对我童年的影响最大。他是我妈妈的弟弟,只比我大五岁,长得一点都不壮。他是我见过最了不起的人之一,绝对了不起。我觉得他什么都懂。

一九一一年我们家搬到了河滨大道、第一五七街,正好是我从第十公立学校毕业、在毕业典礼上代表我们班发言的时候。新家在一栋叫做里维埃拉的公寓楼里,我记得我们家在十二楼,朝右望出去可以俯瞰奥杜邦公园①以及更远的哈德逊河。

与父母合影

当时,华盛顿高地还没有建,在现在的乔治·华盛顿大桥所在位置的正南方,这个大型住宅区的第一幢公寓楼刚开始拔地而起,就像里维埃拉大楼一样,今天依然屹立。从我们家窗口望出去,可以看到在纽约中央火车站西边铁轨上穿行的火车,另一个乐趣是观看河上的船只往来,尤其是看开往奥尔巴尼②的夜航船,探照灯从哈德逊河这头到那头一路明灭。很多人坐夜航船去阿第伦达克山脉③,他们先坐船到奥尔巴尼,再转乘火车。我记得我们也是这样去野营的,当时亲身坐在船上,而不是站在窗口

---

① 奥杜邦公园是曼哈顿北部的华盛顿高地地区一片街区的统称,并非真的公园。

② 奥尔巴尼是纽约州首府。

③ 阿第伦达克山脉绵延在纽约州东北部。

眺望的那种兴奋劲儿,至今记忆犹新。从十二岁到十五岁,我每年夏天都和莫蒂·罗杰斯去野营,后来他弟弟迪克①长大了,就跟迪克和日后成为他事业搭档的拉里·哈特一起去。

我们家搬到华盛顿高地的时候我快十三岁了。虽然我父母都是犹太人,我却从未去过犹太会堂。邻里很多我这个年纪的孩子纷纷扬言要接受成人仪式②了。看到他们因为接受了成人仪式而都得到自行车,我也要求接受成人仪式,这着实让我父母大吃一惊。我如愿得到了自行车,可是他们不许我在街上骑,因为妈妈觉得太危险。

那时候城里的孩子有三所高中可以选择:康默斯中学、克林顿中学和唐山德·哈里斯中学。康默斯和克林顿相对来说都在市中心,在六十几号街上。唐山德·哈里斯中学是纽约市立学院的附中,这所学校有一个特点:学生可以用三年时间修完全部课程,而其他高中得要四年。但是你必须在公立学校成绩很好,才能上唐山德·哈里斯中学,一旦进去,又得拼命学习。我在那儿比后来上大学用功多了,跟唐山德·哈里斯中学相比,大学里的学习简直不值一提。中学的退学率高得吓人,第一年,我们班超过一半人就要因为考试不及格而退学。

我在高中就开始阅读层次高一些的好书了,比如《撒克逊劫后英雄略》③《织工马南》④《草原千里》⑤。我很爱读《撒克逊劫后英雄略》,从此,我开始找瓦尔特·司各特的其他作品读。不过我还是经常读流行杂志。也是在这个时期,我在《圣尼古拉斯》杂志上发表了第一篇文章,题目叫做《我如何度假》,得了一个二等奖。

回想起来,我是在搬到里维埃拉大楼以后才开始了真正的生活,因为楼里有搬到市中心来住的霍华德·迪茨,还有另一个朋友麦瑞尔·拉基

---

① 迪克是理查德的昵称。
② 犹太教传统,男孩长到十三岁要进行成人仪式,开始承担宗教义务。
③ 苏格兰作家瓦尔特·司各特历史小说 *Ivanhoe*,林纾译为《撒克逊劫后英雄略》。
④《织工马南》是英国十九世纪女作家乔治·艾略特的代表作。
⑤《草原千里》是美国十九世纪作家弗朗西斯·帕克曼撰写的美国西部游记。

瑟尔,他后来担任赫斯特报系财经编辑。街对面住着一个名叫艾略特·桑格的男孩,桑格家拥有达拉斯数一数二的百货商店。艾略特后来参与创办了 WQXR 电台①。我们这帮孩子日后都事业有成——而且我们上的都是唐山德·哈里斯中学。

我们几个从家里都拿不到多少零花钱。我记得,我每个星期只能领到一块钱。所以我们根本没法乱花钱。不过在第一二五大街和一二六大街之间有一个杂耍团"阿尔汗布拉"。这是家一流的杂耍团,我们都是老顾客,每人花上两毛五分钱,就能坐在楼厅的座位上看得津津有味。紧挨着剧院的还有一家西蒙内特糖果店,我们在那儿买了半磅装在浅蓝色盒子里的牛奶糖,所有孩子平分,每人三颗左右。现在想起来还很开心——仿佛嘴里还有牛奶糖、巧克力、香草的余味。真好吃。电影要开始了,我们又赶去看——只要一个五分硬币就可以看上三四场电影。电影是在废弃的老仓库里面放的,在这些"电影院"里,有一个叫"五分硬币小剧院",另一个叫"五分硬币游乐场"。

我和霍华德·迪茨后来在第四十三大街和百老汇发现有一家打折票行"雷伯朗",花一块钱左右可以买到一张乐队席的票子看戏,当然,位置是靠后的;以前我们对坐在十四排以前的位子看戏是啥感觉一点都没概念。从此,我们常常到了星期六就在百老汇出没,因为我们都爱看戏——我始终保持着这个爱好。至今,在舞台后台走走还会让我兴奋。

我想我们看的第一出大戏名字好像叫《世界之巅》,是出音乐剧。当时迪茨报名参加了由斯特劳斯剧目公司主办的一项比赛。这家公司负责为所有剧院印制节目单。参赛者只要在给出的三行诗后续写出第四句,带点押韵就行了。迪茨赢了一个奖,奖品是阿斯特剧院星期六白天场的乐队席第六排的两张票子。这场戏的名字我记不太清了,可剧院还记得。迪茨请我去看,我就回请他吃午饭。我们俩至今还记得那天是在第三十

---

① WQXR 电台是美国首家古典音乐商业电台。

九大街上一家叫"劳博尔"的餐厅吃饭,点了八道菜,一共六毛五分钱。我们必须把钱掏出来亮一下他们才肯上菜,因为我们一看就不是常客,而且又是孩子,两个穿着短裤的孩子。吃完饭,我们就上剧院坐在乐队席第六排正当中。我兴奋死了,至今还记得走进剧院并被引到座位上的情景和我们坐在那儿的得意劲儿。

就在十六岁生日的前一天，我的童年戛然而止。妈妈去世了。她一直很想再生一个孩子，流产了好几次，还坚持要生。我十五岁时她生了一个女婴，只活了大约两个星期就夭折了。几次怀孕、生育使她的身子虚弱不堪，一直都没有真正康复。

　　从妈妈去世那天起，我就成了我们家管钱的人。外公很精明，他虽然喜欢我爸爸，可在钱的问题上不信任他，生怕爸爸很快把钱花光。爸爸是世界上最容易受骗上当的人，任何人向他借东西他都会给。所以外公把给我的钱交由妈妈保管。她死后我就继承了大约十二万五千美元的财

一九一四年九月六日与父亲去科罗拉多州的派克峰

产。外公的六个孩子中另一个继承他家产的是我的赫伯特舅舅——赫伯特·怀斯——妈妈死后他就搬过来跟我和爸爸一起住,我们三个相亲相爱。

十六岁时我决定学习经商,这意味着我得换一种学校念书。我写字很难看,除了记账什么都不懂,可我还是铁了心要当大亨。我有很多不愿离开唐山德·哈里斯中学的理由。这时候我在校刊上写短篇小说,是那儿的高材生,还是橄榄球队队员——虽然我只看得清橄榄球!但我决心赚钱,于是退学上佩克德商业学校。赫伯特舅舅对此很恼怒,可我坚持自己的决定。从很多方面来看,这都是非常愚蠢的一步,幸好,它对我很管用。至少有一点,我的书法进步了:那段时间他们教了帕尔默速写法①。我还学会了复式记账法,开始懂得商业世界的一些门道。放学以后我就到一个注册会计师那儿打工,跟着他找客户们对账。我就这样跑进了一家大饭店的内部,明白了所有资金要像液体一样流动,而不是像食物那样储存起来。我懂得了百货商店和其他行业究竟是如何运作的,因此对这一整套都很感兴趣。就这样,我在商业学校的时候就已经积累了很多经验。

在我上佩克德商校、跟着会计师打工的这一年里,赫伯特舅舅坚持不懈地找我谈,劝我上大学;要是当时我没有听他的话,天知道我现在会是什么样子。

我的学分不够,因为没念完高中。我是这年一月份决定上大学的,到九月份必须达到所有入学要求。我就去哥伦比亚大学补修了几门课程,舅舅则辅导我学习其他两门课。

看了必修课程单后,我很快决定,永远不学拉丁语和希腊语;我根本没有这方面的天赋。我发现在新闻学院不用学那些语言,当即就拍板,这就是适合我的地方(当时,这里还是本科生学院,许多年以后才变成研究

---

① 帕尔默速写法,二十世纪初美国人奥斯丁·帕尔默发明的一种速写方法。

生院）。但我的学分还是不够。我的代数成绩从来都没好过，但还是指望这门能通过考试，那样就能得到最后的两个学分。可是，我不及格，就是过不了关。于是我又考徒手绘画——这几乎人人都会——我通过了考试，拿到了一分。然后我又选了高阶法语。这是孤注一掷，要是拿不到这最后一分，我就死定了。所幸，我通过了，顺利考进新闻学院。

那年夏天，莫蒂·罗杰斯上体育课时用的存衣柜跟我的正好相邻，我们得以再续友谊。莫蒂的爸爸威廉·A.罗杰斯医生对我来说是个非常重要的人，因为他有个病人是我的梦中情人，她就是美丽的女影星诺玛·塔尔玛吉，一想到她是他的病人我就晕乎乎的。记得我还求过他，让我背着他的包跟他一起去看她。莫蒂·罗杰斯还介绍我参加了兄弟会"πλφ"，会长是年轻的奥斯卡·汉默斯坦二世[1]。还有一个名叫贺拉斯·曼吉斯的男生也是会员，他后来不但是兰登书屋的代理律师，还代理其他六家大出版社的法律业务。理查德·罗杰斯不久也加入进来，罗杰斯和汉默斯坦使我对戏剧越来越感兴趣。

那时候的新闻学院已经很有名了，我在那儿的时候，它吸引了很多年轻人前来求学，比如我的朋友霍华德·迪茨、乔治·索克思[2]、默里·莱斯金[3]、柯雷·福特[4]和麦克斯·舒斯特[5]。理查德·西蒙——后来的西蒙与舒斯特出版社另一个创始人——也在那儿，不过他是在哥伦比亚学院。

我大一的时候基础就打得很好。首先，我已经加入了兄弟会，再也没有大多数大一新生那种想要加入社团的烦恼。其次，我参加了校报《旁观者》的编辑工作。当时，为他们写专栏的学生刚毕业，他们正愁找不到接

---

① 奥斯卡·汉默斯坦二世，美国著名音乐剧作家，与理查德·罗杰斯合写了《俄克拉荷马！》《音乐之声》等剧。
② 乔治·索克思，美国著名记者、专栏作家，一九二〇年前后曾来中国报道。
③ 默里·莱斯金，音乐剧作家，电影编剧。
④ 柯雷·福特，作家。
⑤ 麦克斯·舒斯特，西蒙与舒斯特出版社创始人之一。

大一新生

替人选。我就递交了几篇样文。忽然间，我，一个一年级新生，就成了哥伦比亚大学校刊的专栏作者！哈，就像芝麻开门一样，所有人，所有事，都向我打开了大门。我当选为班级副班长。

我在《旁观者》上的专栏叫做"散步谈"。我并没在里面东拉西扯各种小道消息，虽然有极少数提到校园里的人物。我还想尽量引发人们对市政管理和地铁糟糕服务的争议，呼吁在第一一六大街设立车站，诸如此类的事情。"散步谈"写得很活泼，很多人都读！不久我又向幽默杂志《笑话大王》投了几篇小稿子，名气就更大了。

还有一件事对我颇为重要。我们一年级课程中有一门课是哈里森·斯蒂夫斯教授上的，我永远都忘不了他。因为在他的课上，我们得研读当代作家的作品。那个时代流行的是英国作家（那是一九一七年左右，自那时以来，出版业已经发生了许多巨大变化，我相信，我为此做出了贡献）。

15

很少有畅销的美国作家,有一个,亨利·西德诺·哈里森,我还记得他的两本书:一本是畅销书《奎德》,另一本叫《V.V.的眼睛》。它们今天已被遗忘,但当时被视为出色的文学作品。当然,美国人也读《波丽安娜》①这类书。教授介绍我读 H.G.威尔斯、约翰·高尔斯华绥,读吉卜林的《丛林故事》和《基姆》,读阿诺德·贝内特的《老妇人的故事》。我自己又发现了阿纳托尔·法朗士、西奥多·德莱塞、詹姆斯·布兰奇·卡贝尔等作家。我开始懂得欣赏优秀的作品。

多年以后,斯蒂夫斯又在我的生活中冒了出来。他写了一部侦探小说,叫《晚安,警长》,写得不太好。但他直接找到我,而我,一直对他当年对我的影响很感激,所以于一九四一年出版了这本书。它卖得不太好——从作品的价值看,这也是合理的。不过,我为出版这本书而高兴。我也让他很开心——这位严肃的英文教授,他写了一部推理小说!

我很快发现,如果合理安排自己在哥大的学习生活,不用费多少力气就可以同时获得两个学位:新闻学院文学士和哥伦比亚学院学士。做到这一点得好好计划,可我只是觉得好玩。一九一七年,我大学生活刚开始不久,我们参战了②。当时有一种类似"后备军官训练队"的制度,叫做"学生军训练队",我们都穿上军装成了队员。我在学生军训练队立的最早的"功绩"之一,是在我当上连长那天,指挥连队按队列排好,穿越南场(现在这个地方已经满是建筑)行军。当队伍向正面大看台大步走去的时候,我惊慌失措,忘了如何叫队伍停止前进。他们都乐坏了,整连队伍一直往前冲到看台上,把真正的军官们笑得人仰马翻。我没有因此而结束军事生涯,但不管怎么样,这个插曲足以让我在专栏里写篇好文章。

军校的征兵令来了,我报了名,被位于弗吉尼亚州李营的步兵训练学校录取,预备军衔是少尉。那天我正在《旁观者》编辑部值夜班,收到一份

---

① 《波丽安娜》,埃莉诺·霍奇曼·波特一九一三年创作的系列童话小说,主人公波丽安娜是一个永远乐观的小女孩。
② 这里指美国参加第一次世界大战。

16

新通知:任何当兵上战场的人,将获得他注册选修课程的全部学分,哪怕这门课程他根本没有上过。这份通知第二天就要在校报上刊登了,于是我狂奔到课程选修处,把能选的所有课程都选了,然后去找院长批准。他看着我的课程表,说:"你的学习计划真有趣。我估计你每天得花上十六个小时做课外作业,才能应付这些课程。"

我说:"真的吗,先生?"

他说:"你是不是碰巧看到了那份允许参军学生自动获得选修课程学分的通知?"

我说:"院长,你在说什么? 我听不懂。"

他说:"我想你也不会。"说着,盖章批准了。

我就这样出发了,在李营一直待到战争结束。我拿到了自己永远都学不会的高等几何学分,还有两门要求非常精确的理工科课程——我一碰到这些东西就一塌糊涂。历史、经济、文学是我的强项,算术也很好,可再难点,涉及代数、二次方程式或者几何,我就让人彻底绝望了。

我刚回到大学,《笑话大王》的主编莫里斯·莱斯金就从哥大毕业了,于是我在还是二年级学生的时候,就当选为这份杂志的主编——那真让人飘飘欲仙啊!

担任《笑话大王》的主编对我来说是非常有益的经历,所以我很高兴我的两个儿子都在大学的幽默杂志干过。克里斯①当过《哈佛讽刺》的副社长,后来乔②又是这份杂志的社长。克里斯一九六八年由道布尔戴出版社出版的第一本书《世界上最大的奶酪》,就收了他从那时起为《哈佛讽刺》和其他杂志写的文章。他是个好孩子。他们俩都是好孩子。

为了提高《笑话大王》的质量,我很快开设书评和戏评两个专栏,自然,剧评给我们带来了免费的戏票。于是我就想,这大概是我见到梦中情人诺玛·塔尔玛吉最后的机会,我给她写了封信,问她能否接受我代表哥

---

① 克里斯,作者对儿子克里斯托弗·瑟夫的昵称。
② 乔,作者对儿子乔纳森·瑟夫的昵称。

在弗吉尼亚州李营的
步兵训练学校

大《笑话大王》杂志对她的采访。她回信约定了采访日期。很快,全校都
知道我要去见诺玛·塔尔玛吉了。我为此兴奋死了,可是那天真的来了,
我又不知所措,害怕面对她,一天过去了,我都没有去见她。不过,我还是
写了一篇生动漂亮的访谈——所有内容都是编造的,然后登在《笑话大
王》上,给诺玛·塔尔玛吉寄了几份。她给我写了一封热情的回信,说她
很高兴见到我,访谈写得很精彩,希望不久以后再见到我。这封信后来加
框裱好以后挂在《笑话大王》编辑部里。

　　哥大有一门课叫比较文学,这是那种你实际上不费吹灰之力就能拿
到两个学分的课程。整支橄榄球队和包括我在内的《笑话大王》编辑部
所有成员,都选了这门课。上这门课的教授叫亨利·沃兹沃恩·朗费
罗·达纳,是诗人朗费罗的甥孙,或者就是外甥。他给我们上了第一堂
课,第二天就被校长巴特勒博士踢出了哥大,因为他是和平主义者。我

一九一七年十二月号《笑
话大王》封面

们就要上战场了,达纳却在这儿散布和平主义观点,参加"我不让自己
孩子当兵"之类的组织。如果他的名字是史密斯或者琼斯,我想巴特勒
或者其他人还不至于这么感冒。他只是哥大一位默默无闻的英文教
师,但由于他叫亨利·沃兹沃恩·朗费罗·达纳,随便他说什么各大报
纸都全部照登,他的名字总是占两行。巴特勒暴跳如雷,达纳就这样被
开除了。

　　这下,我们这帮被牺牲的学生反而乐不可支:"他们得花上一个月
才能再找到一个教授。"下一次上课我们满心以为会看到教室门上贴着
白纸条,上面说这门课将无限期休课直到来了新教师。可他们连夜挖
出了一个,而且令我们讨厌的是,他正站在那儿,就等着我们进门开始
上课。他叫雷蒙·韦弗。他有一副浑厚柔和的好嗓子,穿的衬衫领子
是那种修长笔挺、前面交汇的箭领。他是位令人敬畏的绅士。我们很
恨他这么快就来了,他一开口说话,我就确信,所有人尤其是橄榄球队

员们都在想,天哪,又要遭罪了!但结果证明,这门课是对我影响最大的课程之一,因为雷蒙·韦弗的比较文学课非常精彩。不到三个星期,连运动员们都受了他的吸引,阅读但丁、塞万提斯和梅尔维尔(韦弗是研究他的权威),还兴致勃勃讨论他们的作品。他是位很有说服力的教师,人也很和气。

这门课程只有大约三十个学生选修,我决定让韦弗成为哥大最受欢迎的老师。我开始在《旁观者》的专栏中写他的故事。芝加哥白袜队有一个棒球手叫巴克·韦弗,是个很棒的球员,只是后来卷入一个棒球大丑闻,成了"黑袜",但当时他还是大明星。于是,我老是称雷蒙·韦弗为"巴克"·韦弗。威严的韦弗先生并不觉得好笑。接着,我又编造了许多他的故事,从他的穿着写到一切,总之就是要让他的名字老在报纸上出现。他常向我抗议,不过我感觉他并不是真不高兴。第二年春天,超过一百名学生选了他的课。他刚出现时的戏剧性效果很快成了对我们的吸引力。

还有一件事跟韦弗有关。他在哥大的宿舍楼里有几间房间,学生们上完课就不时地去串门,找他聊天。我就是在那里遇到了理查德·西蒙。他永远都是一副梦想家的样子,爱好音乐,钢琴弹得很好。他也是世界上最自我中心的人之一:他只做自己想做的事情,提不起他兴趣的事物对他来说就像不存在。他只读自己喜欢的课外读物,要是我们正讨论一本他没读过的书,他就站起来去弹钢琴。

我在哥大所受的教育不仅让我获得了文学和历史方面的背景知识,还在新闻学院——主要通过在《笑话大王》和《旁观者》的实践——学会了怎样快速写文章,怎样用尽可能少的语句把事情说清楚。还有一些我认为非常宝贵的经验:我懂得不要让许多无用的信息搞混自己的思路,因为一个聪明人的脑袋里并不需要所有信息;他只要知道什么时候到哪儿找到他想要的就可以了。我就学会了到哪儿、通过什么方式找到我需要的东西。当然,还有一样:那就是在这几年中,我长大成人,还有像雷蒙·韦弗和历

担任《笑话大王》主编，编辑部合影

史系的本杰明·肯德里克这样的好老师对我的启蒙。认识他们,我获益匪浅。

　　大四的时候我入选了 φβκ 协会①。能获得这个荣誉,是因为我选修的课程都是我感兴趣并且努力学习的课程:英文、经济、历史。

---

① φβκ 协会,成立于一七七六年,是美国本科生荣誉团体,根据学习成绩和其他条件评选会员,在全美二百七十多所大学有分会,当选会员是美国本科生的最高荣誉,也就是优等生的最硬证明。

在哥大大四的时候，我遇到了一生中极重要的一个人。我选修的课程中有一门音乐鉴赏课，上课的老师叫格利高里·梅森①，在他这个领域很有名。他的课也属于那种毫不费力就能拿到两个学分的课程。上课时，梅森就坐在钢琴旁演奏古典音乐，而我，常常坐在教室里给《笑话大王》写笑话，从没心思听他的演奏。

　　许多交响乐团经常免费赠送两张音乐会票子给梅森班上的学生。不过这些高明的音乐爱好者并不吃这种贿赂，去听一般的音乐会。所以票子要连乞带求才送得出去。但有一次绝大的例外：伟大的利奥波德·斯托科夫斯基②指挥费城交响乐团的音乐会。并不是我们分得清费城交响乐团和一般乐团的区别，而是冲着斯托科夫斯基的名头，当然谁都想去。我们把自己名字写在纸条上放在帽子里抽签，抽到幸运号码的就得到这场下午音乐会的票。

　　一天，我抽到了一张票，得到另一张的是个我以前从未注意的人——他是大一新生而我是大名鼎鼎的学长。他叫唐纳德·克劳弗尔，我们一同去听音乐会。我马上就喜欢上了唐纳德。他跟我一样高，爱好文学，最重要的是，他很有幽默感。从音乐厅出来时，他对我说要去买几张戏票，

---

① 丹尼尔·格利高里·梅森(1873—1953)，哥伦比亚大学著名音乐教授，古典音乐教育家。
② 利奥波德·斯托科夫斯基(1882—1977)，著名英国指挥家、管风琴家。

要请女朋友看旅行箱剧团表演邓塞尼爵士的《山神》。他请我一起去售票处。一路上,唐纳德不断倾吐跟他女友在一起的烦恼,她十六岁,家里很有钱,把她宠得要命。我一直听着,可他见我一声不吭,大概以为他说的话我一句都没听进去。我到现在还是这样的习惯:用一只耳朵听事情,一心二用。朋友们都对我这种怪癖很吃惊,因为他们常常以为我不专心,实际上我对发生的事情一清二楚。唐纳德说他女朋友的事情我都听进去了。这次见面之后我们在校园里碰到就互相问好,但第二学期他转学去了威廉姆斯学院,我也就没怎么看到他了。我当然料想不到,他会成为我最好的朋友和终生的生意伙伴。

到一九一九年六月,我发现自己只要再修满几个学分就大功告成了,于是这年暑假我就待在学校里,并且按照原计划,毕业时拿到了双学位——哥伦比亚学院文学士和新闻学院文学学士。我并没有上多少通识教育的必修课程,但通过在《笑话大王》和《旁观者》的编撰工作,我获得了非常宝贵的经验。在商业学校的学习和在注册会计师那里的工作经历,也使我对商业有了初步的认识。事事都很完满。我一辈子都很幸运。

我不用多考虑金钱,母亲去世后留下的钱足够我用了,工作的那一年我也攒了一点钱。但是随着我开始认识一些比我有钱得多的人,突然间我发现自己身在一个过去完全不知道的世界。在这个世界里,加入乡村俱乐部是理所应当的,姑娘们都参加丽兹饭店的盛大派对,以此踏进社交界。我很快就习惯了这种生活,并且知道了,这个世界上还有高尔夫这样的运动,年轻男士人人都有自己的汽车。我买了一辆可怕的二手车,有一次我开着它去白山①,一路上抛锚了六次。

---

① 白山山脉位于波士顿以北,是新罕布什尔州的风景名胜。

24

贝内特

赫伯特舅舅

在一九二〇年代初,一个哥伦比亚大学新闻学院的学生,几乎一毕业就能在《论坛报》找到一份工作(当时它还叫《纽约论坛报》,尚未与《纽约先驱报》合并为《先驱论坛报》)。另一方面,赫伯特舅舅迷上了股市,他有个好友是年轻的股票经纪人欧文·萨托里乌斯。舅舅整天泡在华尔街,一门心思盯着那种老式的、带玻璃罩的股价收报机。那时候,报价员都把数字标签系在腰带上,一有价格变化就写在数字标签上,啪的一下拍到板上去。我大学毕业时,舅舅已经从股市赚到了很多钱,成了萨托里乌斯-史密斯-洛维证券公司的座上贵宾。现在,我面临两种选择举棋不定:是从事新闻业,还是扑进工作唾手可得的华尔街?我决定两样都试试。

这时候,当年在第一五七大街跟我家住在一幢楼里的男孩麦瑞尔·拉基瑟尔,已经是《论坛报》的助理财经编辑了。于是,我到这家报馆联系工作时,并没有按照一般的流程走,而是直接找到拉基瑟尔,告诉他我还想到证券公司工作。结果,我同时拥有了两份工作:一份是在萨托里乌斯那里,另一份是在《论坛报》的财经版。这似乎是让我迅速学本领的完美结合。

拉基瑟尔知道我是新闻学院的优等生,人很聪明。他派我写一个叫做"投资忠告"的专栏,有很多小老太太之类的读者会写信来请教如何投资等问题。我要做的就是从中挑出我认为最具普遍性的问题作答。我的回答都有上边严格的指令，不能偏差。比如"要买自由公债①"。这是当年政府发行的债券，买的人很多。我还被警告："不要异想天开乱说话。""你对股市了解多少？你只要告诉人们投资自由公债，登一些引导他们自己得出这种结论的来信，如果他们问的是某一支具体的股票，就把信转给了解这支股票的人。"当时，购买自由公债还被视为爱国行为。战争结束了，可是人们还得为战争埋单。

我按部就班开始写专栏，过了两个星期就厌烦了。我忽然发现，报馆里根本没有人看这该死的专栏。于是我稍稍发挥了一些，在给读者的答复中运用自己的金融知识。有一天，一个小老太太写信来说，她有一万元想投资，并且已经注意到有一支股票从七十六元一路跌到两元，所以她觉得这是以每股两块钱的价格买入五千股的最佳时机。这就给让权力冲得飘飘然的大金融家瑟夫一个好机会说："你认为这支股票为什么从七十六元跌到两元钱？有时候，一支股票跌到零或者接近于零，就意味着这家公司彻底完蛋了。事实上，这家公司恰好已经破产了，所以你最好保持冷静，别买这支股票。"

第二天，我来到报馆，财经版编辑正阴沉着脸等着我。原来，那家公司还没有破产。它的经营一塌糊涂，但是直到一星期后才真正破产。我差点挽救了它！这位编辑说："他们要起诉我们，赔偿一百万美元。"然后又补充说："先生，这次事件给了你两个教训，第一，给了你明确的命令，就要服从；第二，发稿以前，先核对一下事实。你被解雇了。"

我鼓起勇气走出他的办公室才哭出来。我永远也不会忘记在《论坛报》的这次耻辱和挫折。当然，我还有在证券公司的工作。

---

① 自由公债，第一次世界大战时美国发行的债券。

那年夏天,我到长岛伍德米尔的一个乡村俱乐部参加七月四日国庆日舞会,我是这个俱乐部的会员。在那儿,我遇到一个很美的姑娘,她叫玛丽安·安斯巴彻,有点傻乎乎的。我上去请她跳舞,最终说服她把带她来的那个糊涂蛋甩了,让我送她回家。当然啦,一到那儿我就想着法子吻她,可她说这不妥,因为她正在跟一个避暑夏令营辅导员谈恋爱。她描述了一番他的样子,不知为什么(我始终都不知道原因),我说:"我敢打赌我认识他。"她说:"真荒唐。"我说:"他叫唐纳德·克劳弗尔。"我猜对了! 她刁蛮的举止中流露出的某种腔调,正是几个月前唐纳德跟我形容过的样子。当然,她觉得这真不可思议。我们笑着又说了点唐纳德的事情,临走时我说:"好吧,那就这样吧,再见。"她说:"等等! 要是我没跟唐纳德谈恋爱,我就吻你了。"接下来的整个夏季,她成了我的女朋友,而唐纳德一直在夏令营。她每天给他写信,但是不说她在跟我约会。

　　唐纳德回来以后很快就发现了我跟她的事情,大闹了一通。她去瓦萨尔学院念书去了,唐纳德和我都疯狂地追这个大一女生。她对这种状况很满足,但一段时间,唐纳德拒绝见我,我也不想见他。

　　感恩节来了,玛丽安带来一个她在瓦萨尔学院认识的芝加哥姑娘。这时候,她已经把我们俩都收拾得服服帖帖,很有把握命令我们带她和她室友一起度感恩节的周末。我们居然也鬼迷心窍答应了。我们四个人一

28

起去看橄榄球比赛,然后去那时候很热门的格瑞尔广场跳舞,最后去看戏。虽然一开始唐纳德和我都怒目相视,可我们发现还是很喜欢对方的。我提议说,哪天要是他在纽约,我们掏钱去看费城交响乐团晚上的演出,大概很好玩。玛丽安很为自己让我们俩重归于好而高兴。现在,她已经把两个男朋友都牢牢地捏在手心里,高高兴兴地回瓦萨尔学院去了。一个星期二,唐纳德从威廉姆斯学院回来,我们就如约一起去听音乐会。从卡内基音乐厅出来的时候,我们都想散散步。两人绕着中央公园一直走——沿着第五大道走到第一一〇大街,再沿着中央公园西侧走到第五十九大街,聊个不停。散好步,我们就成了终生的朋友,尽管我比唐纳德大四岁,已经毕业,在华尔街工作。

唐纳德从威廉姆斯学院毕业后,到我所在的萨托里乌斯-史密斯-洛维证券公司找了份工作。它位于布罗德街二十号,就在证券交易所隔壁。一九二一年华尔街上的摩根大厦和国库分库门口发生爆炸的时候,我还在那里上班。公司里的每一种工作我都尝试学了,有一度就在交易所大厅为经纪人传递交易信息。

不久,唐纳德辞职去做他们家族的钻石生意,可那时候,我们已经难舍难分了。我们在乎友谊更甚于追同一个女孩的竞争。后来,唐纳德和玛丽安婚礼上,我就成了他的伴郎。在他们离婚前,他们生了一个女儿露易丝,唐纳德一直都很疼爱她。离婚几年后,唐纳德又娶了弗洛伦丝·赛尔温,也就是人人都知道的帕特。这次婚姻就很美满。

还有个在我后半生中扮演了重要角色的人,就是当时跟我一起在证券公司工作的查尔斯·艾伦。我们两个都是初生牛犊,对工作之外的兴趣和对工作一样大,常常溜到只有三四个街区远的炮台公园坐看河中轮船来来往往。我们还坐着小汽船到自由女神像那儿,要么四处转转,要么爬到顶,或者跑到南街那边跟鱼市场连在一起的码头看个究竟。当然,这都是在上班时间。

公司里有一个德国人海默丁格先生,我至今记得他大声叫嚷:"那个滑头鬼贝内特上哪儿去了?"他叫我"滑头鬼"是因为我有一半时间在外面溜达,他常找不到我。不过我也对许多上市股票的来历做了研究,查理和我都把工作完成了。毫无疑问,我们多少都受到了照顾,毕竟,我舅舅是证券公司最好的客户,而查理·艾伦是个很有魅力的年轻人——他们对我们都很宽容。我们每个星期拿到的薪水大约二十到三十元不等。那是一般的起薪,不久就涨了好多。

今天,查理·艾伦是美国最成功人士之一。可当时,如果那儿有人问:"这里哪两个人最不可能发财啊?"我相信他们一定选查理和我,因为我们俩对细节和"会议"的兴趣根本没有对周围世界的兴趣大。这里有一种工作精神。我认为即使是最有抱负的年轻人,也不应该只专注于他在做的某件事情,不知道别的事情是怎么回事。我们俩对任何事情都有广泛的兴趣。

由于在华尔街工作的关系,我开始自己做点股票投资。股市很好,行情看涨。战争过去了,万事俱备,整个国家开始腾飞。在这个只要你置身其中、能迅速脱手股票的市场里,赚钱并不用什么技巧。我甚至开始认真考虑在股市买一个交易席位,这样我就能成为新的合伙人。当时,一个席位售价大约十万元,但我已经在这边赚了很多钱,而且我还有继承到的一笔储蓄金,所以开始用一部分钱投资,每次投的金额都很少,但毫不费力。我犯了几次严重错误,但只是为了了解市场。

这时候,也就是一九二三年,我的大学朋友理查德·西蒙打电话给我。我算得上是哥大最爱书的人,可毕业后去了华尔街,而最喜欢音乐的迪克·西蒙却在一家出版社工作。我不知道这是怎么回事,转眼间他就跑到博尼与利弗莱特出版社,当上了发行员,开始学习这个行业。每次见到他,我就冲他"发火":"你,你这个哑巴呆子,一年到头读的书不超过三本,竟然在出版社工作!那是我的梦想。可我现在在干吗?我在华尔街混。"当然,这也是我自找的。

理查德·西蒙

　　于是，在那个难忘的日子，迪克说："你老是嚷嚷着要进出版业。要是你真想进，眼前就有一个好机会。我决定和麦克斯·舒斯特合伙自己创业。我跟我老板贺拉斯·利弗莱特辞职的时候，他说秋天的新书季马上要来了，这时候离开他真不是时候。他问我能不能推荐一个人顶我的位置。"迪克说他告诉利弗莱特，我是最合适的——校报主编，优秀毕业生，又在《论坛报》写专栏。当然，他没说我是怎么从那儿走人的，于是利弗莱特说，他当然很想见见我。

　　迪克问："你什么时候能来？"

　　我说："随时都行。"

　　去见贺拉斯·利弗莱特，一位出版人！我这辈子还没见过出版人呢。第二天我就到市中心去和迪克、利弗莱特吃午饭——从此再没回华尔街。

　　我们去了亚冈昆饭店①，利弗莱特把那张著名的圆桌指给我看——

————————————

① 亚冈昆饭店位于纽约时报广场，二十世纪二十年代起因文人常在此聚会而出名。

一群聪明的年轻文人在那儿聚会吃饭——这也是我第一次看到一群后来与我的生活密不可分的人：多萝西·帕克、罗伯特·舍伍德、马克·康纳利、富兰克林·亚当斯、罗伯特·本奇利。我真高兴！利弗莱特长得像约翰·巴里摩尔①，很自负，但很有本事，只要他想，他就是个很有魅力的人，自然就把我哄得什么都说了。他说："我们是一家很小、很个人化的出版社。我对出版有自己的想法。听说你有些钱，而我又很需要钱。要是你想有一个体面的开始，你可以投资一点钱。"

我就问需要多少钱，他说如果我愿意借给他两万五千元钱应急（我后来知道了他为何急需这笔钱），他就让我当副社长。

那对我来说多好玩啊，于是我说："让我考虑考虑。"

他说："不行，我得马上得到你的答复。现在我必须赶回办公室，因为答应了西奥多·德莱塞今晚带他去看棒球赛。我被棒球烦死了。贝内特，如果你想马上跟我搞好关系，就帮我带德莱塞去看球，怎么样？"

我还从没见过一位大作家呢，而这次的西奥多·德莱塞可是文坛巨星。他当时还没写《美国悲剧》，可早已发表《嘉莉妹妹》和《珍妮姑娘》。

好吧，就是在这时候，我跑到电话机前打电话回去说："我今天下午不回来了。实际上，可能再也不回来了。我在考虑进入出版业，再见了，各位。"

---

① 约翰·巴里摩尔(1882—1942)，美国二十世纪二三十年代著名演员。

利弗莱特出版社在一幢私宅里。至今我还记得自己走进位于西四十八大街六十一号的这栋房子的情景。后来，十二凯撒餐厅就开在这里。现在它是无线电城音乐厅的一部分，但在当时，这整幢房子都是赤褐色砂石建的。底楼有些小窗子，窗后都是书。我跟贺拉斯·利弗莱特一走进去就知道，这就是我想要的地方。

我没有马上给利弗莱特最终答复，因为我必须考虑那笔两万五千块钱。我的钱都用作投资了，而且我想跟舅舅商量商量这个交易，让他高兴一下，还要跟我父亲说。他们都被我做出版的想法吸引住了。他们说："两万五千元——你可能会输个精光，不过这对你来说是很好的考验。"

在辞别利弗莱特前，他说："我得核实一下你的能力。有什么我们两个都认识的人，可以让我从他那儿了解一下你吗？"我们互相报了几个人名，突然，他说："我有个朋友在华尔街。"他提到了洛温斯坦先生的名字，他是一位很有名的股票经纪人。我说："恰好我也认识他。"于是利弗莱特说道："很好。我会向他了解你的情况。"

贺拉斯真天真。我立刻打电话给洛温斯坦先生，说："贺拉斯·利弗莱特要给你打电话，打听我的情况，我希望你这么对他说——"他是我的朋友，知道我是个诚实、正派的年轻人，于是，就把我希望贺拉斯听到的话告诉他，那就是我非常适合做出版。

德莱塞和我去看棒球赛。他阴沉着脸，不爱讲话，令人不快。球赛打到五六局的时候他就没心思看了，说："走吧，我们离开这儿。"我只好走。记得那是一场很激烈的比赛，我当时气坏了，可只能跟他走。

第二天我再去见利弗莱特，告诉他我已经决定了。他说："听起来你很棒。洛温斯坦对我说了你的情况，给人印象很深。"我说："是吧，我希望如此，因为是我叫他这么跟你说的。"利弗莱特说："我真是个傻瓜，居然把我要找他的事情都告诉你了。"

我们俩都哈哈大笑。就这样，我们愉快地开始了，我成了某种受贺拉斯保护的对象。他一直都需要听众，现在突然冒出一个认为他所做的一切都光辉灿烂激动人心的年轻人。他把一切都向我炫耀，因为我是他最理想的跟班。有些事情他也想看看我的反应。当然，一开始就当副社长是很荒唐的，但我就是如此。后来，我才意识到一些人对我以这么高的职务进社很不满。他们知道原因。

我要学的第一件事是如何在纽约、波士顿、斯普林菲尔德、纽黑文、哈特福德、华盛顿、费城和巴尔的摩这些全国最富裕的地区推销书。迪克·西蒙答应多待一个月带我上手。他是一流的发行员，他没读过要卖的书，反而能卖得更好。譬如说，好莱坞有些最棒的经纪人也是如此。他们没有读过某本书就卖它的电影版权，价钱反而比读过以后再卖高得多。

我跟迪克逛遍纽约的书店之后，他带我去了新英格兰。我们开着我的车，为了赶上凑巧正在波士顿举行的哈佛—耶鲁橄榄球对抗赛，一路上筹划好每一件事。这第一次行程让我受益匪浅。利弗莱特刚刚出版了亨德里克·房龙的《圣经的故事》。由于《人类的故事》的成功，利弗莱特以为这本新书会成为超级畅销书，所以迪克让他的所有书店客户都进了大堆大堆《圣经的故事》。可书上市的时候遭到迎头痛击。宗教界人士尤其对房龙用花里胡哨的写法写《圣经》怒气冲天。今天的书店可以无条件地把书全部退回出版社，但在当时，书店必须得到允许才能退货。所以无论我们到哪里，听到的第一声叫喊就是："嗨，我们该拿这个祸害怎么办？"

这就是我踏进出版业的入门第一步——如何想办法处理滞销书。大多数时候书店都占上风,因为如果不收回书,他们就想着法子不结款。他们会说:"是这样的,我们想把这些书退掉。是你们花言巧语骗我们收了它们。"当时,发行员总是尽可能多地把书发出去;窍门就是把书说得天花乱坠。发行员厉害之处就在于此——如果一个书店老板要十本书,而发行员让他收下二十五本,这个发行员就是英雄。今天这样做就是很荒唐的事,因为书可能都被退回来。

一路上我做的所有事情,就是观察迪克,这是非常有用的功课。看他怎样让人额外多订几本《圣经的故事》的本事吧!凡是订满一百本的人都得到一辆底下有轮子的平板车,他们可以把书堆在上面,拖着车从书店的这头到那头轮番展示,就这样,许多傻瓜本来只订了十本,为了得到这辆成本只有三元的平板车,足足订了一百本。当然,我们去的时候,他们还在拖着成堆成堆的书晃来晃去,没人买。最后,利弗莱特只好收回几千本书,堆在地下储藏室里。有一天,这间储藏室着火了。大家都欢天喜地地大叫,可很快就笑不出来了。大火吞噬了许多好书,就快烧到《圣经的故事》那庞大书堆的当口,消防队赶到灭了火。所幸,还是有几千本被水冲得报废了。

我到博尼与利弗莱特出版社工作的时候,贺拉斯创业的合伙人阿尔伯特·博尼已经离开了出版社。他们两人一起创业,但在我来之前不久发生了意见分歧。解决的方式很特别:投硬币,谁赢了就按照两人事先商量好的价钱买下另一个人的股份。利弗莱特赢了,博尼离开以后和他兄弟查尔斯创办了自己的出版社。

贺拉斯拥有出色的工作团队。编审之一就是乔治·S.考夫曼[1]的太太毕翠丝·考夫曼。她在顶层办公。负责印务的曼努埃尔·科姆罗夫后来成了一位名作家。楼下的助理中,有一个是丽莲·海尔曼。多么强大

---

① 乔治·S.考夫曼(1889—1961),著名剧作家、导演、作家。

35

的阵容！坐在我邻桌的是泰德·威克斯，后来出任《大西洋月刊》主编。利弗莱特的发行经理是朱立安·梅斯纳，一九三三年他创办了自己的出版社。

利弗莱特出版社的书目很精彩，刚刚经历一个很红火的销售旺季。其中有房龙的《人类的故事》；所以房龙老是在出版社转悠——他很有魅力，善于交际。有路德维格·列维松的《逆流而上》。路德维格·列维松也常在社里出没。还有哈利·坎普的《生活的漂泊》，他是个徒步旅行家，非常有趣。书目中还有美国最畅销的书之一：格特鲁德·阿瑟顿关于猴腺青春不老术的《黑牛》，它成了全城人谈论的话题。几个威尼斯医生想出了这个点子，据说用这种方法，干枯的老太又能变成性感女王！

不久，我发现在接待室里出现的人并不都是作者，大约四分之三的人是私酒贩子。真是疯狂。利弗莱特经营着一家疯狂的出版社，就因为这个我喜欢他。社里大约有八个人可以无限制地花钱。阿瑟·佩尔主管财务，他常常在各个圈子东奔西走，尽量把账目摆平。佩尔给利弗莱特假的现金报表，因为一有现金就会被利弗莱特花掉。所以就算有大笔现金，为了不让利弗莱特大手大脚花光，佩尔只好对他说："我们没现金了。"

贺拉斯的总编助理是托马斯·R.史密斯，曾做过《世纪》杂志的编辑。他很博学，圆脸蛋，灰头发，娃娃脸，戴一副系着黑带的夹鼻眼镜。看着他你会觉得他是个浸信会牧师，实际上他是个"魔鬼"。每天下午在利弗莱特的办公室都要搞个鸡尾酒会，汤姆·史密斯会调鸡尾酒——掺一点乙醚，再加一点法国绿茴香酒，然后在鸡尾酒杯壁洒一小圈糖。只要啜两口就足以使你晕乎乎。当时有个叫作《禁酒令》的小玩意儿，所以这些酒是私酿的，绝对"有毒"。当然，贺拉斯·利弗莱特为这些酒埋单。这也是他总是需要钱的原因之一。

出版社办公室成了娱乐中心。大楼底层的后面有个屋顶阳台，从二楼后面的落地竖铰链窗可以走上去。贺拉斯盘算的好主意就是把它变成屋顶花园，种点盆栽植物，配些夏季家具，他亲自跑到布卢明代尔百货商

托马斯·R.史密斯

店去买来一套藤椅沙发。看起来很漂亮。等一切都布置得当,利弗莱特当然得赶快搞个盛大的派对啦。钱也就是这样花光的。派对安排停当,人人都来了,包括一些靠文学圈鸡尾酒会混个脸熟吃白食的。客人里面,有《好兵》的作者福特·麦多克斯·福特。他胖得出奇,刚坐在一张崭新的藤椅上,只听一声巨响,藤椅被他坐穿了。那一刻我一辈子都忘不了。真是难忘的一天。

利弗莱特的好友有《纽约世界报》年轻的总编辑赫伯特·巴亚·斯沃普。多萝西·帕克也是。当时已经成名的剧作家尤金·奥尼尔也是朋友圈中的一员。有时候,斯沃普会从报社过来,同一天里,奥尼尔和多萝西·帕克来了,马克·康纳利有可能也来,要么是本·赫特,他是所有来客中最有趣的人之一。还有他的朋友麦克斯威尔·博登海姆。真是令人兴奋的聚会。

毕翠丝·考夫曼有个朋友佩吉·里奇也常来转悠,我刚到出版社不久,她就嫁给了年轻的拉尔夫·普利策。这帮爱喝酒聚会的人里,最有人缘的一个是塞缪尔·霍普金斯·亚当斯——来自纽约州北部的妙人,已经写了好几本畅销书。他成了我终生的朋友。所有这些人都很活跃,很友善,办公室里花天酒地的快乐生活无穷无尽。

到了晚上,人人都去斯沃普家。那时候的斯沃普正渐渐成为纽约的沙龙主人。从威尔士亲王到三教九流,所有你能在报纸头版上看到的欧洲来客,抵达当天晚上都会出现在他的家里。

毕翠丝·考夫曼和我都很喜欢对方。我成了利弗莱特和毕翠丝之间沟通的桥梁。我总是睁大了眼睛,全神贯注地倾听,学习,分分秒秒都喜欢——谁都喜欢我这种对别人热情而又善于报以仰慕神情言语的年轻人。毕翠丝开始请我去她家玩。乔治·考夫曼经常为了他的戏上演而外出。我常常送毕翠丝去斯沃普家,然后坐在那儿一个人乐——感到真开心。身边可能有纽约地区检察官,有威尔士亲王,有新的剧作家。每个人都在那儿,每个人。

斯沃普是很了不起。他的名字甚至作为动词,成了一个词汇。每当有人装作大人物般走来走去,他们就说:"他在斯沃普。"确实,他一辈子靠这些社会关系做了很多事。他的声音很洪亮,一张口,人们就说:"斯沃普说话了!"但我敬仰他。他是出色的报纸总编辑,可是后来他的兴趣太广泛,整个"世界"崩溃了——我指的是《世界报》,不是真的世界。

在初期,尤金·奥尼尔对我来说也是个很会折腾的家伙,真正的放荡不羁,可我很喜欢他。他说话语速很慢,一句话要停顿好几次。他会说:"今晚让我们……呃……沿着百老汇路……呃……走走。"但听他说话,我总是很耐心。当时他已经出版《〈加勒比人的月亮〉及其他六个关于大海的剧本》,并凭《天边外》和《安娜·克里斯蒂》获得普利策奖。

奥尼尔经常喝酒喝到神志不清;事实上,一九〇九年他的第一次婚姻就是缘于这样一次醉酒。那天他在一家小旅馆的床上醒来,发现身边躺着个姑娘,就说:"见鬼,你是谁?"她说:"你昨晚娶了我。"他确实娶了。满心厌弃的他于是应聘到船上当水手,漂泊了七个月,他的那些关于大海的剧本——全都是精彩的独幕剧——就是在此期间写的。

罗伯特·本奇利对酒的态度仅次于奥尼尔。奥尼尔是个酒鬼,本奇利只是敷衍敷衍。他喝了酒会有点大舌头,说出"让我脱下潜水服,泡在马蒂尼酒里"之类的话。他喜欢寻欢作乐。本奇利,一个非常非常有意思的人。但他不是利弗莱特圈子里的"常客",他经常出没的地方是亚冈昆饭店的圆桌。

多蒂·帕克[1]当时已经以机智俏皮著称。许多她从没说过的事情都被安到她头上。漂亮话都属于多蒂,正如后来人们这么说弗雷德·艾伦[2]和鲍勃·霍普[3]。她说话总是带点欺骗性,很有诱惑力。"哦,"她会对我介绍她认识的一个姑娘说,"多可爱的人!"可十分钟以后她又转回来

多萝西·帕克

---

① 多蒂·帕克是指多萝西·帕克,多蒂(Dotty)是多萝西的昵称。
② 弗雷德·艾伦,美国二十世纪三四十年代喜剧演员。
③ 鲍勃·霍普,美国著名喜剧演员。

跟我咬耳朵:"你要再敢带她来见我,小心你的脑袋。"看这伶牙俐齿。乔治·奥本海默写了一个关于多萝西·帕克的剧本《今日此地》,首演那天我带她去看。结果她一直在座位上动来动去,嘴里嘀咕着,很不满全剧对她的漫画式描绘。演出结束后她跑到后台抱着乔治说:"啊,你把我写得传神极了!太精彩了!你是怎么做到的?"可在整个演出过程中她一直在咬牙切齿要杀了他。终其一生,她说话行事都是如此。她是个危险的女人。

我一见到罗伯特·舍伍德就喜欢他,直到他死,对他的感情一直没变。他的好妻子玛德琳至今仍是我们家的挚友。他魁梧高大,身高足有两米左右。他总是板着脸看着你,严肃而慢吞吞地说话,有一种很妙的幽默感。他慷慨而迷人。我还满怀感情地记得他喜欢我不怎么好笑的笑

西奥多·德莱塞

40

话,甚至喜欢我说的双关语。刚开始写专栏的时候,每当我在文中使用双关语,舍伍德都会打电话来嘀咕:"贝内特,这次你走远了。"这样我就知道别人能看懂。

我到出版社的前一年,利弗莱特已经出版了西奥多·德莱塞的自传《谈我自己》,销售一败涂地,但德莱塞还是很勤奋地写《美国悲剧》,这本书在我离开出版社后不久出版。他是我这辈子遇到的脾气最坏、最难相处的人之一,总觉得每个人都在欺骗他。他大约每三个月来对一次账,看看他的版税结算是否有误。

很快我们发现德莱塞并不知道自己在干吗。他装模作样地对账,只不过是吓唬吓唬我们,防止我们做手脚。他会在他核对过的条目上画上记号,然后出去吃午饭,我们就把所有记号统统擦掉,他回来以后都没注意到。我们有位很漂亮的电话接线员,德莱塞蠢蠢欲动想打她的主意。这在整个出版社都成了笑料,因为他追她的手段笨拙得可笑。最后她跟他出去吃饭,想看看到底会发生什么。回来时她用了一个我第一次听说、后来很流行的说法,她说:"他只是一条咬吊袜带的老狗。"

博尼与利弗莱特出版社的编辑部会议很随便。先是电话通知:"到贺拉斯的办公室去。"我们从不知道这是要开会还是去听他吹嘘自己最新的斩获。一起开会的人有科姆罗夫、丽莲·海尔曼、泰德·威克斯、毕翠丝·考夫曼、汤米·史密斯,以及很有前途的小伙子路易·科罗南伯格,他后来是《时代》杂志的剧评人。

有时候参加这种会议的还有后来在我一生中极其重要的宝琳·克雷丝沃斯。她当时还是个脸蛋红扑扑的小姑娘,非常非常可爱。我给她取了个绰号"小荡妇"。她从不允许别人这么叫她,但对我,她永远都是"小荡妇"。唐纳德和我创业后,她跟随我一起出来,做我的秘书,干了一辈子。

在这些随意召开的会议上,贺拉斯教了我一些东西。如果编辑对某本书稿非常看好,贺拉斯就让他去签约,在兰登书屋,我们也一直是这样做的。如果我们对某个编辑很信任，而他力荐一本书稿，预付金又不高得吓人，我们往往就连读也不读，比贺拉斯更甚。他会说："好吧，如果你对它这么狂热，我相信你的判断，继续吧。"

但是贺拉斯并不总是同意你所做的事情。例如，我向他申请做书目。在这个地方，你可以主动要求做任何事情，上手就干，因为大多数人都忙着喝酒。这是个轻飘飘的地方。我对书目有很多想法，其中之一就是请为《名利场》《纽约客》画插图而出名的画家拉尔夫·巴顿设计一个封面，把我们所有作者都用漫画的形式囊括其中。巴顿同意做。但是，我忘了问他的收费标准，等到我收到他三百美元的账单……天哪，我自然被贺拉斯咆哮了一顿。三百美元画一张书目封面！可这是巴顿画的啊！

对每一个初次相见的姑娘，贺拉斯都有一种调情的冲动。他的办公室很奇特，有一间个人浴室，这在当时的办公场所是很少见的。他还有个用来选角色的地方，每当有年轻漂亮的女作者来找贺拉斯，他脑子里就想两桩事：她的书稿、向她证明他是一个多么难以抗拒的男人。他只是卖弄一番。如果被姑娘拒绝，他也不伤心。

戴上丝帽，贺拉斯活像一个密西西比河船上的赌徒。他会问姑娘们："你看到我想到什么人？"如果她们说想到约翰·巴里摩尔，他会特别开心。他用自己的方式，以为自己是受女人欢迎的演员，英俊潇洒，用一只长烟斗抽烟。他有很多做作的地方，但是凭着某种直觉，他能选中有成功潜力的人——不管是为他出版社工作的人，还是作者。

一天，贺拉斯正在给我们读一个姑娘写给他的情书，真是热情似火的信。门突然开了，他太太露茜尔走了进来。贺拉斯的小桌子最上层有个浅浅的抽屉，他把信塞进抽屉关上。她完全无视我们的存在，风风火火地走上前说："这下可让我逮个正着。你在读什么信——我敢打赌，一定是哪个情人写给你的。"我们坐在那儿吓坏了。贺拉斯大光其火，用他最巴里摩尔的腔调说："露茜尔，你竟然当着我的职员的面侮辱我！"我对"我的职员"这几个字记得特别清楚。他说："我命令你打开抽屉把你看到我塞

拉尔夫·巴顿为博尼与利弗莱特出版社一九二四年秋季书目设计的封面

贺拉斯·利弗莱特在工作中

进去的这封信大声念给我的职员听。"她看了他一会儿,退缩了,向他道歉。我们目瞪口呆。好一场骗子大师的表演!

　　一天晚上,看完一场名叫《骗局》的戏后(我还记得这名字完全是因为里面有克劳黛·科尔博特),我带着女友去看利弗莱特的办公室。这可是搂搂抱抱的好地方。我们走进利弗莱特的私人房间,他正和一个姑娘在沙发上亲热,撞个正着!我拖着女友急急忙忙跑出去,说:"哎呀,我完蛋了。明天一早我就要被解雇了。"

　　第二天,不出所料,贺拉斯派人来叫我。我做好了心理准备过去听坏消息。贺拉斯关上门说:"贝内特,你知道应该怎么看待我吗?我知道你是个很正派的年轻人。"接着他解释道:"这姑娘是个很有希望的年轻作家,除了跟她来点风流韵事,我真想不出别的法子能笼络住她。"我向他保证我完全理解。他又说:"我对自己感到羞耻。"这姑娘是个诗人,我们出了她一本诗集,大概只卖掉了八本。

塞缪尔·霍普金斯·亚当斯(笔名沃
纳·法比安)

这就是贺拉斯·利弗莱特!在他看来,任何事情都是一时的,他从来
不肯自找麻烦去寻找扎扎实实可能有增长前景的东西。他没兴趣。《燃
烧的青春》就是他的这种宝贝。这本关于青春期的书是司各特·菲茨杰
拉德出现以前同类书里最成功的一本。它是沃纳·法比安写的。这是塞
缪尔·霍普金斯·亚当斯的笔名,他大概只是觉得好玩才写了这本书。
结果一炮走红,许多人猜测沃纳·法比安到底是谁,但我们在很长很长时
间里一直保守秘密。塞缪尔的小说《包围》出版的时候,纽约一家大百货
商店一本都不肯订,因为它是山姆[①]在报纸杂志上写文章抨击欺骗与虚
假广告的目标之一,他们对他很恼怒。可令我们尤其是山姆好笑的是,
《燃烧的青春》在这家商店卖得正火。

能有尤金·奥尼尔、格特鲁德·阿瑟顿、房龙、塞缪尔·亚当斯等人
的新书出版当然很好,但利弗莱特出版社的顶梁柱是"现代文库"丛书,这
曾是博尼的创意。这是模仿伦敦"人人文库"丛书而创立的,不过"人人文
库"是英国式的,根本不收美国作家的书。博尼当初的计划是收入所有经
典作品,同时收入美国年轻作家的作品以及全国闻名的书。我一直都很

---

① 山姆是塞缪尔的昵称。

喜欢"现代文库",大学里就用"文库"里的书,所以,能和出"文库"的出版社搭上关系着实很令我兴奋。

我到利弗莱特出版社的时候,没有人真正负责"现代文库"的规划。某个编辑说一声:"嘿,我们得为'现代文库'挑选两种新书了。"就随意地选了两种。如果我看中了某本书想收入"文库",我总能说服利弗莱特,因为他真的不在乎,这种出版形式不足以令他兴奋。很快我就在无形中成了这个书系的编辑,并且暗自决心,终有一天我会成为它的主人。

每当有作者拿着书稿来出版社的时候,利弗莱特会说:"我们明天给你答复。"然后让我们某个人连夜读完,第二天给他写一份概要。他忙得没空看书稿。他相信从性格着手的办法,把大多数时间都花在招待作者上面。他消化我们向他所介绍的书稿的本领很强,先认真听我们讲十分钟左右,等作者来了以后,贺拉斯就大造声势——说他如何如何熬夜熬到凌晨三点钟读书稿。作者们在说到他们自己作品的时候总是很难愚弄,但大多数情况下他都侥幸成功。

利弗莱特是个大赌徒。他出的书,古板的老出版人不屑一碰。他还投放大广告,用很黑的字体、抓人眼球的边框,这种做法在出版业是闻所未闻的,当时的出版业主要还是控制在一批自负的中老年出版人手中,他们认为出版是很高尚的事业,不认可花哨的广告。大多数人都来自古老的家族,威严,保守,他们戴着穿过他们大肚子的金表链,坐在办公室,做梦也不会想到要出去找书稿,作者自会求上门来巴结他们。在那个年代,图书出版人就是一切。电影、杂志付给作者的稿酬很微薄——不像今天这样一掷千金。

许多有地位的出版商对利弗莱特深怀不满。他们恨他;甚至恨几乎和他同时创业的阿尔弗雷德·克瑙夫和本·优比克。过去,美国出版业是一个封闭的行业,并不向《我们的人群》①所描述的涌现的大批年轻人

---

① 《我们的人群》是美国学者斯蒂芬·伯明翰一九六七年出版的著作,介绍纽约犹太人家族的崛起。

开放,连一个犹太人都没有。突然冒出一批聪明的犹太青年上场,颠覆出版业的陈规,其中最招摇的当然是利弗莱特。利弗莱特、本·优比克、阿尔弗雷德·克瑙夫,以及后来的西蒙与舒斯特、哈罗德·金兹伯格,改变了出版业发展的进程。尽管他们都是新出版社,被老派的出版人混为一谈,但他们彼此并不相同。贺拉斯·利弗莱特崛起的时候,克瑙夫已是一位具有相当文学品位与格调的年轻出版人,他认为利弗莱特层次低,华而不实。阿尔弗雷德总是"很光荣地宣布将出版某某德高望重之人的作品",贺拉斯则在出版《黑牛》之类的书。对他出版《燃烧的青春》,克瑙夫先生也不以为然。

阿尔弗雷德·克瑙夫有一种利弗莱特缺乏的品质:品位。利弗莱特是个爱招摇造势的人。克瑙夫始终是一位非常杰出的大出版家。利弗莱特极其妒忌。他对那些守旧派出版商的竞争毫不在乎,目标只盯着克瑙夫。同样,克瑙夫不满、讨厌利弗莱特,不愿意和他一起被视为出版界"年轻的犹太新锐"。

利弗莱特财产发生变化开始于他决定当戏剧制作人。他一直对戏剧很有兴趣,一九二四年就制作了他的第一个戏。编剧是他年轻的朋友埃德温·贾斯特斯·梅耶——也是出没于那些著名的出版社派对上的常客。这出戏名叫《火把》,讲述的是本威诺托·切利尼①的故事,戏非常出色。很不幸,利弗莱特制作的第一出戏取得了成功。它向美国观众推出了好几位后来非常著名的人物。切利尼由约瑟夫·希尔德克劳特扮演,弗兰克·摩根和爱德华·罗宾逊则饰演两个配角。利弗莱特在这个戏上赚了太多钱,以至于头脑发昏。他接下来就做现代版《哈姆雷特》,由他的连襟巴兹尔·西德尼主演。《哈姆雷特》受到报界的广泛关注,但亏了许多钱。

接着利弗莱特又对一部音乐剧发生了兴趣。那是终结的开始,因为

---

① 本威诺托·切利尼,十六世纪意大利金饰工艺家、雕刻家、作家。

音乐剧都是票房毒药。也是大约在这时候,他不幸遇到了纽约银行家奥托·卡恩,他被贺拉斯逗得心花怒放,告诉他好几条结果往往让人吐血的股市内部消息。贺拉斯损失惨重。奥托·卡恩并没有撒谎,他在那几支股票上也亏了许多钱,但他能承受这样的亏损,贺拉斯不能。他的财产开始缩水。他做事总是如履薄冰般冒险。

我已经在博尼与利弗莱特出版社投了两万五千块钱,后来在出版社紧要关头又投了两万五。所以,他现在“欠”我五万元。看情形要把这笔钱收回来都要成问题了。不过我觉得要是把它当作学会出版全部课程的教育费,可能也是合理的价钱。多有收获的经历啊!我学会了所有该做的事情,更重要的是,明白了还有许多事情值得做而没有做。

利弗莱特欠了许多朋友钱,特别是还欠他岳父五万元。老人认为这样他就可以名正言顺到出版社来,对贺拉斯的经营方式和背叛他女儿的做法发牢骚。

贺拉斯投身演艺业以后,出版社办公室墙上开了扇门,通往隔壁他开戏剧公司的房子,去那里必须穿过出版社的接待室。一群群少男少女演员开始来来往往,这使得我们的生活更加精彩有趣。现在,除了德莱塞们和奥尼尔们,戏剧明星们也突然逛上门来。一个星期五上午,来了一位名叫米丽安·霍普金斯的南方姑娘,金发碧眼,光彩照人,我马上邀请她第二天跟我去纽黑文看耶鲁大学—普林斯顿大学橄榄球对抗赛。她接受了我的邀请。她渐渐显出天生不会安静的性情——话说个没完。那个年代人们喜欢搭乘电车去耶鲁体育场,那些电车是每逢有重大比赛就专门从车库里开出来的。但是我带着米丽安从车站一直走到体育场,这段路相当长,在某个地方我们经过一家宠物店,米丽安喜欢上一只小狗崽,要我买给她。我说我们要去看橄榄球比赛,怎么能怀抱小狗坐在体育场里呢?我只好答应她,回来的路上再买。

体育场很拥挤。米丽安从没看过橄榄球比赛,不到八分钟,就有二十个耶鲁小伙子跟她讲解橄榄球:她前排后排左边右边的每一个人都围着她。她马上成了大家关注的中心,并不是因为她出名——那时还没人听说过她——而是因为她美得令人难以抗拒。

看完比赛走回去的路上,米丽安一直在找那家宠物店,但没找到。看到车站的时候,她才突然意识到,我带她走的是另一条路线,我们大闹了一场。

我爱上了米丽安——哦,确实爱上了。不久,她参加了戏剧《过分活泼的女孩儿》,她是主演。在剧中她必须做的一件事情是暴露某些身体部位。她妈妈从佐治亚州赶来看她,正看到她的着装……!不过没有人能支配米丽安做事情。她是一个意志坚定的女孩。后来帕特·科尔尼把《美国悲剧》搬上戏剧舞台时,主演就是米丽安·霍普金斯;那时候她开始走红了。几年以后《美国悲剧》又拍成电影,由西尔维娅·西德尼主演。所以,我一辈子和《美国悲剧》似乎有不解之缘。

到一九二五年春,我在博尼与利弗莱特出版社已经快两年。我开始心神不定。迪克·西蒙和麦克斯·舒斯特自创的出版社已经获得很大成功。而我,还是老样子,为贺拉斯·利弗莱特打工。我觉得自己也该出去闯一番事业了。

　　我从没去过欧洲,这时我决定第一次出国旅行。征得利弗莱特的同意后,我定了"阿奎塔尼亚"号轮船船票,说服迪克·西蒙在此时休假,与我同行。

　　启程的那天——当晚十点开船——贺拉斯·利弗莱特请我吃午饭送行。我的兴奋劲令他也挺高兴——这个老于世故的家伙! 我们在一家地下酒吧"杰克与查理"吃饭,它后来改名"二十一号酒吧",当时还在第四十九大街①。对这一切我记得这么清楚是因为那天是我一生中的重要一天。显然,贺拉斯在我们去酒吧之前已经喝了一两杯酒,这很不寻常——他并不酗酒。我们一坐下,他又要了一杯酒。我说:"你怎么了? 紧张兮兮的。"

　　他说:"我岳父快把我逼疯了。他跑来逼问我,要我讲清楚,钱都花到哪儿去了。哎,你知道的呀,我也不晓得钱都到哪儿去了。"他接着说:"再

_____

① "二十一号酒吧"是纽约著名的老牌酒吧,原名"杰克与查理",位于纽约第四十九大街,一九二八年搬到第五十二大街西二十一号,更名为"二十一号酒吧"。

说，我也不会把每个带出去约会的姑娘都告诉他。他以为既然我娶了他女儿，就能要求我都说出来。唉，我真想跟他清账，把他打发掉啊！"

于是我不动声色地说："贺拉斯，你想还清他的钱，有个再简单不过的办法——把'现代文库'卖给我。"

我曾向他提过四五次，可每次都被他轰出了办公室。他心里明白"现代文库"是他出版社最重要的经营财富。然而，这次他不但没说"别再跟我提这事儿"之类的话，反而颇为兴奋地看着我，说："你出多少钱？"

门总算开了，我们开始讨价还价。贺拉斯计算出他偿还债务急需的金额，以及他继续经营所需要的现金额。这一次他总算对自己的财产状况有了大体的估计。我们谈定了一个价格：二十万元。这意味着我实际上只要再花十五万元就能得到"现代文库"，因为我估计如果不这样算，以前借给他的五万块钱也就打水漂了。利弗莱特劲头十足地说："我们马上回办公室，我给律师打电话。你不必推迟旅行，我们就照现在谈妥的办法处理'现代文库'。我们不会改变平时补充库存的节奏多印书，也不会清仓甩卖库存书。所以我们交接的时候，库存会保持正常情况。我想，这才是公平合理的。我们会照常营业，等你回来就签约——二十万元收购'现代文库'，连同所有现有库存。"

我们穿过一个街区，回到第四十八大街上的出版社办公室。我喜不自禁，也忧心忡忡，顶要命的是，我没有十五万元。

利弗莱特的律师是以办民权方面事务著称的阿瑟·加菲尔德·海斯，非常出色的一个人。贺拉斯还叫来他的顾问兼深交朱立安·梅斯纳。朱立安极佩服贺拉斯，而贺拉斯把他当办公室听差一样使唤，这对朱立安来说自是大材小用。海斯和朱立安听说贺拉斯要把"现代文库"卖给我，都大为光火。他们说："你这个白痴。'现代文库'是博尼与利弗莱特的支柱。它是整个出版业务最宝贵的财富之一。你有什么理由卖掉？"

利弗莱特尖刻地提醒他们："我是经营出版社的老板。"他说，"这能使我摆脱目前的困境。事实上，麦克米伦出版社正打算推出一个与'现代文库'相抗衡的书系,我怎么争得过麦克米伦这样的大出版社呢?两年之内他们就会把'现代文库'挤垮的。我现在卖的是最高价。这贝内特都明白。他要碰碰运气。我警告过他。"(他确实提醒过我,我答道:"胡说。麦克米伦是家故步自封的老出版社。我们只要集中精力做好自己的丛书。我们比他们起步早得多。")贺拉斯又说:"反正,我已经答应贝内特了,不会食言。"

于是他们开始跟他争论,要说服他其实并没有向我承诺什么——我们只是谈了谈交易而已——我开始担心我这精心策划的妙计要吹了。这时,我这一辈子不时会出现的好运气来了。一位全国著名的文学经纪人大驾光临:利弗莱特和他太太有私情,被他发现了。下面传话上来说,某某先生正挥舞着手枪在楼下暴跳如雷,贺拉斯吓得直发抖,派梅斯纳下去平息那位先生的怒火。就这样,反对最激烈的朱立安·梅斯纳不得不离开现场去安抚那位怒气冲天、扬言要杀贺拉斯的经纪人。这就只剩下海斯和我们俩,而他对这场争论越来越厌倦。他说:"好吧,你是我的主顾。我已经向你提了忠告,你要是不听,就见鬼去吧。"

与此同时,梅斯纳和那个经纪人在楼下喝了几杯酒。人们最后看到他们时,只见他们挽着胳膊,摇摇晃晃沿着第四十八大街一路走下去。这活脱脱就像一出音乐喜剧,因为我怀疑那个人连开枪都不懂,也不知道枪有没有上子弹,只是在那里挥舞枪罢了。对我来说运气真是好得难以置信呀!我不知道梅斯纳能否说服利弗莱特不跟我做这场交易,但他确实有可能扭转局势。

贺拉斯和我握了握手,在海斯起草的备忘录上签名。由于我当晚就要去欧洲,我们没时间拟定一份正式合同了。当然,财务主管佩尔听说这笔交易后,也很生气。

唐纳德·克劳弗尔一直在他继父的公司工作,这家公司在纽瓦克做钻石切割,生意做得很大。唐纳德厌恶这个工作,但还是得在那儿。我打电话给他说:"还记得吗,唐纳德,我们以前老是说,总有一天我们俩要合

52

伙创业。现在,不费吹灰之力,机会来了。我刚刚同意以二十万元买下利弗莱特的'现代文库'。我现在去欧洲,大约三个星期以后回来。到那时我得拿出这笔钱。如果你想跟我合伙干,就得拿出十万块钱。我们五五开,绝对平分。"

唐纳德当然也很兴奋。他爱书,以前我们就梦想着一起做事。他说:"见鬼,我到哪儿去搞十万元?"

我说:"这就是你的事儿了,而且得是现金。"

所以,那天晚上唐纳德来为我去欧洲送行时,我们都还不知道我能否成为合伙人。

在"阿奎塔尼亚"号轮船上,有一位随丈夫去英国的年轻女子,刚刚为贺拉斯·利弗莱特写完一本书。她叫阿妮塔·鲁斯,书名《绅士喜欢金发女郎》,最后一章就是在船上写的。我猜我是世上第一个读者。我笑得几乎滚下船去。这是本让人快乐的书,事实上,它至今仍是如此。阿妮塔的丈夫是演员公会主席约翰·爱默森,在戏剧界是个大人物。

阿妮塔·鲁斯

我在为欧洲之行兴奋不已时，却没想过要在伦敦预订一间宾馆客房。船出发大约两天后我为此担心起来。我听说别人也碰上了麻烦。原来，我们到达伦敦的当晚正是英国一年一度的赌马大赛前夕。约翰·爱默森说："我们也没有预订间。这事儿包在我身上。"做事周到的西蒙，自然已经在某家廉价旅馆预订了一间房间。这完全不对我的心思。我要是旅行，就要行得有特色，要住在大宾馆里，像个大人物。

　　不管怎样，约翰·爱默森说："交给我来办。"他开始发电报："妻子和我以及年轻朋友要套房。"回复是这样的："你们到达两天后方可得到照顾，赛马结束前没有房间。"

　　这时爱默森开始担心起来。我们两天之内就要到英国，却无处可住。最后，他想起鲁道夫·科默尔——德国大制片人麦克斯·莱因哈特的经纪人，在当时风头很劲。爱默森给他拍电报说："我们要两个房间，最好有两个浴室，至少得有一个。不用回电报，弄好房间到车站接我们。"

　　我们在南安普顿下船。看到英国的第一眼，我难以形容我的兴奋之情。我们立刻冲去买了一份伦敦报纸。迪克踏上英国土地所发表的头一句评论是："杂种。"我问："怎么了？"他已经看了报纸，发现有个威士忌广告使用的格子花纹边框和西蒙与舒斯特出版社的一模一样，他很气愤。当然，他这也是半开玩笑半当真。但我们还是忍不住嘲笑他——这儿有个美国年轻人，看到英国第一眼就嚷嚷，就因为一个威士忌广告边框和他公司的很像。

　　我们到伦敦时，科默尔来接我们。他一个劲地绞手，说："我办不到。伦敦一间房间都没有。"爱默森开始训斥他，科默尔又说："我有一事奉告。某某勋爵在萨伏伊饭店有个漂亮的套房。他现在正在苏格兰打松鸡。"他最后说："其他我就不多说了。"

　　约翰·爱默森说："我就要听这个。"于是我们前往萨伏伊饭店。我们又招了辆出租车，好放得下阿妮塔的十九个箱子。爱默森活像

W.C.费尔茨①所扮演的角色,很会虚张声势。他大摇大摆地走到饭店前台,说:"我是约翰·爱默森,这是我太太,这位是我的年轻朋友贝内特·瑟夫。我们要住某某勋爵的套间。"

饭店服务员开始查记录,当然什么也查不到。爱默森大发雷霆,要求见经理。经理慌里慌张走上前,双手在他礼服大衣上不停地搓。爱默森冲他一阵咆哮。他说:"我们刚从美国来,旅途劳累,可这儿什么都没准备。某某勋爵会知道这件事的!"最后,经理惨兮兮地道歉并带我们上楼到那间套房。它由一个大客厅、两间分别带浴室的卧室组成。这豪华的住处正俯瞰泰晤士河,可以看到一边是伦敦塔一角,一边是议会大厦,还有西敏寺和滑铁卢桥下往来的船只。

安妮塔一看到这套房间就说:"我们得马上搞一个晚会。"于是,还没等她打开行李,夫妻二人就给伦敦的所有朋友打了一圈电话,邀请他们参加当晚的盛大派对,好像他们认识伦敦的每一个人。

迪克·西蒙和我已经商定在辛普森餐厅碰头吃晚饭。饭后,我们沿着河滨大道和皮卡迪利大街散步,差不多有十八次差点被车撞倒,因为我们走路看错了方向。昨晚我通宵未睡,累死了。我回到宾馆,房间里闹翻了天:至少有一百个人,大多数穿着燕尾服,打着白领带。许多名字我似乎听说过,因而留有印象,可我实在是筋疲力尽,马上进卧室睡觉去了。接下来我意识到的事情,是我被一个金发女郎摇醒,她说:"你躺在床上干吗?快起来参加派对。"我气急败坏地把她赶了出去。

早上起床我去看约翰和阿妮塔。他俩正在床上吃早餐。阿妮塔说:"你真是个挑剔的小伙子。人们要是听说你把塔露拉·班克海德赶下床,会怎么说?你等着瞧吧。"

我耷拉着脑袋咕哝:"天哪,那就是她呀!"伦敦头号美女塔露拉,当时正在主演诺尔·克华德②的一出戏。我当天下午就去看这出戏的日场,

---

① W.C.费尔茨(1880—1946),著名喜剧演员。
② 诺尔·克华德(1899—1973),英国剧作家。

结束以后跑到后台向她道歉。可她什么都记不得了。

　　头一个星期我一直待在伦敦。周末,约翰·爱默森提议,我们一起去游览埃文河畔的斯特拉福德①,于是马上租了一辆劳斯莱斯汽车。之前我碰到了斯克里伯纳出版社年轻的发行员吉尔伯特·瓦尔,他决定和我们同去。于是,我们四人开着劳斯莱斯向斯特拉福德进发了。记得我们当时都很不恭敬,在那里取笑导游、纪念品和敲游客竹杠的商店。吃晚饭以前,阿妮塔不知从哪里弄到一只橡皮球,我们就在斯特拉福德的街头奔跑传接,玩起了手球。结果约翰一把将球扔进了一扇窗户,我们都狂奔回旅馆。至今,我仍记得球击碎窗户玻璃时发出的响声,眼前浮现出当时阿妮塔·鲁斯(六个月后她就成了美国最有名的女人之一)像小姑娘似的在街头奔跑的情景。直到现在见面时,我们对那段日子还津津乐道。

赫伯特舅舅和爸爸

　　我到英国不到三天,佩尔就去找我父亲和舅舅,他们会谈的结果我都记录在了这次旅行的日记里:

————————

　　① 埃文河畔的斯特拉福德是莎士比亚故乡。

伦 敦

一九二五年六月三日

　　纽约传来讨厌的消息。博尼与利弗莱特出版社迷人的财务佩尔先生显然在施展他的典型手段，要求追加两万五千元才能购买"现代文库"，尽管九月一日才到付款期限。我不明白他此举是何意，显然，赫伯特、唐纳德和爱德·福克也不明白，因为他们发电报来劝我放弃旅行马上回家。我猜他们在电报上把三个名字都署上，是要我对形势的严重性引起重视。我很了解博尼与利弗莱特出版社通常办事的方式，所以对此也不太担心。不过我想他们是正确的，我还是缩短行程回到现场亲自处理为好，否则可能后悔一辈子。我用各种语言骂见鬼……"贝兰加丽亚"号轮船本周六起航，"毛里塔尼亚"号则在一周以后。我今晚发了电报，了解一下我是否可以乘坐后起航的那班轮船回国，这样我还能从这次被破坏的旅行中，争取一周的时间到巴黎一游……我敢打赌，我的电报一定会让赫伯特咬牙切齿地骂我粗枝大叶、不可信赖、完全缺乏商业头脑！我好奇的是，爸爸对这一切会说些什么……

一九二五年六月四日

　　又是电报频繁往来的一天……我确信，博尼与利弗莱特那边的情况没问题，我去巴黎完全是安全、有策略的，这样也挽救了我的这次休假。如果连欧洲大陆都没去就回了家，我会永远都感觉自己"上当了"。赫伯特和爱德主张保守路线，催我立刻回去，如此这般……要是他们知道佩尔先生在过去一年耍的花招，一定会担心得头发发白。我也很讨厌这一套，但我觉得自己很清楚佩尔他们在搞什么鬼。毕竟，我已向贺拉斯保证，如果绝对需要，可以马上提前支付追加的两万五千元；而且他们执意要尽快拿到这笔钱。我知道他们会多么合理地使用这笔钱——支付百分之十二的钱——在某种程度上我也不会指责他们。贺拉斯发电报来保证，他们可以一直等到六月二十日，如果必要甚至可以更迟。这样一来我就可以断了后路，先去巴黎，然后在六月十三日搭乘"毛里塔尼亚"号轮船回国。这么做当然与爸爸、赫伯特、爱德和唐纳德的劝告相悖，而现在我把所有这些事情尽可能详细地记录下来，以便今后如果出了什么问题，我谁都不怪，只能怪自己。我还发誓，无论怎样都不会怨天尤人。我有绝对把握，如果我坐"贝兰加丽亚"号提前回国，发现情况和我想象的完全一样，那样我就会因为没有遵循我自己对这件事情的判断，而咒骂自己是一个傻得不能再傻的白痴。毕竟，我是这世上唯一清楚整个交易里里外外的人，我唯一担心的，不是我做错事，而是我最好的朋友们看到我完全无视他们的忠告，会认为我真是一个十足的白痴。

我还想知道，这样做是否证明，我是一个不负责任的蠢驴？反正我在这件事情上并不觉得怎样心急火燎。我知道事情的结果一定没问题。

我在伦敦的最后一天

一九二五年六月五日

今天只有一封发给我的电报——平静了许多。是爸爸来电，他还是劝我乘"贝兰加丽亚"号回去，并且说，我正在引起赫伯特、唐纳德和爱德的反感，因为我竟敢不听从他们的意见……嗯，我坚持己见。我要去巴黎……他们不可能还知道什么电报里没告诉我的事情，情形依然是我出国前的样子。最繁忙的出版季当前，利弗莱特是玩不起什么新花招的，更不用说他还有作为单枪匹马的剧团经理人所面临的工作。所以我要碰碰运气……

这个荒唐的形势有好几个方面令我烦恼、困惑。第一，爸爸、赫伯特、唐纳德和爱德似乎对我的判断毫无信心。如果我认为现在还有必要赶回家，我压根就不会到这里来。第二，他们似乎都断定利弗莱特就是个彻头彻尾的骗子,想尽法子"骗"我钱财。我坚决反对这种评价。我可以肯定,他对我一向很公平,并且把我当作好朋友,而不是商场上的对手。朱立安、科姆罗夫也和他在一起,他们都是最最诚实的人。我得出结论,把我这些忠实的保护人吓坏的主要原因是佩尔不合时宜的办事方式……他过去就自以为他的经商技巧高超,结果把别人吓跑了。第三,爸爸说,我正在"引起每个人的反感"。他们向我提了好意见,可我仅仅将行程缩短了四天。天哪,如果所有这一切都是我自己在冒险,那么我的抉择违背他们的指示,他们又有什么理由对我"反感"呢?

一切废话到此为止。我已尽可能详细地记录了整件事情,因为我想,在不远的将来,这将是一份颇为有趣的阅读材料。

一九二五年六月六日

我收拾好行李,眼泪汪汪地和爱默森夫妇吻别(至少是和其中一人),把五十英镑兑换成大约一千五百法郎,上午10:45在维多利亚宾馆门口搭乘皇家航空公司的机场巴士。迪克·西蒙已经在车上了……

机场位于克罗伊顿,汽车从伦敦开了四十五分钟就到了。共有七个人,坐两架飞机。迪克和我故意在后面磨蹭,结果后面那架就成了我俩的专用飞机!我们于12:20登上飞机,引擎轰鸣——我们就这样开始了生平头一次坐飞机的旅行。我似乎觉得我们像火箭似的一飞冲天,在几乎还没意识之前,就已经离地一英里远,英格兰像地图一样在我们下方铺展开来。这时我发现自己的耳塞没有塞紧,所以听见迪克自言自语:"还好,我的这次英格兰之行没有白跑,那儿帕尔梅尔斯牌香烟只卖一先令。"

我们在法国陈旧的布歇机场着陆——两年以后，林德伯格①就在这里驾机着陆而成名。

一到巴黎，我就直奔左岸的一幢小型膳宿公寓——就在蒙帕那斯和拉斯帕耶大街拐角上的穹顶咖啡馆等所有一九二〇年代著名的酒吧聚集区的附近。我知道，利弗莱特负责印务的曼努埃尔·科姆罗夫和年轻的发行员杰克·克拉普一起，正住在那里。我们在异乡重逢都很高兴。后来迪克·西蒙和《城乡》主编亨利·塞尔来找我，于是，我在天黑之后第一次游览了巴黎。

我记得，我是独自坐出租车回公寓的，在车上，我试着说我那蹩脚的法语。到公寓的时候，司机竭力向我解释午夜以后车费得加倍。我们争执起来，曼努埃尔·科姆罗夫和杰克·克拉普却从窗口探出脑袋说："别让他得逞。"最后，我按照计价器上的金额外加百分之十的小费付给他车费。他马上把钱扔在我脸上，怒气冲冲开车走了。等我上楼以后，我这两位亲爱的朋友却告诉我，司机绝对正确——午夜以后车费确实加倍。我永远也忘不了这件事情。要是我能找到那个司机向他道歉就好了，我会如释重负。

我很快就发现这地方只有一间浴室，而房间却大约有十四间。我想，老天，这可真够呛，只有一个浴缸。但是不久我又发现，整幢公寓显然只有我们三人洗澡。

房东太太很胖，她的助手体型相当。她俩的样子就像《双城记》里西德尼·卡尔登被斩首时坐在那里织毛线的角色。第二天早上我想找个地方吃早饭，就用我最流利的学童法语请她们推荐。她们吃惊地对视一眼，哈哈大笑起来，拍着肥胖的膝盖请我重复一遍问题，我气呼呼地再说了一遍。她们再次狂笑一通。于是我们马上达成一个交易。只要我用法语跟她们说话，她们就给我提供早餐。头两天我得到的都是一只羊角面包、一

---

① 查尔斯·林德伯格(1902—1974)，世界上首位单人驾机不着陆飞越大西洋的飞行员。

杯咖啡。第三天我逗她们笑的乐子更多,就得寸进尺地说:"如果还要让我这么逗乐,就给我鸡蛋!"

我后来再也没见过这幢公寓,但住在那里真是开心。我就是在当时第一次知道在法国买东西的窍门。我跑到商店里买东西,他们告诉我价钱,可只要我一说出住址,他们就说"哦",然后马上打折。当他们发现我住在这条小街道,而不是住在丽兹大饭店里的美国阔佬时,我就成了他们中的一员。

我登上"毛里塔尼亚"号回国的时候,唐纳德已经筹好了他那一半收购"现代文库"的钱——他家底殷实,筹集这笔钱并不难。唐纳德告诉我,佩尔已经不顾一切,用现金交易的方式把"现代文库"大约一半的库存书低价卖掉了。当然,这绝对是无耻之举,可从他的立场,我会说,他并不是为自己而做这种事情——他是为了利弗莱特。但是这就意味着当唐纳德和我最终接手经营的时候,这些处理掉的库存书将会在全城流通,从而降低我们在纽约的销量。佩尔把许多书卖给了最大的客户梅西百货商店。这是个肮脏的把戏,利弗莱特听说此事后很生气。我强调这一点是为了说明贺拉斯就是这样的人。如果他和我有时间坐下来起草一份合约,他会在签约之后马上要尽天底下的花招来捉弄我。但是如果你像我这样,和贺拉斯握手说:"我拿我的命担保,信任你。"贺拉斯就宁死也不占你便宜。

　　唐纳德和我凑够了钱,可接着发生了两件事。贺拉斯在最后一刻要求我们给他一份聘书,五年之内,每年给他五千元请他担任顾问。这一定是临时想出来的,我认为这不是梅斯纳就是阿瑟·加菲尔德·海斯给他出的主意。贺拉斯说:"你们年轻人会需要我的忠告的。"哈,他的忠告正是我们最不需要的,但是他说,如果我们不同意这点,整个交易就吹了。所以我们只好让步。这给我们增加了额外负担。我舅舅因此而借给我们诺福克和西部铁路公司的五百股股票,当时每股售价大约二百元。他一分钱也不用花,只要把股份借给我们,我们以此为抵押,从银行借了五万元贷款。这笔钱足以支付我们的运营费用。当然,我们还欠我舅舅五百股股票,但我们可以每次还他一百股。

新搭档组合宣告成立:瑟夫与克劳弗尔

看一下收购"现代文库"是多么了不起的事吧:两年之内我们不但赚回了五万元借款,还收回了全部投资。从我们全力以赴专注经营"现代文库"的那一刻起,它就立刻走红起来。唯一的竞争来自"人人文库",但它在走下坡路。那个时代还没有平装书。唯独我们拥有《白鲸》《红字》《道连·格雷的肖像》等一切现代经典名著的廉价版本。每一所大学都在使用"现代文库"的图书。

我们接手之后不久,我对唐纳德说:"你知道,贺拉斯在钱的问题上是多么白痴。我敢打赌,如果我们一次性付给他一大笔钱,我们就可以取消那个聘约。"于是我们就去找利弗莱特,说我们给他一万五千元,解除那份聘约,他果然同意。所以,"现代文库"总共花了我们二十一万五千元。

后来,迪克·西蒙和麦克斯·舒斯特试图向我们收购它。舒斯特是一位杰出的图书营销专家,我至今还保存着他当时精心准备的计划书,它至少令他满意地证明我们真该把"现代文库"卖给他们,而且我既然是个爱享乐的年轻人,卖掉以后就能有更多时间旅行享乐。我这辈子都没见过那么多钞票!如果出售我们可以净赚十万元。但我们不想卖,因为这仅仅是我们出版事业的开端:现代文库出版社。

在一段时间内,"现代文库"的订单仍然寄到利弗莱特那里,所以唐纳德和我这两个大出版家每天干的头一桩事情,就是去第四十八大街收集订单。然后奔回去清点订书量。我们这样干了几个月,其中大有乐趣。当我们接到梅西百货公司的一个大订单时,都高兴得手舞足蹈,因为它令销量直线上升。

我们收到的第一批来信中有一份是阿尔弗雷德·克瑙夫寄来的,我从未见过他,但一直视他为我的出版偶像。他的"牧羊犬"图书正符合我梦想中图书的外观形式。在我看来,他所做的一切都代表出版的最高品质。所以,当他邀请我们去见他时,我们就欣然来到他位于第五十七大街和第五大道海克歇尔大厦的出版社办公室,见到了这位大人物。克瑙夫用一种相当谦逊的方式与我们握手,然后说:"我已听说了你们两个小伙子。我只想知道,你们是否要成为'现代文库'前任老板那样差劲的骗子。"

于是他开始了对贺拉斯·利弗莱特猛烈的长篇批判,其主要事实依据是利弗莱特曾把《绿色公寓》收入"现代文库"。这本书在美国并没有版权,但阿尔弗雷德·克瑙夫认为这是他的专利,因为他见过作者 W.H.赫逊,并将该书介绍到美国出版。此外,这是整个"现代文库"丛书中最畅销的书。

我说:"克瑙夫先生,我对此事一无所知。"

他说:"那么,你怎么处理?"

于是我提议,我们按照每本《绿色公寓》六分钱的标准付给他版税。他承认这很公道,因为法律上他并没有起诉的依据。我离开时对他的景仰并没有丝毫减少,我想他已经认定我们是相当正派的年轻人。就此,我

阿尔弗雷德·A.克瑙夫

们开始了与克瑙夫的友谊,这最终导致他的出版社在很久很久之后,成为我们出版集团的一部分。

我们最初把公司设在西五十四大街七十三号一幢高层商厦第九层的一个小办公室内,商厦的街对面是一家叫"刘易斯与康格尔"的商店,和哈马赫-施莱默商店很像,后来这家公司迁出了曼哈顿。我们只有六个员工为我们工作。唐纳德和我坐在面对面的书桌旁。即使后来我们搬到第五十七街更大更漂亮的办公室,我们的办公桌还是面对面,直到"二战"期间唐纳德报名参加空军。每当有私人的事情,另一个人不用请就主动走出房间。我俩之间有一种我难以形容的纽带。而且我们只有一个秘书。至今我仍和唐纳德共用一个秘书。在我们出版社连下面的编辑都有自己的秘书,可出版社的两个创始人还共用一个。许多人觉得这很奇怪,还跟我们开玩笑,但他们不了解的是,我们雇用的秘书——先是终生为我们服务的宝琳·克雷丝沃斯,接着是工作至今的玛丽·巴伯尔——都比其他秘书能力强许多。所以唐纳德和我的工作效率能比常人高。

唐纳德和我创业之后,我仍然是利弗莱特的好友,因为我对他就像鲍斯威尔之于约翰逊博士①,常形影相随。他非常风趣,又认识这么多有意思的人物。由于毕翠丝·考夫曼带我上斯沃普家,贺拉斯又将我引荐给格林尼治村的艺术界、文学界和戏剧界人士,我不断结识当代的风流人物,心里总是美滋滋的,觉得自己的生活很精彩。

　　一九二五年,我离开利弗莱特出版社不久,利弗莱特出版了德莱塞的《美国悲剧》,引起轰动,立刻成为畅销书。当时利弗莱特正觊觎着发展越来越好的好莱坞,觉得自己正是干这行的料。他决定亲自跑一趟,去摸摸底。出发前他对德莱塞说:"我相信我在那里能把《美国悲剧》电影版权卖掉。"德莱塞认为这种想法很荒唐,因为好莱坞不会买这样的故事:一个年轻人搞大了一个在公司干杂活的姑娘的肚子,又巴结上一个交际花,于是淹死了怀孕的姑娘。

　　贺拉斯就说:"我跟你做笔交易吧,德莱塞。只要我把你的书卖到好莱坞,五万元之内全归你。超过五万元的部分,我们对半开。"

　　德莱塞说:"你从那里一个子儿也得不到,贺拉斯,没人会拍这种电影。"

---

① 十八世纪苏格兰作家詹姆士·鲍斯威尔是塞缪尔·约翰逊博士挚友,常记录其言行,最后写出传记名著《约翰逊传》。

贺拉斯说:"瞧我的!"

于是他们握手成交。在那个年代,电影版权卖五万元已不是个小数。可贺拉斯居然把《美国悲剧》卖到八万五千元!他回来以后,当然要吹嘘一下这个显赫战绩,而我正是这样一个上好的倾诉对象,因为我总是赞赏他。他打电话给我说:"你知道我卖《美国悲剧》得了多少钱?八万五千元!等着瞧,我告诉德莱塞去!"

我说:"哟,我可也要在场。"

他说:"下星期四我请他在丽兹饭店吃午饭,你也来瞧瞧德莱塞听到我这消息后的反应吧。"

就这样,我们三人来到丽兹饭店。它的中心餐厅周围有一圈阳台,距饭店主体部分仅几步之遥,我们就在阳台围栏右边的一张桌子旁坐下。

德莱塞说:"利弗莱特,找我什么事儿?"

贺拉斯卖起了关子。他说:"好啦,好啦,我们先吃饭再说。"

德莱塞越来越不耐烦:"有什么事要对我说?"

我们终于吃完饭,还没上咖啡的时候,贺拉斯说:"德莱塞,我把《美国悲剧》卖了。"

德莱塞说:"啊,得了吧。"

贺拉斯说:"真的。"

德莱塞终于问:"那么,你卖了多少钱?"

贺拉斯说:"八万五千元。"

德莱塞沉默了几分钟才反应过来,一阵欢呼。他眉飞色舞地说:"我怎么花这笔钱才好呀!"他从口袋里掏出一支铅笔,开始在桌布上写字。他说:"我要把在克罗顿的房产分期付款一次性付清,还要买辆汽车。"等等。

贺拉斯听了一分钟,然后提醒德莱塞:"你知道,你不能拿全部八万五千元。记得我们的交易吗?你拿五万元,其余三万五我俩平分。所以你得到的金额是六万七千五百元。"

德莱塞放下铅笔，看着利弗莱特。他说："你的意思是，你要从我的钱里面拿走一万七千五百元？"

贺拉斯说："德莱塞，这是我们的交易啊。你当初认为我根本卖不掉你的书。"

正在此时，服务员将咖啡端了上来。突然，德莱塞一把抓起杯子，将热腾腾的咖啡泼在利弗莱特脸上，令人瞠目结舌。贺拉斯跳起身，咖啡顺着他衬衫的前胸往下滴，所幸没有泼进他的眼睛。德莱塞从桌旁站起来，一言不发，大步走出餐厅。而永远要保持风度、永远要场面漂亮的贺拉斯，此时站在那里擦干身上的咖啡，尽量保持镇定地对我说："贝内特，记住这个教训吧。每个作者都是狗娘养的。"

我们接手"现代文库"的时候，丛书共有一百零八种书。大约有九种是因为利弗莱特心血来潮，或是为了讨好某个想签约的作家、向某人炫耀，才加进文库的。如果某个他在追的姑娘说："你应该把这本书收入'现代文库'。"而这又意味着她将和他到大西洋城度周末，他就会把这本书收进去。我们知道接管以后该对"现代文库"干什么：马上把这些书踢出去。

　　直到此时，"现代文库"的图书都用人造革书衣包装。它看起来像真皮，实际上是用某种具有蓖麻油成分的物质处理过的布。蓖麻油除过臭，书崭新的时候没有任何气味。但是如果天气炎热，蓖麻油的味道就冒出来了，隔着三个街区，你都能闻到装满图书的仓库散出来的气味。这可真糟糕。

　　剔除了那些有问题的品种、开出一份我们想要添加的书单后，我们着手干的头一件事，就是停止使用这种人造革书衣。我们去拜访一位我听说过的著名制版专家：埃尔默·阿德勒，潘森印刷公司的老总。他生意非常好，可以把公司办公室安在西四十三大街纽约时报大厦八楼。不过只有付给他一般价格的八倍左右的价钱他才会干漂亮活儿。埃尔默跟我父亲一样没什么生意头脑，但他接下我们的活，帮我们重新设计"现代文库"。我们采用雅致而柔软的气球布①做书衣，代替人造革。

---

① 气球布（balloon Cloth），飞机上用来包裹行李架、衣帽架等物品的衬布，制作工艺是将纺织精密紧凑的轻棉纱放在橡胶磨里，橡胶原料通过棉纱的细孔，从棉纱两边透出的橡胶硬化后，产生的橡胶布。

THE MODERN LIBRARY
A DESCRIPTIVE CATALOGUE

*T*HE *MODERN LIBRARY*
is a collection of the most significant, interesting, and
thought provoking books in modern literature, hand
bound, fully limp, and designed to sell at ninety-five
cents a copy. The judicious selection of one new title a
month has resulted, after eight years of strict adherence
to a definite policy, in the notable list described in this
catalogue. Most of the books have been written in the
past thirty years, although there are also included a few
works of earlier writers whose thought and spirit are so
essentially modern, that the publishers feel they
are properly embraced in the scope
and aim of the series

THE MODERN LIBRARY · Inc.
NEW YORK

"现代文库"新书目录封面

　　我们还要为"现代文库"设计一个新社标。于是埃尔默·阿德勒把著名的德裔设计师吕西安·伯恩哈特介绍给我们。他帮我们画出"现代文库"的标记：一个举着火炬飞翔的少女。我还碰上著名的艺术家洛克威尔·肯特，肯特先生设计了新的扉页。这样，"现代文库"就有了全新的漂亮装帧。

　　我们不要形同废纸的老式书目，而要拿出上档次、有品位的书目。在那个年代，出版社印制的书目形同虚设：毫无创意且缺乏变化。所以埃尔默·阿德勒又帮我们设计了新的书目。他的收费高得惊人。账单、估价之类的在他眼中毫无意义——他会告诉你他做某样东西收费一千元，可做好以后他要收三千元，他会毫无愧色地说："哦，我上次算错了。"

　　唐纳德和我一开始就说好，我负责编辑、广告、公关和推广，他主管行政和印制。我们决定分担发行业务，因为唐也是位优秀的发行员，人人都

"现代文库"新书目录扉页

喜欢他。他是世上最亲切的人。谁要是碰到麻烦,总是找他。我就不行,我太没耐心。

　　一切都以对半均摊的原则严格行事。一切区别对待的做法都会伤我们任何一方的心。我记得,我们二人都以每周一百元的丰厚工资开始工作,大约三年以后,收入就上升到一年一万元。我们并不想从投资中捞回什么,我们正在开创自己的事业,要脚踏实地从无到有。除了那二十一万五千元和自身的赢利,我们再没向出版社额外投入一分钱,它最终被美国无线电公司以约四千万美元收购。

　　唐纳德一直都能起到稳定的作用。我经常发脾气,唐纳德总是知道如何对付我。他会坐在那儿,咬着他的眼镜腿,非常平静地倾听。过了七八分钟,等我把话都说完,他就站起身说:"好了,闭嘴吧。"然后走出办公室,留下我一个人气呼呼而没辙了——我的意思是,发泄完了。过了几分钟,我又哈哈大笑起来。(我一向如此。我太太和两个孩子很了解我,总是让我先出气，他们知道要不了十分钟我就把事情忘个精光。）唐纳德总是说："行啦……"当我提出什么荒唐计划时，他会等我说完，然后说："那是我这辈子听到的最最愚蠢的狗屁点子。"所以，要说服唐纳德，我真是要使劲干才行。

最初，唐纳德和我亲自负责发行，轮流去波士顿、华盛顿和费城。我们上某家书店推介我们的书，店长知道他见到的是出版商本人。他们喜欢这种方式。我们还花不少时间检查漏了什么书。现在，我们不仅仅是发行员，而且是在为自己干。我们的名声传开了。我们使"现代文库"的书打进了利弗莱特过去从不操心的书店。事实上，以前从没有人操心"现代文库"的发行。利弗莱特想当然地认为人们自然会买，而我们所有时间都扑在上面——除去玩桥牌、下十五子棋、打高尔夫的时间。

唐纳德和我最早干的事情之一——记得当时我们在普莱西德湖①——是翻阅所有出版社的书目，挑出我们想收入"现代文库"的图书品种。我们开始增添贺拉斯以前没能拿到的品种，这其中也有很多出版商不喜欢或不信任他的原因。他们都相信，他们前脚把好书给贺拉斯，他后脚就会去联系作者，把作者偷偷拉过去另外出书。而我们并不存在竞争问题。我们只是"现代文库"。渐渐地，我们开始拿到一些利弗莱特甚至不肯费劲去弄的名作，因为为此而去讨好出版商既费时间又耗精力。但是如我所说，当年并没有平装书，如果对每种旧版书你都能支付五千元保证金，这一条件就相当诱人了。一九一七年博尼与利弗莱特创立这套丛书的时候，每本的零售价是六毛钱。但第一次世界大战后就涨价了，到我们接手时，单本零售价是九毛五分，这一价格直到"二战"结束前都保持不变。

我们为"现代文库"买进版权的第一种书在当时很畅销，但现在早已被遗忘，那就是威廉·比比的《丛林的宁静》。此外，由于我们与克瑙夫先生的第一次会面，他后来允许我们在丛书中收入一些重要作品，如托马

---

① 普莱西德湖是纽约州阿第伦达克山脉中的一个小镇，因附近的普莱西德湖得名，又名宁静湖。

斯·曼的《魔山》、薇拉·凯瑟的《大主教之死》、安德烈·纪德的《伪币制造者》。

从一九二五年收购"现代文库"到一九二七年,我们全部精力都扑在上面。就是在一九二七年,我们开始向外发展!"现代文库"获得巨大成功,金钱滚滚而来,但是几乎无事可干了。中午时分,我们已经清点完订单,并且处理完毕,于是我们打桥牌,或者下十五子棋。那段时间生活舒适,但很快就腻味了。我时常想起在利弗莱特出版社的日子,那种出版新书的兴奋劲儿,现在已离我远去,因为我们只出版供别人消遣的再版书。

而且,当时对限量精装书①,对有作者亲笔签名的初版本需求热烈。人人都在华尔街投资而大发其财。人人都成了理财魔法师。而流行的作家如吉卜林、高尔斯华绥、康拉德等人作品的初版本,价格也如同股市一样猛涨。收藏者愿意花两百元买一本《福尔赛世家》②初版本,尽管我估计这一版至少印了两万五千册。那些"初版本"就是这么流行起来的。至今我还收藏着其中一些品种。

我爱好限量精装书,其中有一些名气越来越大的是英国诺萨奇出版社制作的,这家出版社的老板是出身著名文学世家的弗朗西斯·梅内尔。他们出版的限量精装书非常受欢迎,每有新品种问世,订单量就是起印量的十倍。而且由于其中只有一小部分销往美国,价格就如火箭般上蹿。如果这本书上市价是二十五元,那么几天以后就有人愿意出七十五元买一本。唐纳德和我都在这类竞拍者之列。

一九二六年下半年,我第二次去英国。我对唐纳德说,我去那里会尽量争取成为诺萨奇出版社在美国的代理商。当然,由于市场需求巨大,他

---

① 所谓限量精装书(Fine Press book),是指与大众出版社出版图书相比,印量有限、印制更精美的图书,印量从两本至一万本不等,用纸通常更考究,书中常带有手绘插图、木刻、钢版、铜版画、书法,最重要的一点是,这些书通常都用铅字排版,手工操作印刷机印刷,手工装订。大多数限量精装书后面都盖有一个标记,表明该书印刷者、印刷时间和装订方式,作者、插图作者、出版者常常在书上签名、编号,使图书增值。
① 《福尔赛世家》,高尔斯华绥著长篇小说。

们并不需要代理商,但是我说:"如果我们不能代理,至少我可以帮我俩一人弄一套书。"这次我是去拜访英国的出版商们。我并不想从他们那里得到什么,因为我们还没有真正做原创性出版,但我想为长远计,还是要见见他们。

对于拜访梅内尔,我有点不好意思。所以,我是在英国的最后一天才去弗朗西斯和他妻子薇拉·孟德尔经营诺萨奇出版社的私宅,当天下午,我就要动身去南安普顿坐船回国。弗朗西斯确实是当世极有风度的绅士。他说:"我能为你做什么?"我很鲁莽,也有点紧张。我说:"我名叫贝内特·瑟夫,我希望成为诺萨奇出版社的美国代理人。"他哈哈大笑。我说:"有什么可笑的?"

他说:"我来告诉你有什么可笑的。至少有二十五个美国出版商来巴结我,要当诺萨奇出版社的代理——他们请我吃饭,请我看戏,一连大肆招待三天之后,再亮出他们的真正目的,当然,我早已心知肚明。"他最后

弗朗西斯·梅内尔

说，"而你径自闯到这里来——我都没听说过你——就宣称想当我的美国代理人。"

我说："是这样的，梅内尔先生，我今天下午就要回国，没时间宴请您了。但我想过，如果您拒绝我，请您至少允许我和我的搭档以个人的名义，每人订购一套您出的书。"

这下，他又笑开了。他妻子走进来，我们谈得很投机，不到一小时就成了朋友。接着，他们发现有一个好友是以前我在纽约任职的那家证券公司合伙人之一——他当时叫我"黄鼠狼"，因为他从来都找不到我。于是弗朗西斯说道："你知道，我可以马上从海默汀格那里打听到你的所有情况。如果他说你行——我估计他也会这么说——你就当我们的代理人。"于是我们握手为约。

我就这样回家了。当然，我打了电话给海默汀格先生，他很慷慨地答应写信告诉他们，我是个很不错的小伙子，各方面都很正派。唐纳德和我就这样成了诺萨奇出版社的美国代理人。

洛克威尔·肯特帮我们设计了"现代文库"的扉页之后，就成了我们的好朋友。我可以说他是当时美国首届一指的商业性艺术家。有一天，洛克威尔顺道来我们办公室串门，他坐在我的桌子上，面对唐纳德，我们一起讨论着另外出几种书。我突发灵感，说："我们出版社的名字有了。我们刚刚说，要不定期地、偶尔地另外出版几种书。我们就叫'偶尔出版社'①吧。"

唐纳德喜欢这名字，洛克威尔·肯特说："好名字。我帮你们画社标。"于是，他坐在我的桌子上，拿来一张纸，五分钟工夫就画出兰登书屋的社标，从此，它就成了我们的社标。

兰登书屋的社标于一九二七年二月首次公开亮相，印在一份名为"一

----

① 即兰登书屋，在英语中，random 一词意为"随意，偶然，不定期"，"兰登"系音译。本书原版书名"At Random"即取其双关意，既表示"率性，随意，偶然"，也可表示"在兰登"。

号公告"的小册子上——小册子里列出了首批当年将由兰登书屋和诺萨奇出版社联合刊行的七种限量精装版图书,其中第一本亮相的是梅尔维尔的《班尼托·西兰诺》,由 E.迈克奈特·考弗尔画插图,但这首份书目中最精美也最昂贵的书,实际上直到下一年才上市,那就是《神曲》。这个版本的《神曲》有意大利文原文和英文译本相对照,用真皮做书衣包装,其中还有约四十张双页珂罗版印刷的波提切利插图。它标价每本四十六元,我们只印四百七十五本,却收到大约五千个订单!所以,我们面临的情况是要砍订单而不是征订的问题。

我们以相当低的折扣拿到了这些书——我已记不清具体数字,大约是三五折——再在原价的基础上打一点点折卖出去。这与常规的图书销售不同,虽然我们还得为运输和关税支付一大笔钱,赢利空间仍然很大。不过,我们追求的并不是利润,而是声望。这一切安排实际上是弗朗西斯

兰登书屋"一号公告"

的馈赠，因为他本可以轻易地把所有这些书直接卖光。

　　到了这时候，第四十五大街的办公室已经容不下我们的发展了，需要一个更大的办公空间。我见过埃尔默·阿德勒的办公室，帮我们设计"现代文库"标记的吕西安·伯恩哈特为他设计了室内装潢，我很喜欢，所以，当我们搬到东五十七街二十号时，我也请伯恩哈特设计我们的新家。

既然一九二六年的伦敦之行如此富有成果,我决定在一九二八年春再去一趟,重温旧交。然后我直下那不勒斯,在那里过三十岁生日。我真正的目的地是佛罗伦萨,那里有两位我急于相见的人与我分别有约,一位是 D.H.劳伦斯,一位是诺曼·道格拉斯①。

　　道格拉斯的长篇小说《南风》是"现代文库"中最畅销的作品之一,他也因为这本书而出了名。他以前还写过其他书,但《南风》是他的成名作。我到佛罗伦萨时,在宾馆发现一张便条:道格拉斯先生期待与您共进晚餐。他是位英俊的银发绅士,再迷人不过了。我们相处融洽。他介绍我认识一位意大利出版商,他正在佛罗伦萨出版劳伦斯新作《查泰莱夫人的情人》的特制版,于是我订购了一本。我的支票是汇到 D.H.劳伦斯账户上去的,这样,寄给我的支票收据上就有劳伦斯的亲笔签收名。后来,我把这张收据贴在我收藏的《查泰莱夫人的情人》的限量初版本上。

　　我永远忘不了与诺曼·道格拉斯共度的那个夜晚。他开始帮我计划次日的活动,我说:"等一等。明天我已定好去见 D.H.劳伦斯。"道格拉斯和劳伦斯一年前因为其中一人为某本书写的序言而大吵了一架,彼此不再说话。我现在都还能想起道格拉斯当时说的话:"你干吗找劳伦斯浪费

---

　　① 诺曼·道格拉斯(1868—1952),英国小说家,散文家。

时间?"

但是我说:"我为能够见到他而很兴奋呢。"

第二天,我们一起吃午饭,按照计划,我应该下午去劳伦斯家。我告诉道格拉斯,我雇了辆汽车,但我不懂意大利语,为了跟司机说清楚劳伦斯家怎么走,已经快发疯了——劳伦斯家在阿诺河对面十英里远的山上。道格拉斯在餐巾上画地图,解释如何到达那里。可他不是美国汽车协会的那种人,说得越多,他就越说不清。最后我说:"你这种指路没人听得明白。我永远也找不到劳伦斯了。"

道格拉斯终于说:"哎,你这个笨蛋;看来我只能亲自带你走一趟。"

这当然就是我要的结果。我们上了车,去找劳伦斯。一路上道格拉斯不断地告诉我,不但劳伦斯是多么差劲的杂种,他老婆弗丽达也十分糟糕。他还不停地问自己为何要跟我一起跑这趟这么难受的路。我们终于绕过最后一个拐弯处,劳伦斯的别墅就在眼前——一栋极其丑陋的房子,门上方有一个小阳台。站在阳台上挥手的,正是蓄着红色络腮胡子的劳伦斯。错不了——我早就看过他的所有照片了!

突然,劳伦斯注意到车后座有两个人——另一个人是诺曼·道格拉斯。劳伦斯的嗓音很尖。"诺曼!"他一边叫,一边跑下楼。这个身体虚弱的人不到两年以后就死于肺病,但当时他简直就是飞奔下来。道格拉斯跳出车子。两人眼中含着高兴的泪水,拥抱在一起。劳伦斯根本没有注意我,我还不如不在场为好。他俩欣喜若狂,劳伦斯叫道:"弗丽达,弗丽达,瞧瞧谁来了!"弗丽达跑出来,她仍然很漂亮,尽管现在身材圆滚滚的。她也加入到庆祝的场面,三个人不断拍着彼此的背,尖声叫喊。最后道格拉斯终于说:"这是我的年轻朋友贝内特·瑟夫,我知道你们一直在等他。"他们跟我打了招呼,一起进屋。这屋子简直是猪圈。弗丽达·劳伦斯不是个好管家,我至今都还记得客厅的大理石地板中间,横躺着一只肮脏的牛奶瓶。

我们坐下来谈话——情形是这样的:他们说,我坐着听,听得很吃惊。

最后道格拉斯说:"好了,这位年轻出版家是来这里拜访劳伦斯的。弗丽达,我们出去走走,让他们单独待一会儿。"

他们一走出屋子,剩下劳伦斯和我,他突然转身对我说:"你怎敢带这个人到我家来!"这真难以置信,我简直要昏倒了。他说:"你难道不知道我们互相不说话吗?"

我说:"因为我不认识路,道格拉斯就说,他要亲自带我来这里。我听说过你们在闹矛盾,可一到这里,我马上就发现,你们骨子里是非常喜欢对方的。"

劳伦斯咕哝道:"嗯,这是种冒犯。不过没关系。"接着他跟我说起诺曼·道格拉斯的故事,说他是个多么无耻的混蛋。我们都没多少时间谈论文学——因为他忙着咒骂道格拉斯!接着道格拉斯和弗丽达回来了,于是继续拥抱,仿佛没有任何时间间隔。这两个老骗子显然彼此敬爱。我们终于告别了,从下山的那一刻起,几秒钟前还对弗丽达热情洋溢的道格拉斯,立刻继续跟我说更多关于弗丽达的丑闻。

这真是一次不可思议的相见——我居然以这种方式一起见到了D.H.劳伦斯、诺曼·道格拉斯这样的文学巨人。

我们以兰登书屋单独一家的名义出版的第一本书,与诺萨奇出版社和小金鸡出版社的新书一起,列在一九二八年春季"二号公告"的书目中,是洛克威尔·肯特的一流制作。我曾说:"洛克威尔,我们头一本书一定

《老实人》扉页

要由你来做。"他说:"我一直想给《老实人》①画插图。"这本书是"现代文库"中最畅销的书之一,我们不需要向可怜的老伏尔泰支付版税;因为他的作品已经进入公共领域,这类作家最好办。于是我们请肯特制作一部插图版《老实人》,由埃尔默·阿德勒在其潘森印刷公司印刷。我记得,一九二八年初我们印了一千三百本,每本售价十五元,全部有洛克威尔·肯特签名,其中九十五本在肯特先生的工作室手工上色,售价七十五元。上市当天,一本标价十五元的书就卖到四十五元之多。现在,这一肯特制作的限量版《老实人》自然已经几乎不可求;它很漂亮。由于需求巨大,第二年我们就推出了大众市场版,还被文学公会俱乐部选中。

埃尔默·阿德勒印制了《老实人》后,我们就请他向兰登书屋参股当合伙人,他也同意了,但随着生意如雨后春笋般蓬勃发展,阿德勒开始不喜欢做大众出版,所以我们又买下他的股份让他退出。不管怎么说,他是个很难相处的合伙人——非常暴躁专制,什么事情都要按照他的方式来做——要是我们找别的印制公司印书,埃尔默就很妒忌。他认为这一块业务理应归他管。很快我们的发展就超出他的能力范围,但他到死都对我们耿耿于怀,一心以为他应该一直是合伙人,是我们趁着成功的时候把他骗出局——他无视了这样一个事实:他对大众出版根本没兴趣。他去世的时候,兰登书屋已经出名了。

一九三〇年,我们又出版了一本与洛克威尔·肯特有关的书,后来结果表明,这本书对我们极其重要。他为远在芝加哥的 R.R.当纳利公司旗下专门出版限量精装版图书的湖畔出版社制作了插图版《白鲸》,他们把出这种书当作一种广告宣传手段。R.R.当纳利是一家印制电话簿、邮购目录的印刷公司,但为了满足个人的兴趣爱好,他们也做少量印制精美的图书,其中之一就是这本漂亮的《白鲸》,我记得售价是一百元,三卷本装在一只铝盒中——我们说服了他们授权兰登出版一个大众版单行本。我

---

① 《老实人》,伏尔泰最著名的小说,又译《憨第德》。

83

《老实人》版权页

们为此而兴奋过头,忘了在封面上加上作者赫尔曼·梅尔维尔的名字,所以正如《纽约客》杂志所指出,我们出的这一版《白鲸》逗得每个人直乐,封面上只写道:"《白鲸》,洛克威尔·肯特绘"。

这本书为我们打开了另一扇大门。当时,每月之书俱乐部刚刚起步,其创始人哈利·谢尔曼和罗伯特·哈斯我都没见过。他们打电话来说我们的《白鲸》已经入选"每月之书"那天,我们并不怎么兴奋——只是关了办公室的门,当天全体放假!那是中午十一点,我们说:"回家吧,今天放假。"

俱乐部选中某本书,都承诺付费,他们每卖掉一本书,出版社和作者就平分相应的版税。他们也根据自己估计能消化掉的具体订书量,保证支付一笔预付金。即使俱乐部卖不了那么多书,这笔预付金也不能退。当然,如果销得越多,额外多卖的书产生的版税支付得也越多。

BENNETT CERF
DONALD KLOPFER·
HAVE THE HONOR TO INVITE YOU
TO A SO-CALLED TEA
OR INSPIRATIONAL ORGY
FOR THE SPIRITUAL BENEFIT
OF
ROCKWELL KENT
FRIDAY, JANUARY TWENTY-FOURTH
FROM FIVE O'CLOCK TO ELEVEN
RANDOM HOUSE
20 EAST FIFTY-SEVENTH STREET
R · S · V · P

THIS EDITION, PRIVATELY PRINTED,
LIMITED TO 99 COPIES, OF WHICH THIS IS NO. 1

洛克威尔·肯特设计的宴会邀请函。他的所有设计样稿编号都为"1"。

当时,"每月之书"还很年轻,规模也小。选中一本书保证的预付金是五千元,这笔钱几乎没法和现在的俱乐部相比,但我们收到购买我们出版的第一本大众图书的支票时,都很开心。

过了大约一星期,每月之书俱乐部召开了一次行政会议,然后我们就收到一封哈利·谢尔曼的来信,告诉我们,他们决定提高他们的保证金:翻一倍。由于他们上周刚选我们的书,他们觉得不能让我们吃亏,所以他们又寄来一张五千元支票。我和唐纳德为此想了想,由我回信:"亲爱的谢尔曼先生:发生这样的事情真奇妙,让人对人性重新树立信心。不过我必须告诉您,如果您把保证金从五千元减少到二千五百元,我也决不犯傻把二千五百元退给您。既然我们约定五千元成交,我还必须告诉您,那天我们兴高采烈地关门放假回家了。所以我现在淌着眼泪,奉还你们多付的这张五千元支票。"

他们收到信很高兴,又把支票退给我们,并附上告诫说,我们不该当大傻瓜,应当兑换成现金。我们又把这张支票寄回去,说:"这可一点都不像是在做生意啊。"于是我们决定最好一起见面吃午饭——哈利·谢尔曼、罗伯特·哈斯、唐纳德和我。到了此时,双方都极为尊重对方,吃完饭我们已经成了生死之交——最后我们商定七千五百元,即把额外的五千元对半开,每个人都很开心。

每个人都曾公平公正地做事。在人们公平公正时,每个人做事都很顺利。这是我一生遵循的信条。如果你赚了钱,要让别人也赚。要是有人受到伤害,那可不好,但如果你能把事情办得人人都获益,这才是理想的生意。

一九二九年春天，我们请弗朗西斯·梅内尔来美国。当时他还没被授予爵士头衔。作为诺萨奇出版社的创始人和老板，他受到了所有藏书家协会的盛情追捧，人人都想请他演讲。他是位风度翩翩的英国人，既上得了任何舞台，也能出入任何客厅——到哪儿都引人注目。

我们的办公室这时已搬到第五十七大街。我们很有钱："现代文库"取得了惊人成功，限量精装书销售也蒸蒸日上。我们出版社在五楼，而同幢楼的二楼有一家德圣费尔证券公司。他们生意非常兴旺，因为当时的股票牛市几乎达到顶峰。人们总是泡在证券公司里，不待在办公室安心上班。

沃姆拉斯先生就是个例子。他在纽约拥有许多书店和租书店，他的四十家书店每家都备有一整套"现代文库"丛书。我突然想到，如果我能说服沃姆拉斯先生在每家书店里放两套"现代文库"，那就意味着增加四十套"现代文库"的订单。于是我去见沃姆拉斯先生，告诉他，如果他在每家书店备两套而不是一套，我可以给他让利百分之一。沃姆拉斯先生傲慢地说："年轻人，别跟我说什么让利百分之一。我在股市每天就有一万元进账。"

弗朗西斯·梅内尔来到我们办公室时，工作都停顿了——每个人都崇拜他。有一天我带他去吃午饭，在下楼的电梯里我说："我要在证券公司那层停一下。"他从没见过证券公司。我们进去时,里面一片狂热兴奋的气氛。疯狂的牛市正在暴涨。弗朗西斯喜欢美国的一切事物,他完全被眼前股票价格收报机和交易员们风风火火贴股票行情的场景所震撼。人们都在快活地高声喊着——人人都在轻而易举地赚钱。

弗朗西斯说:"给我讲讲这是怎么回事。"我就说:"这是世界上最容易的事儿了。我来演示给你看。"我给他买了三百股斯通-韦伯斯特公司的股票,等到我们吃完午饭回来,股票指数已经上升四点,我就帮他把股票抛了,他还没明白怎么回事,就得到了一张扣除佣金的一千二百元支票。

这是在一九二九年四月。一九二九年十一月股市崩盘时,已经迷上炒股的弗朗西斯和许多人一样血本无归。他只快活了几个月,因为他是在平均指数每天上涨八点的股市最疯狂时期即将结束的时候,才投入股市。

"现代文库"逐渐为我们树立起声誉。与诺萨奇出版社合作之后,我们就成了限量精装书在美国的主要发行商。我们发行小金鸡、螺旋、源泉、莎士比亚爱好者等多家出版社的书。所有这些私人出版社都来求我代理,因为那样一来,他们就能有幸与在限量精装书业地位崇高的诺萨奇出版社列在一起,享受因此而带来的荣誉。

　　在旧金山有一位声誉鹊起的印刷商埃德温·格拉霍恩。我买过他印制的几本书,非常非常漂亮——是印在手制纸张上的——于是我到那里请他为兰登书屋印制一本书。我们选定沃尔特·惠特曼的《草叶集》——每本要卖一百美元,只要你乐意付钱。当消息传出,兰登书屋将以这一售价出版格拉霍恩印制的新版《草叶集》时,我们很快就收到了五倍于印量的订单。但格拉霍恩先生(他也是像埃尔默·阿德勒那样喜怒无常的天才)经常拖拉一年才完成任务,等到他终于印制好书的时候,我们受到了一九二九年股市大崩盘的波及。许多下了订单的人破产了,而大多数已经支付一百元的人则央求我们退钱。

　　那是疯狂的年代。曾经日子过得像百万富翁的人突然发现自己身无分文,欠了经纪人一屁股债。他们变卖一切,所有股票化为乌有,欠下了一辈子都还不清的债。

　　诺萨奇出版社的新书突然变得难以处置。由我们代理的那部分书再也收不到十倍的订单，能把我们现有的书处理掉就算幸运了。虽然还有一些出得起钱的收藏者，但整个收藏热消退了。

股市崩盘前一本售价二百元的《福尔赛世家》初版本，现在拍卖时只卖二十元——跌了百分之九十，就跟股市一样。

虽然限量精装书市场随着股市崩盘而一落千丈，我们毕竟还有"现代文库"，可以出低价书。所以即使在大萧条时期，我们的日子还很好过。事实上，我们每年都向前发展一点，从来没有出现过倒退。每隔半年，我们往丛书中添加五六个新品种。出版业一向比较稳定。即使在经济过热，有钱人在旅游、夜总会、高档戏院之类的娱乐上大把挥霍的时候，书业也不会骤热。无论如何，爱书的人一般不会沉溺于无节制的投机。同理，所有行业全线崩溃时，书籍又成为一种最便宜的娱乐方式。所以，"现代文库"颇为辉煌地度过了大萧条时代。

但在这段时期，贺拉斯·利弗莱特陷入了困境。出现问题已有时日。他从没商业头脑，因而最终再也无法维持。一九三〇年，他被迫离开出版社（当时他已经把出版社名称从博尼与利弗莱特改成贺拉斯·利弗莱特），出版社的经营基本上由他过去的财务阿瑟·佩尔接管，因为他曾为贺拉斯借过利息高达百分之十二三的贷款。

在贺拉斯几乎山穷水尽时，他娶了一个放荡而漂亮的女人，年轻演员约瑟夫·希尔德克劳特的前妻。贺拉斯当时住在东四十八大街一四八号一套酒店式公寓里。婚礼结束后，大约六点在他公寓里举行一场招待酒会，聚集了许多仍然喜欢他的名流；实际上，随着他越来越困难，他倒变得更好相处了。他在逆境中生机勃勃。我对他的感情很深。他在我人生中起过非常重要的作用，我很感激他。

这次婚礼酒会很闹腾，因为有很多酒，而且阿瑟·加菲尔德·海斯在赶去参加酒会的时候，在第三大道碰到一支德国街头流浪乐队，他就带上这帮疯狂的音乐家一起来了。想想吧：一个大肚子上缠着个巨大低音喇叭的家伙，以及好些个吹着其他铜管乐器的人——这小小公寓的喧闹可真够荒唐的。酒过半巡,闯进一个陌生人,他说:"哪位是利弗莱特先生?"人们指出贺拉斯的位置,他走上前去说:"乔·希尔德克劳特让我给你带个信儿。"说着,抡起拳头,正中贺拉斯的鼻子,把他打翻在地,然后扬长而去。这惊人的场面十分具有戏剧性,贺拉斯血流不止。这影响了现场喧闹的气氛,但酒会继续进行。这桩婚事并不持久,他们很快就大吵大闹,没过多久就分手了。离婚后,贺拉斯郁郁寡欢,情绪低落。他在一幢改变用途的私宅租了两间房,这地方就在见证他昔日辉煌的办公室拐角处。

曼努埃尔·科姆罗夫讲述了他最后一次去看望利弗莱特的情景。他走进门——门半掩着——贺拉斯正穿着短袖衬衫坐着,面前的桌子上放着一件蓝色哔叽上衣。他正在用一块抹布蘸着一瓶钢笔墨水,给上衣袖子上磨损得露出白色的部分涂盖点蓝色。这就是了不起的贺拉斯·利弗莱特!几天以后他就去世了,时为一九三三年九月。这位在我看来代表着出版的魅力与荣耀的人,就这么悄无声息地消失了。他的人生故事令人悲伤。

他去世前不久我曾去看望他,还在《出版人周刊》上写了一篇怀念他的文章,写得与该刊一贯的风格不太一样,因此引起不少关注。我对这篇文章很满意,因为它是我强忍悲痛写出来的:

　　昨天上午,寥寥数人稀稀落落地聚集在环球殡仪馆,厄普顿·辛克莱尔窘迫异常,对着年仅四十六岁去世的贺拉斯·利弗莱特的遗体,含糊地念着不妥当的空洞悼词。大多数由他发掘、走上成功之路的作者,和他那些朋友(为了他们,他甘愿抛开手头最需要他处理的公务),都忙得腾不出片刻时间,来向他作最后的道别与致意。这是他壮丽一生,一位再不世出的出版家人生最后的凄凉落幕。

　　许多人议论过利弗莱特的失败,大意是说,当利弗莱特开始对出版心不在焉的时候,他才在出版上摔了跟头。事实并非如此。一个像利弗莱特那样经营出版的人注定无法适应一个他所无法控制的世界诸多的变化。激烈加剧的竞争，为步履蹒跚但资金无虞的老出版社带来新鲜活力的年轻人崛起，以及最重要的一点——销路下降、利润变薄的危机，使得像利弗莱特这样混乱吵闹的出版社休想靠什么运气。他开小差搞戏剧无疑加速了他的败落，但早在离职很久之前，他立业的基石就开始瓦解了。利弗莱特出名的"本事"——它过于频繁地为他扭转局势，已经无法仅仅用一连串好运气来解释了——一次又一次延迟了他无可避免的衰落，但这不可能永远有效。

利弗莱特判断手下职员的能力，在我所知道的人里是最糟糕的，他分不清楚谁才是真正关心他的人。他只要身边的人能奉承、响应他的决策，让他自我的虚荣心得到满足。他偶尔召集的那些牛皮冲天、派头十足的编辑部会议，是一个人的表演，对任何胆敢对他的命令提出异议的人，他都不耐烦听。但他又有惊人的本领，能赢得许多优秀男女绝对的忠诚。无论什么事他们都支持，始终爱他，也许永远爱他。他们看到在他所有的伪装与掩饰背后，是一个无助的人，他用一种对生活少有的爱与不惜代价的慷慨大方，渴望得到别人的爱与赞美。

其他出版人尤其是伦敦的出版人，经常对利弗莱特的行为方式感到愤怒，又为他居然能够用这种混乱、鲁莽的方式继续经营感到吃惊。当然，结果证明他们是对的……终于有一天，他所有不切实际的计划彻底无法实现了。与出版人的身份相比，利弗莱特始终更像是赌徒，他像绅士一样拉完最后一首曲子，证明他遭受打击仍能泰然处之，比他辉煌时期更勇敢，更令人尊敬。就在他去世前几星期，人们还看到这个死要面子的人，轻轻叩着长长的烟斗，紧张地坐在亚冈昆饭店某张桌子旁，略还有些往日他意气风发的样子，对着所有剧评家介绍他雄心勃勃的戏剧项目，尽管每个人都知道他从头到尾在演一出令人心碎的滑稽戏。他跟我谈过许多他自传的事，但我一页都没看过。这是西蒙与舒斯特出版社在尚未看到书稿的情况下就买下版权的大手笔。还是这些忠心的故人！既然他现在已经去世，我希望他们永远不要出版这本书；至少，不要以他计划的原始面貌出版。他一生中真正值得注意的事情——比如与他这一代文学界一些最重要人士的交往——他似乎都不记得了。他念念不忘一些不值一提的事件细节。而且他依旧沉迷于一个荒唐的念头：全世界都必须知道他是一个魅力无可抵挡的情人。许多当年一文不名时得到他帮助、今天获得很大成功的作家，随便哪个人都能让他还清债务，只要帮他写完那本自传的书稿，说出他们今日所取得的重要成就应该部分归功于贺拉斯·利弗莱特——要展现他可能一冲动就带来灾难性后果的个性内在的魅力，要突出他在被赶下台前，掏出去而赚不回来的书稿预付金累计多达十五万元的那种荒唐的慷慨大方。

几个月前，利弗莱特偶然来到他创立的出版社办公室，想看看一个老友。他看起来心力交瘁。他朋友不在。利弗莱特一直等着。接着——当着至少三个职员的面——某个新上任的部门主任（是利弗莱特给了他第一份工作）粗暴地说："利弗莱特，你最好别待在这里。我想，让人看见你还在这里晃悠可不大妥当！"利弗莱特一句话都没说。我们都很了解老贺拉斯是个夸夸其谈、装腔作势，同时又忙个不停、精力充沛、充满自信的家伙，在我们看来，这是我们所听到过的最悲伤的故事。

贺拉斯去世前几个月，他办的老出版社宣告破产，全部资产只以原价一小部分的价格变卖了。想想有些令人啼笑皆非，如果回到一九二五年，利弗莱特听从佩尔的劝告，没有把"现代文库"卖给唐纳德和我，那么，他和他的出版社就有可能挺过大萧条时期。我们正是由于这次收购才兴旺起来，并为二十世纪三十年代的重要发展奠定了基础，在三十年代，我们又为兰登书屋争取到一些著名作家。同样令人啼笑皆非的是，其中头两位的加盟，也是因为利弗莱特陷入困境。

　　利弗莱特出版社垮掉后，很明显，一场针对该社留下的少数几位重要作者的争夺战就要开始了。每个人都在向尤金·奥尼尔招手，也在争取利弗莱特作者名单上的美国重要诗人罗宾逊·杰弗斯。这两位也是我最想要的，我还想要山姆·亚当斯，也就是塞缪尔·霍普金斯·亚当斯。但奥尼尔才是最值得争取的。他的经纪人是理查德·马登，当利弗莱特陷入困境的消息传出后，纽约每个出版商都径直去找他。我有更好的办法：我飞到尤金·奥尼尔和他妻子卡罗塔居住的海岛①。尤金来接我，然后，我和奥尼尔夫妇一起过了两天。当时，卡尔·范·维克滕②跟他妻子法尼娅·马里诺夫也在那儿。

―――――――――

① 海岛，佐治亚州东部格林县的一座岛屿，是度假胜地。
② 卡尔·范·维克滕(1880—1964)，美国小说家。

94

尤金·奥尼尔

尤金·奥尼尔是我所见过最美的男人,我说"美",意思是说,望着他可以令人心灵得到满足。他看上去正像一个伟大剧作家所应有而寻常人绝不具备的模样——目光深邃敏锐,微笑亲切,身材完美。他是个游泳好手,能一口气游五六英里。我说过,他说话很慢,经常一句话说到一半会停顿。我是个急性子,经常打断别人说话。对此我毫不自觉,甚至在和罗斯福总统谈话时也打断过他。

但是,尤金·奥尼尔是我所认识的唯一一位不费吹灰之力即可让我闭嘴的人。我总是安静地坐着,等他一句长句说到一半停顿良久再说完。他是我的偶像,每当有人要我说说自己一生中遇见的五六位伟大人物,我总是说到尤金·奥尼尔。

在海岛,我发现他变了许多,不再是我在利弗莱特出版社时认识的那个放纵的人。当年他住在沿河马路的廉价旅馆,与一群麻烦不断的酒鬼为伍。他频繁到纽约贝尔维尤医院戒酒,以至于那儿的人都认识他而直呼其名。现在,他把酒戒了,既出于健康原因,也是因为他成熟了;他不再是年轻的酒鬼,而已成为一位有尊严的绅士,拥有种种荣誉,他起初是回避这些的。每当有自己写的戏剧首演,尤金从不去看,而是一个人在城里乱逛。《奇异的插曲》首演当晚,他碰到一个水手老朋友,水手问他:"尤金·奥尼尔!你现在混些啥?"而就在当时,他最成功的热门戏正在百老汇上演!

正是在海岛上,我才真正成为尤金的朋友。在此之前,我只是他在利弗莱特出版社认识的仰慕者之一,还是一个像只忠诚的小狗般围着他转的孩子。但现在,我的名气越来越大,尤金则是美国伟大的剧作家。我们一起在海滩上散步,走得很远,谈得很多,逐渐了解彼此。

当然,与任何剧作家或小说家在一起的时间中,通常有百分之六十到八十是用于谈论他的作品。显然,作家喜欢谈自己,出版人要做的事就是让他说。而且奥尼尔的魅力很吸引我。这就是我为自己选择的生活,当他谈论自己和他的剧本时,我就像在天堂一样高兴;所以我们相处得非常好。有件事他谈得很详细,那是个他已经想好的计划:创作一个由七个剧本构成的组剧,讲述一个美国家族几代人从新英格兰的清教徒时代至今的故事。这个家族史就是美国史。这组剧本从未完成。奥尼尔病得越来越重,最后去世的时候,只留下其中几个写完的剧本,包括《私生子的月亮》;但没有一个完整得足以上演。

我在海岛见到他时,他与卡罗塔结婚不久,依然精力旺盛。卡罗塔本身也是个传奇人物——她是美国最漂亮的姑娘之一,在加利福尼亚严格的天主教教育中长大,然后到了纽约。我第一次见到她时,她正和著名的《纽约客》杂志插画家拉尔夫·巴顿同居。当时我去找他为博尼与利弗莱特出版社书目设计封面,他家里的女主人就是卡罗塔·蒙特利。但我在

贝内特与尤金·奥尼尔

海岛上时,她装作从没见过我。她完全明白自己见过我,我也很清楚她心里有数,只是那样的场合不容我们谈论过去相识的情景。

多年以后,拉尔夫·巴顿至死都念念不忘卡罗塔,这个令人难以忘怀的女人。巴顿自杀前留下一张纸条,说他一生真正爱过的女人只有卡罗塔。有人打电话到她下榻的麦迪逊饭店告诉她:"奥尼尔太太,我们想通知您,拉尔夫·巴顿死了,留下一张关于您的纸条。"她厉声说:"你为什么要在我吃午饭的时候打搅我?我对巴顿先生一点兴趣都没有。"叭的一声把电话挂了。她就是这种女人。

尤金是在一九二二年认识她的。当时她正在演他写的戏《毛猿》,这出戏说的是一艘船上一位住在上层的交际花爱上底层船舱一个粗暴的司炉工人。后来以影片《光荣何价》成名的演员路易·沃尔海姆饰演毛猿,卡罗塔·蒙特利就演那位交际花。尤金对她一见倾心。我到海岛时,卡罗塔已经是圣女般的人物了,要是你在她面前口吐脏字,她必要扬起愤怒的眉毛,因为她现在是位多伟大的夫人呀。尤金死心塌地地爱她,但日子过久了,两人之间的关系变得越来越爱恨交织。

所以,其他出版商还在围着理查德·马登团团转,我却已经和尤金·奥尼尔个人签约了。我们握手成交。马登照样拿到佣金,但当奥尼尔告诉他将和兰登书屋合作时,他大吃一惊,因为所有大牌出版社都想争取奥尼尔,而我们才刚刚起步。

尤金·奥尼尔向我提出的条件之一,是我得给他的老友萨克斯·康明斯一个职位。康明斯几乎在我离开利弗莱特出版社的同时,进入该社担任奥尼尔的责任编辑。于是我们给了他一个职位,结果证明,他是兰登书屋最出色的人物之一,他人很好,多年以来一直担任高级编辑,直到去世。

我兴高采烈回到纽约。我们签下了奥尼尔,这就为我争取罗宾逊·杰弗斯垫了底。我以前从未见过他,因为他没来过利弗莱特出版社的办公室。但幸好当初整理他的诗集时写信给他的人是我,所以他对我是有

罗宾逊·杰弗斯

印象的。我风风火火地赶到加利福尼亚,和他签约。这样,我们就把利弗莱特的两位重要作家都搞到手了。之后过了不少时间,我们又签下了山姆·亚当斯。

杰弗斯正迅速崛起,赢得在美国十年间仅有两三位称得上流行的诗人才相当的那种声誉——比如弗罗斯特、埃德温·阿林顿·罗宾逊、埃德娜·圣文森特·米蕾,以及更晚的 D.H.奥登、迪伦·托马斯等人。总有那么几个诗人,人们觉得身边有他们的诗是挺体面的事,而罗宾逊·杰弗斯已经因为他激情四射的诗歌而成为人们谈论的话题,当时他的诗被认为是相当前卫的。杰弗斯的书销量刚好能略有盈余,但出版他的书可以带来很高的声誉。而尤金·奥尼尔与其他剧作家较大的区别在于:他的书都非常畅销。

一九三三年年中,我们骄傲地发出公告:"兰登书屋欣然宣布,本社业已成为在美国独家出版尤金·奥尼尔与罗宾逊·杰弗斯作品的出版社。"

我们在"现货供应"的书目中列出了十一部奥尼尔剧本和五部杰弗斯诗集，它们的定价在今天是难以想象的！此外，我们还预告当年秋天将推出杰弗斯的诗集《把你的心献给鹰吧》和奥尼尔的两部新剧本。

我们出版的第一部奥尼尔剧本是完全超乎他一般写作思路的。这次他没有沿袭他那种著名的沉重、病态的悲剧，而是写了一部喜剧《啊，荒野！》，后来由乔治·M.柯恩主演，这是柯恩第一次主演不是由他自己创作的戏剧。这本书的销售获得极大成功，是个良好的开端。我们出的第二部奥尼尔剧本是《无尽的岁月》，他很喜欢这个戏，市场反应却非常糟糕。

终奥尼尔一生，我始终是他的崇拜者、出版者和朋友，在他晚年，他活得越来越不快乐，越来越艰难。在最后的时期，尤金得了帕金森氏症，双手开始颤抖。他越来越少见人，因为他羞于被人知道他吃饭的时候把食物撒了一地。在此期间，卡罗塔的表现更像一个狱卒而不像妻子。她不让他的律师和包括戏剧公会的兰格纳夫妇在内的许多挚友跟他见面，把他们赶出尤金的生活，而她自己牢牢地控制他。他们把海岛上的房子卖了。她说，这是因为他对这房子厌烦了。我不知道事实究竟如何，但我觉得他过去很喜欢住在那里。不过他是个永不安宁的人。他们在加州买了幢房子，位于离旧金山大约二十五英里、海湾对面的圣拉蒙谷。不知为何，我还算是卡罗塔欣赏的人，因此我能专程到那里和他一起待十天。情况令人难过。这位伟大的剧作家就住在旧金山旁边，却很少进入这座城市，也见不着什么人。卡罗塔让人安装了通电的大门，所以进入他们的领地，你要过的不是一扇门，而是两扇；只有山顶上按动按钮，这些门才会开。她可以像一个防止敌军入侵的封建领主一样观察整个地区。

这时候尤金病得很重，人很消瘦。他依然工作但是情况越来越糟。他总是站着写，站在一张高脚书桌前，用规规矩矩的蝇头小字写作。他在新奥尔良的某家妓院买过一台自动钢琴——不知道他是怎么找到它的。他叫它"罗茜"：全白的琴身画满了裸女。但虔诚的宗教信徒卡罗塔认为这琴很可恶，尤金只好把它放在地下室。他有时悄悄溜下去，在自动投币口投进几枚硬币，听着它流淌出来的拉格泰姆乐曲[1]，他就坐在那儿，满脸陶醉。他爱"罗茜"。

我刚到那里，卡罗塔告诉我的第一件事情就是等我走后不久，小尤金·奥尼尔（就是奥尼尔后来自杀的那个儿子）就要带着他的新娘来了。卡罗塔恨他，恨一切与尤金有关的人。她说："他娶了一个长得像明尼苏达橄榄球后卫的姑娘。他们想来住两星期。哈哈哈！只要四天我就让他们滚蛋。"她就是这么说的。她果然说到做到。她把尤金的其他孩子，乌娜和沙恩，也一并推出了他的生活。

但是在我到达的那天下午，尤金像个淘气小男孩似的用手指招呼我过去，我们俩来到地下室，我坐在一边，听他用自动钢琴放两首舞曲，像是开舞会。放到一半，卡罗塔找到了我们。她尖声叫道："你真不害臊，带贝内特到这里来。你忘了自己身体发疼吗？"他本来已经全然忘记了疼痛，她却提醒他，还命令我们上楼。要是当时我有一根棒球棍，一定抢起一棒把她脑袋打扁。然而，尤金还是顺从地上楼了。

一九四五年末，尤金和卡罗塔来到纽约，参加戏剧公会排演他的剧本《卖冰人来了》的工作。他们决定住在东区，并于一九四六年春在第八十大街和第九十大街之间租了一套公寓，开始见见老朋友。记得有天晚上，尤金和卡罗塔在罗素·克劳斯[2]夫妇家庭吃饭。欧文·柏林[3]夫妇也在。吃完饭，柏林开始弹钢琴。我还记得尤金·奥尼尔站在他身旁唱《亚历山大的爵士乐队》的情景。他嗓音很糟，但唱得很痛快。他还想起一首欧文·柏林写的、但连柏林本人都忘了的歌。尤金唱起这首歌，柏林才想起来，于是两人一起唱。那是一个难忘的夜晚。

另一个夜晚，卡罗塔和尤金来我家参加晚宴。我妻子菲丽丝和我还邀请了伯尔·爱维斯[4]。他是带着吉他来的。饭后他就唱了几首歌。尤

---

① 拉格泰姆乐曲，1890—1915年期间在美国流行的一种多用切分音法的早期爵士乐。

② 罗素·克劳斯（1893—1966），编剧、导演、演员，《音乐之声》编剧之一。

③ 欧文·柏林（1888—1989），流行音乐作曲家。

④ 伯尔·爱维斯（1909—1995），著名民谣歌手。

金总是得让人使他兴奋起来，而我知道怎样做到这一点。等伯尔表演了一会儿，我说："尤金，伯尔可以给你伴奏，随便你唱什么歌。你还记得你当年的那些水手歌吗？"

尤金笑着说："我想我还记得两三首。"于是他唱起几首水手歌，其中一两首伯尔知道，其他的他就即兴伴奏。尤金越来越兴奋，卡罗塔却越来越生气，因为尤金想起的歌曲越来越下流。过了一会儿她说："我可不愿意听这种歌。我们马上回家，尤金。"但尤金站起身——他这辈子也就这么一次——对她说："我连做梦都梦不到这么快乐的时候。你自己先回去吧。"

我对卡罗塔说："别担心，我们会送他回家。"于是她怒气冲冲地冲了出去。她一走，尤金就仿佛从监狱里放了出来。他继续在伯尔的伴奏下，唱那些淫荡的水手歌。这是个醉人的夜晚。卡罗塔不愿让他快乐地玩，她只想占有他。他们是相爱的——但是他们表达爱的方式是多么不可思议！尤金那种爱尔兰人式的暴怒发作时，就朝卡罗塔扔东西。有一次他抓起一面墙上的镜子朝她扔去，要是砸中，她可能被砸死。故事总是有两面——永远如此。

随着时间的流逝，卡罗塔越来越不讲道理。毫无疑问，她的脑子也出问题了。她死死地缠住尤金，一心以为没有她，尤金就一事无成。最后，他们离开纽约，搬到波士顿。接着卡罗塔在马伯海德①买下一栋房子，正是在那里，情况开始恶化。

到了这个时候，尤金真的什么人都不见了。一天晚上他不知何故溜了出去。回家路上，天飘起大雪，就在家门口，已经非常虚弱的尤金一个跟跄滑倒在地，摔断了腿。卡罗塔跑出来，站在他身边，嘲笑摔断了腿倒在雪地里的尤金。在这种情况下，人们把她送进了精神病院。尤金一直住在医院里，直到腿上的骨折痊愈。罗素·克劳斯把他接到纽约，为他安

---

① 马伯海德，位于马萨诸塞州。

排了一家医院。尤金很害怕卡罗塔找上门来。他说："别让那个女人接近我。她差点杀了我。"他又在医院里住了几个星期。我们一致决定,他应该待在纽约,再也不要回去跟卡罗塔住。

在那个年月,纽约没什么空地方,到处人满为患。但菲丽丝和我还是设法为尤金在麦迪逊大道的卡莱尔宾馆找了一个住处。当然,为了尤金·奥尼尔,宾馆方面也全力配合。而且由于他身体很虚弱,需要有人继续照顾,我们就安排一位男护士在他出院那天的上午十点,接他一起去卡莱尔宾馆。但是,男护士到病房的时候,尤金不见了!卡罗塔(精神病院关不住她;没人愿意证明她神经不正常,而且很多时候她表现得完全正常,谈吐既有说服力又很迷人,还温柔漂亮)发现了他的下落,跑到尤金所在的达可塔斯医院,说服他跟她去波士顿。这就是他说"别让她接近我"的那个女人,但他无法抗拒她。他什么都没对萨克斯·康明斯说,没对罗素·克劳斯说,也没对菲丽丝和我说。他感到羞愧,所以断然离去,一声不吭。

当然,我们都为他感到非常难过,也很生他的气。到他两年后去世,我们再没见过他。现在,让我把他的传奇说完:一九五三年伟大的尤金·奥尼尔去世的时候,这个女人不许任何一个朋友参加他的葬礼。灵车开往墓地的路上只有一辆汽车跟在后面,车里坐着卡罗塔·奥尼尔、一名护士和一位医生,别无旁人。

尤金生前已经将其长篇自传式剧本《进入黑夜的漫长旅程》的手稿托付我们,并亲笔写下他的要求:这个剧本必须在他去世二十五年之后才能出版。我们把手稿锁进保险箱,打算完全遵照他的意愿办事;但他去世后不久,我们就得知卡罗塔对此有异议:她要求我们不理会尤金的嘱托,立即着手出版这个剧本。我们当然拒绝了,但接着我们才知道,可怕的是从法律上讲,她的要求完全站得住脚;只要她另有打算,作家本人的意愿以及他叫我们执行的事情,都毫无效力;她确实另有打算。我们坚持认为,如果兰登书屋出版这部剧本,在良心上就对不起奥尼尔,于是她要求我们把手稿退给她,因为现在这是她的合法遗产。而跟她一样显然对奥尼尔本人意愿毫不在乎的耶鲁大学出版社,马上接手出版了。他们因而拥有了一本畅销书,并以此入选每月之书俱乐部的书目。但我并不为我们在这件事上所采取的立场而感到后悔,因为我至今仍然认为,我们是对的。

尤金·奥尼尔是一个伟大的人,伟大的美国剧作家。他的性格中也有一种似乎与他并不太相符的孩子气的热情。他爱谈论过去,谈论他唱过的海上水手歌。在这种时候,他那忧郁、俊美的脸庞就仿佛焕发出光彩,而你,一定会从心底里深深地,深深地爱他。

像这样的人物也许在一代人中只出现一个。

我们出版《尤利西斯》的大冒险，在一九三四年达到高潮，不过实际开始于一九三二年，当时詹姆斯·乔伊斯的《尤利西斯》在美国被禁，成为彻头彻尾的禁书。唯一能买到它的办法就是买私下出售的莎士比亚书店出版的版本，这家由西尔维娅·比奇小姐在巴黎左岸经营的小书店很有名，很多美国游客专程光顾。人人都会买几本这种浅蓝夹哥伦比亚蓝封面的平装书。从欧洲回美国不可能不带一本《尤利西斯》回去的，西尔维娅·比奇每本卖十美元呢。估计莎士比亚书店其实就是靠《尤利西斯》维持的。《小评论》杂志曾经连载过片断，但它甚至比乔伊斯还穷。有个人做了《尤利西斯》节选的盗版本，被送进了监狱，不过这不仅是因为《尤利西斯》，还因为他出版了其他文学性更差的所谓"色情"书。

　　我曾听大律师莫里斯·恩斯特在某天晚上说，禁止出版《尤利西斯》是件很不光彩的事，他愿意为《尤利西斯》的解禁挺身而出。于是在一九三二年三月，我请恩斯特吃午饭的时候说："如果我能设法和乔伊斯签约在美国出版《尤利西斯》，你愿意帮我们打官司吗？"我还说："我们付不起你的天价律师费，"——他是位能量很大的律师——"但我想跟你说说我的方案。所有诉讼费用由我们来出，如果你把官司打赢了，你就能终生从《尤利西斯》得到一部分版税。"

　　恩斯特说："很好，很好。"他跟我一样喜欢出风头！

于是我写了封信给乔伊斯,寄到莎士比亚书店,我知道那里是他的活动中心。我说我将到欧洲来,希望能在巴黎跟他见面,谈谈有没有在美国合法出版《尤利西斯》的可能。在回信中,他说很乐意与我见面。为什么不呢?在《尤利西斯》的出版上,他一个子儿都没从美国得到过。也许这对他来说也是打了一扇门!

在约定的那天上午,我走进西尔维娅·比奇的书店,看见詹姆斯·乔伊斯头上缠着绷带坐着,一只眼睛戴着眼罩,一只胳膊挂在吊带上,还有一条腿裹得严严实实,伸直了摊在椅子上,看上去就像《七六年的精神》①里的某个人物。我退了一步,可爱的灰头发女士比奇小姐就说:"瑟夫先生,请别以为他总是这副样子。由于要见你,他太兴奋了,来的路上被一辆出租车撞倒了。但是他今天一定要见你,因为他很需要钱,而且他认为也许你能为他弄到点钱。"

我说:"嗯,我当然准备好给他钱的。"

我后来才知道,那只眼罩他是一直戴着的,其他伤势则是临时的。

我说:"我不能保证一定打赢这场官司,但我确实认为美国的社会风气在变化,我愿意为它赌一把。我先给你一千五百美元,如果我们能合法出版,这笔钱就算是预付金,你的版税率是百分之十五。如果我们官司输了,这笔钱就归你了。"

他听了很高兴;这笔钱在当时比现在值钱得多。他说:"我认为你搞不定。你再也拿不回这一千五百美元啦。"

我说:"当然。这笔钱是我们合作的保证。"我希望得到他的完全授权,使我们的版本成为合法的《尤利西斯》。(维京出版社已经在美国出过他的其他作品,但不敢出这本。)

我跟乔伊斯见面时他刚过五十岁。他把那些绷带拆掉以后,看上去精神仍很充沛。他妻子诺拉是个非常典型的爱尔兰女人,喋喋不休而待

---

① 《七六年的精神》(*Spirit of '76*),美国画家阿契鲍德·M.维拉德一八七六年创作的名画,表现美国革命中的场景。

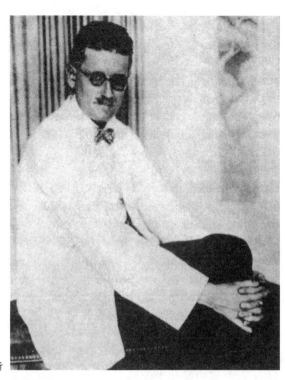

詹姆斯·乔伊斯

人友好。我们在一起待了好几个晚上,最后一个晚上最滑稽,因为向来酒量颇大的乔伊斯这次真的喝醉了。饭后回到他们家,他又要唱几首爱尔兰民歌给我听,但乔伊斯太太坚决不让他唱。于是在乔伊斯走向钢琴的时候,一场大战开始了。钢琴前有一条长凳,诺拉抓住一头,乔伊斯抓着另一头——两人朝两个方向拉。突然,她故意一松手,乔伊斯踉踉跄跄向后退,一屁股坐在靠墙的地板上,长凳搁在他身上。诺拉说:"这也许可以给你一个教训,你这酒鬼……"我想该是我告退的时候了,于是她送我走,而乔伊斯还坐在地板上,乐呵呵地,一点都不感到疼。诺拉带我下了楼,等我上了出租车,还为刚才这粗俗的表现向我道歉,当然我们俩都哈哈大笑——因为真是太荒唐了。我在车上听到她说的最后一句话是:"贝内特,有朝一日我会写本书给你出,书名我打算叫《和所谓天才生活二十年》。"

回到美国我就告诉恩斯特先生,已经和乔伊斯签约,无论它值多少钱——乔伊斯已经同意我们正式出版《尤利西斯》。现在还得解决几个问题。我们希望找到一位对我们的主张会有所倾向的法官。在这种时候，恩斯特经验的宝贵价值就体现出来了。他知道约翰·W.伍尔塞是一位学问渊博的人，素有持自由主义文学主张的声誉。所以恩斯特特意把我们打官司的时间安排在伍尔塞在纽约出庭的时间内。

下一个麻烦问题是：我们怎样才能把阿诺德·贝内特、福特·麦多克斯·福特、埃德蒙·威尔逊、埃兹拉·庞德等大评论家以及其他当代重要人物评价《尤利西斯》的文章带进法庭成为诉讼记录。所有这些大人物都评论过《尤利西斯》，宣称它是文学的里程碑。我们不能引入他们的观点，因为法庭不允许在这种官司中当庭朗读外界的评论——我不知道为什么这样，但美国就是有这种规矩。我们对它唯一能做的，就是令它们成为书的组成部分，因为书中的任何东西都可拿来作为证据。所以，我们弄了一本巴黎出版的纸皮平装本《尤利西斯》，把所有我们想引用的评论文章都贴在里面，其中好几十篇是用其他语言写的。贴完之后，封面都鼓了出来。由于这本书要在法庭上当证据使用，我们就让人带着它去欧洲，再乘"阿奎塔尼亚"号轮船带回来，并让我们的法律代理人去码头迎接。那天是纽约有史以来最热的一天，码头上的气温肯定超过华氏一百二十度①，所以海关人员只想做一件事：快点让乘客过关，自己也可以早点下班。他们根本不打开行李，一边盖戳一边说："出去，向前走出去。"轮到我们的人时，海关官员看都不看他的箱子就开始盖章。我们的代理人急疯了，说："我一定要你把包打开，搜查一下。"那官员像看一个十足的疯子一样看着他，说："天太热了。"

代理人说："我认为里面有违禁品，所以你们一定要搜查箱子。"

于是，这位先生只能怒气冲冲打开箱子。代理人叫了一声"啊哈"，拿出了我们那本《尤利西斯》。海关官员说："上帝呀，这书人人都带回一本，

---

① 约摄氏 48.9 度。

108

我们不管这个。"但我们的代理人坚持说:"我要求你没收这本书。"

　　争论了一小会儿,海关官员把他上司叫来,说:"这伙计要我没收这本书。"于是,他的上司就接着争论,他说这事真荒唐。但我们的代理人坚持要求这么做。从法律上说,他是对的,所以他们还是没收了。这样,开庭的时候,这本书就成了证据。

　　莫里斯·恩斯特在伍尔塞法官面前为《尤利西斯》做了非常精彩的辩护,而法官也完全明白他辩护的要义。这场没有陪审团的审判不到两天就闭庭了,虽然还得为判决等待一段时间,但是法官的态度使我们对胜诉很有把握。伍尔塞法官在他花了不少时间写出的著名判决书中总结陈词,《尤利西斯》"是为了创造一种崭新的文学手法来观察、描绘人类而做出的严肃而认真的尝试"。他宣判,它并非淫秽之作,可以为美国所接纳。

　　这起案子又被上诉到奥古斯塔斯·汉德、勒尼德·汉德法官和马丁·曼顿法官[1]那里,被终审驳回,这起诉讼就此了结。我们于一九三四年一月出版了《尤利西斯》,书中附有伍尔塞法官里程碑式的判决书——至今它仍收录于我们的版本中。这本书销量惊人;它被分别收入"现代文库"和"佳酿巨人"[2]这两套我们重要的书系,每年销量都有数千册。从此莫里斯·恩斯特就不断收到《尤利西斯》的版税,这也是理所应当的。我们从不为此心疼这笔钱。他从中赚了不少,但我们也赚了,当然,乔伊斯更是发财了。所以,人人都很高兴——除了那些鼓吹清规戒律、自命为书籍审查员的人。

　　《尤利西斯》出版一年后,我把我们那本特殊的《尤利西斯》版本送给哥伦比亚大学图书馆,并写信解释我们在这场著名的诉讼中所采取的策略:

----

① 奥古斯塔斯·汉德、勒尼德·汉德法官是堂兄弟,他们和马丁·曼顿法官当时均为美国第二上诉巡回法庭法官。

② "佳酿"(Vintage)是兰登书屋的一个平装书品牌,"佳酿巨人"(Vintage Giants)是其分支书系。

一九三五年五月二十一日

赫尔穆特·莱曼-豪普特博士

哥伦比亚大学图书馆

纽约市

亲爱的莱曼-豪普特博士：

关于"《尤利西斯》案"，已有形形色色的报道见诸报端，但我想，我可以借此信简单扼要地向您提供您所需要的所有事实。

我们决定通过进口一本《尤利西斯》并让海关没收的权宜之计，进而与政府打官司，这是出于节约的考虑。如果政府拒绝没收并登记这本书，如果法庭支持政府的主张，我们所损失的只是单单这一本书，当然，还有我们给乔伊斯先生的预付金和诉讼费用。另一个办法是在美国排好版然后出版，再等着和政府论战一场。当然，这么做的代价是很高昂的。

一旦我们决定进口一本《尤利西斯》并使之被没收，保证这本书最终被没收而不是走私入境就变得非常关键。我们因而被迫采取了看来有点荒唐可笑的做法，让我们自己的代理人坐着轮船把书带过来，确保是政府没收了我们的财产。这本书本身相当特别，因为在它蓝色的纸封面（顺便说一下，那是哥伦比亚蓝）里贴着英法两国重要作家、评论家对它的评论文章。只有把这些文章贴在书里，我们才能在法庭上当庭引用这些评论。

伍尔塞法官已经在适当的时机审理了"《尤利西斯》案"，结果如您所知。只是到了法庭上，我们才第二次看到我们的这本《尤利西斯》。这本进关时还完好无缺的书已经变成您现在看到的样子，破破烂烂，书页都起了皱褶。显然，海关部门的每一个人都在这本渊博的书上花了不少时间。地方检察官也不辞辛劳地在书中每一行他认定是色情描写的语句上画了叉叉。我希望今后哥伦比亚大学的学生们会有机会研究这本书,这些记号无疑会对他们的研究有所帮助。

贝内特·瑟夫

《尤利西斯》是我们第一部真正意义上重要的大众图书。我们已经在书目上增添了奥尼尔和杰弗斯,也出版了《白鲸》;《白鲸》销量巨大,获得极大成功,但毕竟是标准意义上的古典名著。而《尤利西斯》却是一种超级商业畅销书——那些头版的新闻报道促进了推广——它为兰登书屋立下了汗马功劳。

还有一件与此相关的趣事。我们过去一直没能和美国新闻公司①建立业务关系。梅西百货商店是"现代文库"最大的客户,但当时对于新书来说,覆盖全国的美国新闻公司才是大客户。他们发行所有品种的杂志,也发行图书,不仅向书店,还向文具店和各式各样的小店供货。美国新闻公司的采购员是一个非常精明能干的、名叫哈罗德·威廉姆斯的小伙子。唐纳德和我都认识并且喜欢他,我们有时一起打高尔夫球。这是个爱开玩笑的家伙,具有不动声色的幽默。我们和他只做过一点生意——他订过一千本《白鲸》——但现在,终于有了一本我们认为将要风行全国的畅销书。于是我到瓦里克街上的美国新闻公司总部找哈罗德·威廉姆斯,他们在那儿有一整幢大楼。我告诉他,我认为这是一本他可以大卖的畅销书。

他说:"哦,我猜就是那本色情书《尤利西斯》吧。我认为它不适合我们销售。"

我说:"你说色情书是什么意思?法庭早已澄清一切啦。"

"呃,它可不是我们要的那种书。"他坚持说,"不过你们都是好伙计,

---

① 美国新闻公司(American News Company),美国二十世纪上半叶主要的报刊发行商,总部设于纽约,拥有四百多个地区发行中心。

算我们帮你们点忙,进二百五十本。"毫无疑问,这点量是在他们全国网点发行的!所以我开始嚷嚷。让他从二百五十加到五百本,最后,我汗流浃背地跟他纠缠了几个回合,又把他们的订货量抬高到五千本。而他一开始只要二百五十本!威廉姆斯说:"好啦,你满意了吗?"

我觉得自己很了不起,说:"满意了,你到底还是给我下了恰当的订单。"

他打开一只抽屉,递给我一张在我来之前就已经用打字机打好的订单,上面写的数字正是五千册!他说:"我就是想让你为它费点力气。"

他演得可真好。当然,他们把书都卖完了,另外又卖了几千册。《尤利西斯》成了一本超级畅销书,我觉得部分原因是人们认为买这种书是时髦事,而且许多人只是为了买,而不是读。也许是有不少人就为了看看书中的黄色语句而真的读到最后;毕竟在一九三四年,这类语句对普通大众来说还是很震撼的。但这么多年过去了,今天的《尤利西斯》已经成为经典名著,是文学课程中的一个重要组成部分。

有一次,我们差点把乔伊斯引诱到美国来,但他害怕坐船,在最后一刻退缩了。那时他已移居瑞士,从我们这里得到了许多钱。维京出版社出版的《一个青年艺术家的画像》和《都柏林人》也卖得很好。维京的创始人哈罗德·金兹伯格是我的挚友,我不想因为出版而伤害我们的交情。有的出版人尊重其他同行的权利。维京和兰登书屋做梦也不会梦见做出损害彼此的事情。但美国最有名的出版商中,的确也有那么几个是不折不扣的强盗。他们会在某个晚上和你吃饭,第二天就把你的某个作者挖走。如果他们玩这套把戏,我们也就以牙还牙。但也有几家我们觉得非常亲近的出版社,特别是维京和克瑙夫。这就是多年以后我们为什么能和阿尔弗雷德·克瑙夫出版社合并,因为我们之间有那种友谊与信任的纽带。我真希望维京也能与我们合并。菲丽丝和我很喜欢哈罗德的儿子汤姆。我们是看着他长大的,他是我最喜欢的人之一。

我最后一次见到乔伊斯是在巴黎，当时《尤利西斯》已是美国的畅销书，我也成了受他优待的朋友。当时我认识了一个长得娇小可爱的姑娘，来自地位很高的豪门威斯切斯特家族，我很喜欢她。她跟她姐姐和姐夫（姐夫是华尔街上的年轻银行家）一起来到巴黎。我想带我心爱的姑娘去勒图盖①度周末，可她姐夫颇为得体地对我说："你不能带她去，除非你再找一个年长的女伴。我倒是无所谓，但要是被她父母发现我竟然允许她跟你去度周末，他们会杀了我。所以你得找个女伴——我只要求你做到这点。"

　　我不知道自己怎么找得到女伴。一天晚上，我和乔伊斯夫妇吃饭时说起："我想带一个漂亮姑娘去勒图盖，可在巴黎我上哪儿找一个女伴？"乔伊斯说："我有一个绝妙方案！我儿子和儿媳肯定乐意去勒图盖度周末。你带他们一起去，她就有女伴了。我可以向你保证，你们一到那里，他们就会从你们眼前消失，直到回来的那一刻，这样就皆大欢喜啦。"

　　每个人都很高兴，我们四人一起去了勒图盖。我们都喜欢乔吉奥·乔伊斯和他的美国妻子海伦，结果有很多时间我们四人在一起。当中某一天我们在沙滩上时，乔吉奥拍了一段我跟我的姑娘和他同样漂亮的妻子坐在一起的短片。后来这个姑娘嫁了人，可我很长时间跟她保持联系。她可真是个可人儿！很久以后，一九四〇年四月，哥伦比亚广播公司（CBS）与珍妮·弗兰纳②合作制作了一档电视节目，其中有菲茨杰拉德、乔伊斯、海明威等一时之选的画面。有个CBS的朋友给我打电话说："这个星期天下午你最好看一下这档节目，里面有你。"

　　我说："你在说什么呀？"

　　他说："里面有你——我向你保证。"

　　我们惦记着看这档节目，果然，节目中突然出现一小段我和两个姑娘

---

① 勒图盖，法国北部著名度假海滩。

② 珍妮·弗兰纳（1892—1978），美国小说家，记者，长期住在巴黎，出入左岸文人圈，1925—1975年间为《纽约客》撰写两周一次的专栏"巴黎飞鸿"。

在勒图盖的海滩上

坐在沙滩上的片断，我根本想不起这段胶片从何而来，甚至不记得这两个
姑娘是谁。我震惊于自己当时看起来多么年轻；当然，那是三十年前的事
情了。可这两个姑娘是谁呢？第二天我就从 CBS 借来这个节目的录像
带，带着到基梭山①度周末。我用一台小型放映机把这段片子重新放了
一遍，还是想不起她们到底是谁。放第三遍时我才灵光突现。她们是乔
吉奥·乔伊斯的年轻妻子和那个我带去勒图盖的姑娘！节目制作者们在
巴黎爬梳海明威、乔伊斯、菲茨杰拉德和格特鲁德·斯泰因的影像时，弄
到了这段画面。它和乔伊斯的许多照片一起，都是乔吉奥·乔伊斯收藏
的。有人说："那是贝内特·瑟夫。咱们把他也放进节目吧！"

我得找到我过去的这个姑娘，因为最终我们失去了联系。大约过了
三天，我找到她了。她已经当祖母了，一直过得很顺当。我给她打了个电
话。有三十年没跟她说过话了。我说："苏——"

---

① 基梭山，位于纽约市以北三十八英里的小镇。

她说:"贝内特。"她立刻听出了我的声音。她说:"我料到你会打电话来。"

我说:"你那天也看了电视吧。"

她说:"当然看了。"

我说:"你当时有没有认出来?"

她说:"你这家伙,可别告诉我你看的时候想不起来啊。"

我说:"这片子真让人感慨啊!"

她说:"噢,天哪,我哭了。"

我说:"我也是。你一定得到这儿来跟我吃顿午饭。"

她说:"我可要拒绝了。我知道你现在的模样,我在电视上见过你。可你不知道我现在的样子,还是让你不知道吧。"她说,"你只要记住我当年的模样就可以了。"

我连哄带骗,她不为所动:"绝对不行。你只要记住我当时的样子就可以了。真希望我现在还是那样。"

在我们出版《尤利西斯》的同年秋天,我们推出了马塞尔·普鲁斯特的《追寻逝去的时光》,为成长中的兰登书屋增添了又一部重要作品。在美国,普鲁斯特的作品最初是由一位杰出老绅士托马斯·赛尔策出版的,他是阿尔伯特·博尼和查尔斯·博尼兄弟的舅舅,为了避免破产,他一九二五年把生意卖给了他们。赛尔策是一流的出版人,但毫无商业头脑,永远都缺资金。他每年出几种精致的小书就凑合了,没什么卖得很好的畅销书。所以,当博尼兄弟陷入财政危机的时候,我们赶快行动,从他们手中买下版权。

　　赛尔策一直以七卷单行本的形式出版《追寻逝去的时光》(套装书曾经很流行,狄更斯全集、哈代全集都出过。后来套装书过时,是因为大多数人家里再没有地方可放)。我们马上把《追寻逝去的时光》重新设计为精美的四卷本套装书,装在一只木制的书套里。这是一九三四年印制最精美的杰作之一。

　　与过去的版本一样,我们也采用了 C.K.司各特·蒙克利夫的英译本,他还没来得及翻译第七卷《寻回的时光》就去世了。所以这一卷是由弗雷德里克·布洛森姆翻译的。但不知什么原因,亚历山大·伍尔考特①对这一卷翻译很恼火,写了篇讥讽的文章在《纽约客》杂志上发表,由

---

① 亚历山大·伍尔考特(1887—1943),著名作家,文学、戏剧评论家。

此引发了一场持续多时的争论,有人为布洛森姆辩护,布洛森姆本人也跟他们一道批评伍尔考特,当然,伍尔考特又写文章反驳。不必说,整个论战对我们的销售并没有坏影响,在我们精美的新包装下,普鲁斯特这部作品的销售好过以往任何时候。

一九四一年,我们在秋季书目中宣布对《追寻逝去的时光》所做的调整:

> 一九三四年四卷套装的普鲁斯特毕生之作《追寻逝去的时光》,是兰登书屋有史以来最成功的出版项目之一。然而,值此套装版再

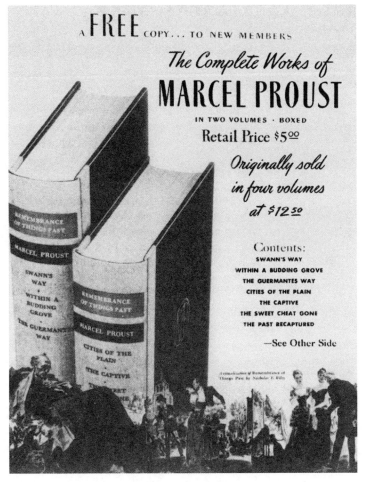

一九四一年每月之书俱乐部书目上的《追寻逝去的时光》广告

117

版之际，出版者也考虑，十二元五角的价格对于成千上万也渴望在书房中备齐普鲁斯特作品的读者来说，是否过于昂贵。

我们采取的做法是把整部作品压缩为两卷本盒装，售价五元。每月之书俱乐部将它当作入会赠品，发出二十多万套。与此同时，我们逐步将七卷集收入"现代文库"，每次收一卷，这样，最终这一价格低廉的书系中也收齐了这部作品。今天，这七卷作品的第一卷《去斯万家那边》在大学里依然销路很好，但对其他几卷的需求已经减少了。我相信，普鲁斯特的所有作品总有一天会再次引起人们巨大的阅读兴趣。

格特鲁德·斯泰因写的《爱丽丝·托克拉斯自传》一九三三年由哈考特与布雷斯出版社出版，非常成功。该书出版不久，我的朋友卡尔·范·维克滕建议我们应该出点她以前的作品。我立刻打电报到巴黎跟她联系，其结果是当年的"现代文库"书目中又增添了《三个人生》。接着在一九三四年初，我们出版了由她创作、维吉尔·汤姆森①作曲的歌剧剧本《三幕剧中四圣人》。

　　我初次见到格特鲁德·斯泰因和爱丽丝·托克拉斯是在巴黎，当时哈罗德·金兹伯格和我去埃及和俄国，在巴黎逗留。

We had been due in Paris at about 5 P.M., & had arranged to dine at Gertrude Stein's, with la formidable Alice Toklas, but ship's deviation from its course made us hours late. Tied up at dock at Havre at 10 P.M., & didn't arrive at the Hotel Crillon, in Paris — dog-tired — until 1.45 A.M.

---

① 维吉尔·汤姆森(1896—1989)，美国著名作曲家，乐评家。

我的日记中是这么写的：

一九三四年四月二十日

（原文见上一页图）我们原定下午五点左右抵达巴黎，并已安排好到格特鲁德家，与她和令人生畏的爱丽丝·托克拉斯共进晚餐。但由于轮船偏离航线而耽误了好几个小时，晚上十点被困在勒阿弗尔港口，直到凌晨一点四十五分才下榻巴黎的宾馆，疲惫不堪。

四月二十一日

在航空公司售票处买到去开罗的机票后，我们坐车去伽利玛出版社（他们是马塞尔·普鲁斯特的法国出版社，我要向他们说明我们今年秋天在美国出版普鲁斯特作品的计划：一套四卷本全集，售价十美元）。然而，他们的版权经理、美国人罗伯特·艾冯当天不在（真拽！），所以我只得对着他低能的下属竭力解释这一切。

我沿着拉斯帕伊大道去于斯曼路九号，海伦和乔吉奥·乔伊斯的住宅——与他们夫妇、哈罗德·詹姆斯·乔伊斯夫妇、尤金·乔拉斯①夫妇以及保尔·雷昂先生愉快地共进午餐。乔伊斯难得情绪这么好，显然是因为我们今年冬天对《尤利西斯》所做的工作而十分高兴。我承诺把七月一日到期结算的版税立刻提前支付给他七千五百美元，以避免过去可能发生过的美元进一步下跌对他造成损失（今天法郎与美元的比价升到了十五点零五，现在的七法郎几乎等于我一九三〇年在巴黎时的四点五法郎）。

下午三点半我从乔伊斯家出来，拐了个弯，去弗勒吕斯路二十七号格特鲁德·斯泰因那著名的工作室，与斯泰因小姐和托克拉斯小姐一起聊了一个小时。这里挂满了毕加索和马蒂斯的画。格特鲁德

---

① 尤金·乔拉斯（1894—1952），作家，翻译家，文学评论家。

120

风趣而健谈。当她的话题转移到向我出售四五百本她积压的早期作品（那都是她自己以"草原出版社"的名义出版的）时，她令我想起埃德娜·菲尔伯。我们正在商谈中，托克拉斯小姐那壮观的胡髭因情绪激动而颤抖起来，她不时地插进一些神经质的话，想要帮助敲定这桩买卖。我答应回纽约以后再考虑考虑，这才把谈话拉回到更稳妥的话题上，比如司各特·菲茨杰拉德新的长篇小说《夜色温柔》和斯泰因新发现的艺术家：一个名叫弗兰西斯·罗斯的英国青年。

四点三刻，我带着遗憾道别，坐出租车去巴黎里昂火车站。

在斯泰因家，我提议她们趁一九三四年秋天我们推出她下一本书《肖像与祷告》的机会来美国。我们想为它，也为她大作宣传！她决定来一趟——这是三十一年来她第一次回美国。我向她承诺，会为她安排足够多的演讲和稿约来支付她美国之行的所有费用。

卡尔·范·维克滕和我到码头迎接她。她和托克拉斯小姐下船的消息登上了报纸头版——这完全出乎我们的意料。各家报馆都认为斯泰因的这次访问可能是非常不错的特写文章选题，所以都派出最能干的记者来采访斯泰因，她写的东西在很多人看来很滑稽，比如"一朵玫瑰是一朵玫瑰是一朵玫瑰"。

格特鲁德·斯泰因以她的大师风范自如地对付一大群新出道的摄影师和记者。她爱在世人面前出风头，实在太好了，如果她投身演艺业，一定会取得空前的成功。记者们写她的报道都很滑稽，但也充满了敬爱，因为她是个伟大的女性——一个有威望的女性。她说起话来就像银行家一样坦率明了。她也很清楚自己在说什么，而所有那些令人费解的大杂烩只出现于她的写作中。报界所面对的，则是一位直截了当而且才华横溢的女性。

我们送她去亚冈昆饭店，她马上就告诉我想见哪些人。在她住在纽约的两三个星期里，我成了她的奴隶。她把我像小听差一样随意使唤。

我记得格特鲁德和爱丽丝·托克拉斯抵达之后的第二天上午,她们来兰登书屋的办公室。我们所在大楼的三楼有一家家政职业介绍所。这是家档次颇高的介绍所,各种社会名流都会光顾。爱丽丝·托克拉斯和格特鲁德·斯泰因走进电梯的时候,电梯操作员看了她们一眼,一言不发就把她们放在三楼。她们最后还是找到了我们办公室,格特鲁德情绪很好,一点都没受影响。她说:"那个开电梯的笨蛋以为我们是两个厨子,让我们去职业介绍所。"

德高望重的亚历山大·伍尔考特要求会见格特鲁德,所以我邀请他们俩到我家吃午饭。伍尔考特习惯性地经常打断格特鲁德说话,最后她冷冷地停下来,对他说:"伍尔考特先生,我在说话。"伍尔考特居然就不说话了。她还有两三次对他提出质疑。于是他说:"人们从不质疑我伍尔考特。"她反唇相讥:"我不是人们,我是格特鲁德·斯泰因。"伍尔考特听了倒很高兴,他们相处得很好。她能令每一个人都放松下来。

接下来,她受邀去白宫度一个周末,她成了这个季节里风靡纽约的成功人士,但这也只是对于有限的读者而言。我设法安排全国广播公司对她做一个东西海岸同步播出的访谈,由我来主持,米丽安·霍普金斯跟我们一起去演播室(米丽安喜欢格特鲁德,格特鲁德也喜欢她,她一次又一次让米丽安帮她跑腿,让一个电影明星帮她找人刷鞋、干洗衣服,这令她乐不可支,她把每一个人都差来差去,而每次居然都能成功。米丽安视其为有史以来最伟大的人物)。我是这样开始这次广播访谈的:"格特鲁德·斯泰因,你现在做的节目是东西海岸大联播,借此机会,你可以向美国公众解释一下你在作品中想表达什么。"我又说:"斯泰因小姐,能成为你的出版商,我感到很自豪,可是正如我总是对你说的,我对你写的东西看不太懂。"

她立刻答道:"啊,贝内特,我也总是对你说,你是个好孩子,可是你挺笨的。"

这可是在东西海岸大联播!演播室里的人哄堂大笑。信不信由你,在接下来的访谈中,我再也没有拿格特鲁德开玩笑,表现得很恭敬。她的表现很精彩,特别是在开始解释她的写作时。

从演播室出来,米丽安说:"格特鲁德,你刚才真精彩。一上来就让贝内特闭嘴了。你得到多少钱?"

格特鲁德说:"你是说他们为这个节目付钱吗?"

我马上解释说:"这类节目不付钱——做一个东西海岸联播的黄金档广播访谈,是世界上最棒的宣传啊。"

米丽安这个捣蛋鬼不同意我的解释:"贝内特应该感到害臊,格特鲁德,你以后别再上电台做节目,除非你得到的报酬不低于五百元。"

格特鲁德·斯泰因

这就成了格特鲁德的要价。我们本可以让她免费上许多节目,卖掉更多她的书,但格特鲁德说:"米丽安说了,我应该得到五百元。少了我可不干。"她的广播事业就这样结束了。

格特鲁德的巡回演讲非常成功,每到一个城市她都能上当地报纸的头版,所以我们赶紧把她所有的演讲编辑成书,趁她还在美国的时候出版。在格特鲁德和爱丽丝即将于五月初离开美国的时候,我为她们举办了一个盛大的饯行宴会,一直到第二天凌晨四点左右才散场。临行前,格特鲁德告诉我,她是多么高兴地看到自己的作品出版,并且问我的感受。我对她说,任何她想要出版的东西,我们都乐意出版。

就这样,兰登书屋成了格特鲁德的指定出版社。我仍然坦率地对她表示,她写的东西我看不懂。我在她新书勒口上写的"出版者告白"中也对读者老老实实地说:

出版者告白

这个位置通常用来放书的简介,但对这本书,我必须坦白,我不知道斯泰因小姐在说什么。我连书名都看不懂。

我非常尊敬斯泰因小姐,也很喜欢出她的书,虽然大部分时候我看不懂她的思路。格特鲁德小姐告诉我,那是因为我是个笨蛋。

在斯泰因的这部最新作品中,我发现我的一个搭档和我都成了书中的角色。我们俩都希望能看懂她怎么写我们。我们也希望,她忠实的读者看懂的能比我们更多!

贝内特·瑟夫
兰登书屋总裁

有一次她给我写信,开头是"我亲爱的笨牛贝内特",信中却充满温情与慈爱。她知道我对她的感情,我在她的小说《伊达》的书衣上也表达得清清楚楚,我形容自己是个"几乎一点都看不懂斯泰因小姐写的东西,但

$2.50

The Geographical History
of America
or the Relation of Human Nature
to the Human Mind

By GERTRUDE STEIN

With an Introduction by
THORNTON WILDER

PUBLISHER'S NOTE

This space is usually reserved for a brief description of a book's contents. In this case, however, I must admit frankly that I do not know what Miss Stein is talking about. I do not even understand the title.

I admire Miss Stein tremendously, and I like to publish her books, although most of the time I do not know what she is driving at. That, Miss Stein tells me, is because I am dumb.

I note that one of my partners and I are characters in this latest work of Miss Stein's. Both of us wish that we knew what she was saying about us. Both of us hope, too, that her faithful followers will make more of this book than we are able to!

President

RANDOM HOUSE

《美国地理史》的前勒口

又从心底里敬佩她的勇气以及她对人性与自由无限热爱的出版人"。

　　我最后一次见到格特鲁德是在一九三六年六月。当时我和雕塑家乔·戴维逊在一起,她邀请我们俩到她位于法国南部小镇比利尼昂的一座乡间别墅度周末。这种邀请乔·戴维逊拒绝过她好几次。他说:"跟那两个疯狂的女人一起过整个周末,我可受不了。她们确实很好玩,我也喜欢她们。可要待整个周末,这辈子都别干!"

　　最后我还是说服他跟我一起去。按照格特鲁德最初的指点,我们先订好去里昂的飞机票,她和爱丽丝会来接我们。可在最后一刻,她打电话来说"去日内瓦;那里更近"。好吧,这就意味着到里昂之后又多了一站。我们乘坐一架单引擎小飞机飞越阿尔卑斯山脉,途中真是上下翻腾,乔晕机晕得厉害。我每次转身看他,他都朝我晃拳头,气急败坏。我们终于抵达日内瓦,爱丽丝和格特鲁德都在等我们,开怀大笑。格特鲁德说:"给你打完电话,我才发现我们家离里昂更近!"

从瑞士到法国,我们当然还得通过海关,而如果我们直接去里昂,这一套就完全没必要。不过在海关也很刺激,因为格特鲁德把那些海关人员使唤得团团转。接着我们上车出发,由格特鲁德指路。她喜欢坐在汽车后座指挥,爱丽丝在前面开车。格特鲁德把我们带迷路了——有一个村子经过了三次。第三次经过时人人都朝我们招手,戴维逊气疯了。我们终于到达格特鲁德的别墅。镇上的居民都把格特鲁德当成女老板。他们碰到任何困难都来找她——生病,生小孩,死人,离婚,任何事情。格特鲁德连公鸡都管。

她得到这幢别墅的过程也是典型的格特鲁德·斯泰因式故事。当时她和爱丽丝正开着车在法国南部转悠,在这个小镇吃午饭。她们正想买栋房子,有人带她们去看了这座离一个大型军事据点不远的别墅。它什么都好,但人们告诉她们,这房子不卖,因为某个有钱的陆军上尉占着它,他通过拒绝晋升来达到永远驻扎在此的目的。格特鲁德决心非弄到这幢别墅不可,她回到巴黎,开始大声嚷嚷,说那家伙遭到了冷落。很快他被晋升为上校,调走了——斯泰因小姐就这样得到了她的别墅。

吃饭由爱丽丝掌厨,她是个好厨师。我们过了一个愉快的周末。在我书房里有一幅小素描画,那是我坐在比利尼昂的那幢别墅花园的折叠躺椅上,乔·戴维逊给我画的,我的脚下躺着格特鲁德的卷毛狮子狗"篮子"。

这次见面之后不久,战争开始了,我的旅行宣告结束。巴黎沦陷后,格特鲁德带着爱丽丝离开巴黎,退居比利尼昂。在那里,她对战争冷眼旁观,但始终没有停止写作。所以一九四四年八月巴黎解放不久,我们就收

乔·戴维逊为贝内特画的素描

到了她一部新作的手稿。

由于麦克米伦出版社刚在《出版人周刊》的封面上宣布出版凯瑟琳·温瑟①的《永远的琥珀》，并登了她的漂亮照片，我们也用一整版宣布即将推出格特鲁德·斯泰因的一部新作，还登了她和爱丽丝·托克拉斯在她们访美期间拍的一张照片。格特鲁德跟别人一样感到好笑。我觉得再也没有比她更开得起玩笑的人了。

一九四五年二月她的这本书出版时，书名改成了《我所见到的战争》。格特鲁德讲述了德占时期在法国的生活，这段时间大部分是秘密写作的，还有美军到来之后她的经历；这本书的销量超过她以往任何一本书。第二年夏天，我们又推出了《布鲁西和威理》，这本书讲的是巴黎解放后格特鲁德从乡下别墅搬回来，与许多前来看望她的美国士兵所谈论的故事。

① 凯瑟琳·温瑟（1919—2003），以处女作小说《永远的琥珀》在一九四〇年代红极一时，成为当时最成功的畅销书作家。

《出版人周刊》的封面和兰登书屋的广告，广告上写道："嗨，我们也有美女作家！"

一九四六年七月二十七日，该书出版仅仅五天后，格特鲁德在巴黎去世，终年七十二岁。

早在《布鲁西和威理》出版之前，我们就开始准备编纂一本重要的大部头书《格特鲁德·斯泰因文集》，从一九〇九年至一九四五年她写作的作品中精选编集，由卡尔·范·维克滕作序并作注。格特鲁德生前没能亲眼看到这本书，但在她去世前不到六星期，她为书的前页写了一段简短的话，其中最后几句令我非常感动：

> 还有我的出版人，他是第一个既有商业头脑又自愿出版我的任何东西的人，哪怕他看不懂我的书，也赚不到什么钱。这听起来好像神话，却是事实。贝内特说过："我愿意每年出一本你的书，无论你写什么。"他说到做到，我倒经常担心，可他总是说，没什么可担心的；确实没什么。现在，我的文集出版了，我很高兴，自然，我希望能收入更多我的作品，但我的确可以说，文集中的所有作品都是我最想收入的，感谢，再次感谢。

每一个称职的出版人都应该出版诗歌，甚至一些明知亏本的诗歌。多年来，我们也出了自己的一份力。而且出版诗歌为兰登书屋树立的声誉也使我们得以在其他方面活跃起来，即发现年轻剧作家和从未出过书的美国新作家。我们出版的第一个诗人是罗宾逊·杰弗斯，接着，一九三四年四月二十五日的《新共和》杂志刊登了我的一封信，宣布兰登书屋将成为两位风靡英国的年轻诗人的美国出版社：

　　先生：我注意到贵刊四月四日号刊登了阿尔弗雷德·克雷姆伯格的一封信，信中提出为何没有一家美国出版社引进出版斯蒂芬·史班德①的诗集。我很高兴地告诉您，此刻在兰登书屋的保险箱里正躺着一份合同，合同约定，兰登书屋将出版史班德先生今后写的任何东西。我们不是进口诗歌小册子，而是重新排版制作，因为我们非常希望史班德先生能在美国拥有广泛的读者。顺便说一下，我们出版史班德诗歌的同时，还将出版另一位前程远大的英国年轻诗人 W.H.奥登的诗集。

---

① 斯蒂芬·史班德(1909—1995)，英国诗人。

不久之后,我们又与 C.戴·刘易斯和路易斯·麦克尼斯签约,这样,我们在短期内就拥有了英国最有潜力的一批年轻诗人。奥登一直与兰登书屋签约,出版他的书永远都令人高兴。年复一年,奥登的书总是比其他诗人的更受欢迎,不仅是新书,他的旧作也畅销。

青年和老年时代的 W.H.奥登

奥尼尔是我们出版剧本的开端。我们很快就开始了与剧作家签约的出版规划。当然,这是出于我的秘密爱好——这令我觉得自己在剧院后门插了一脚。而且当时剧本出版并不多——塞缪尔·弗兰奇公司一直在出版平装版剧本,但他们主要是针对演员市场的——所以这一领域基本上是空白。我们开始把剧本做成真正的书籍形式,用漂亮的设计和精装包装,配以戏剧排演场景的插图,趁戏剧还在百老汇上演的时机推出剧本。

我们一开始出版了乔治·S.考夫曼一九三四年写的两个剧本。第一个是他与亚历山大·伍尔考特合写的情节剧《黑塔》,演出非常成功,我们在一月份就出版了。接着,我们又出版了考夫曼和哈特合写的喜剧《那些曾经有过的欢乐岁月》,以配合它在九月的首演(莫斯·哈特四年前与考夫曼合写《一生一次》而一举成名,我就是在当时认识他,从而开始了我们终生的友谊)。不久我们就陆续出版了S.N.伯尔曼、谢德尼·金斯利、克利福德·奥德茨、丽莲·海尔曼、欧文·肖、阿瑟·科伯等剧作家的剧本。随着时间的推移,我们出版的剧本越来越多,把百老汇热门戏剧的剧本都出遍了。

人们过去认为,现在仍然认为,我出剧本是发疯。出版剧本常常是亏本买卖,因为读者有限且不便阅读。纽约和好莱坞这两个地方就占了大约百分之九十的剧本销量,剩下的百分之十,可以说,足以满足全国市场的需求。有相当一部分人爱好收集剧本和其他任何与戏剧有关的东西，一些图书馆也购买剧本，所以即使哪个剧本在百老汇上演一败涂地，我们也有把握至少可以卖掉八百册。成书的剧本销量超过两千册是不寻常的，但凡事总有例外。奥尼尔就是畅销的保证，我们出版的第一本他的作品《啊，荒野!》销量超过五万册。在一九三〇年代，我们只要卖出一千五百册就可以保本，可现在，即使价格涨了那么多，我们也还得达到这个数字两倍的销量才行。所以，我们不得不减少出版一些演出失败的剧本，而不像过去那样，仅仅为了取悦我们在戏剧界的熟人而出版。剧作家都乐意看到自己的剧本能以便于永久保存的书籍形式出版，所以为了才上演一周的剧本出版，他们也会拼命。

有件事情得记住：没有人能知道一个剧作家什么时候会说："我接下来要写一本书!"这种事情就发生在莫斯·哈特身上，他写了自传《第一幕》；也发生在山姆·贝尔曼身上，他写了画商约瑟夫·杜维恩的传记《杜维恩》，被每月之书俱乐部选上了。贝尔曼趁热打铁又写了自传《伍斯特郡记》，和麦克斯·比尔博姆的传记《麦克斯肖像》，又双双入选每周一书俱乐部。由于我们出过这些作者的剧本，这些书也都交给兰登书屋出版。

我见识过贺拉斯·利弗莱特因为投资搞演出而破产，所以唐纳德和我严格规定：无论我们多么喜欢戏剧演出，我们决不在演出上投一分钱。虽然有几次我们因此失去了大赚一笔的机会，但总而言之，我认为到别人的生意场投资的人都是傻瓜蛋。我看赞助演出的人都很可怜。过去，他们投资演出的主要原因是想博得歌舞团里某个姑娘的欢心，那至少也算回事儿；可现在，投资者连排练都不让看。演出制作人拿了钱，事儿就算完了。我们本可以投资罗杰斯与哈特、罗杰斯与汉默斯坦二世合作的所有热门剧目！谢德尼·金斯利缺钱的时候曾经请我们全程观看《死路》的排练，但由于有约定，我们坚决不投资。总的说来，这一做法可能避免了很多损失。

一九三六年,我产生了出一本《戏剧公会选集》的念头。书中精选戏剧公会二十个极成功的剧本,其中两个关键是戏剧公会有史以来最成功的尤金·奥尼尔的《奇异的插曲》和萧伯纳的《圣女贞德》。其他剧本我们都能毫不费力获得授权,尤金·奥尼尔也不成问题——我是他的朋友,又是他的出版商——最大的障碍是萧伯纳,因为他并不愿意让自己的作品被收入选集中。真是个精明的老头!我写信请他授权,结果收到他秘书帕奇小姐的简短回信,说她很抱歉,萧伯纳先生不接受我们的报价。

　　由于我将于一九三六年春去英国,我就说服戏剧公会负责人劳伦斯·兰格纳为我给萧伯纳写封介绍信。到达伦敦当天,我就打电话给他。令我吃惊的是,接电话的是萧伯纳本人。"我知道你想要我的剧本,"他说,"我不会给你的——但如果你是想见我,那就来一起喝茶吧。"他为我选了一个日子,去他位于白厅地区的公寓,就在萨伏伊饭店与西敏寺之间的泰晤士河右岸,是栋著名的公寓。

　　也是在那个时候,我们刚推出了一部原本只卖给医生看的著作:哈夫洛克·霭理斯的四卷本《性心理学研究》。这套书的版权在戴维斯公司手上,我专程赶到费城,跟他们谈判授权我们出版该书的大众普及版。它从来都没有按照商业书的方式包装,外行人也不大会去买医学专业版。人们普遍认为这是一本"淫秽"书,虽然全书使用的都是科学术语,那些指望从中看得血脉贲张的人一定会失望。但是，霭理斯之前的作品《生命的舞蹈》已经是本畅销书，我知道如果我们能买下《性心理学研究》的版权，一定也能让它畅销。结果好得远超我们的预料。

好啦，我想去见霭理斯，而机缘巧合，我居然要在同一天会见霭理斯和萧伯纳！我得先乘火车去见霭理斯。他住在牛津那边——大约四十分钟车程。于是，我一早出门赶到乡间，与霭理斯共进午餐，下午回到伦敦，赶到萧伯纳的公寓。对于一个年轻出版人来说，这是多么有意思的一天！霭理斯非常和蔼可亲，风度迷人，有些腼腆，但他的管家颇为霸道。事实上，除了他是一位沉静、体面的绅士之外，他给我留下的印象并不深，甚至让我微微有点失望；他年事已高——日子不多了——所以并不想和一个年轻出版人谈什么性。

所以，我问自己："现在轮到萧伯纳先生了。会发生什么？他会怎样接待我呢？他会让我等多长时间？他还记得跟我的会见吗？"

我乘电梯上去——是那种你得拉拉绳子的老古董电梯——然后摁门铃。门开了，萧伯纳就站在那里！他穿着灯笼裤，面颊红润，蓄着长长的白胡子，炯炯有神的眼睛露出快活的神色。我立刻被他吸引住了。和他在一起，你就觉得自己是在一位非凡人物面前。帕奇小姐为我们上了茶点之后便消失了。（她后来成了我的好朋友，是位善良的老太太，成天忙个不停。）萧伯纳和我坐下，谈兴上来了。他跟我说了刚结束的环球旅行全过程。在加利福尼亚他见到了威廉·兰道夫·赫斯特[1]和玛丽安·戴维斯，他想不通为什么美国人不喜欢赫斯特先生，用他的话说，赫斯特具备美国人会爱慕的所有品质。他说："为什么当他有了权势、金钱、相貌、美女，以及一个不加干涉的妻子的时候，人们都怕他，恨他，取笑他？"他说，赫斯特的一切，正是美国人所梦寐以求的呀。玛丽安·戴维斯彻底征服了他的心。她对他很温柔，并且与他吻别。

---

① 威廉·兰道夫·赫斯特(1863—1951)，美国报业大亨。

萧伯纳

　　然后我们开始争论美国的新闻业以及美国人究竟是什么样的人。我说:"尽管您是个伟人,对美国人的看法却傻里傻气的。您说起美国就跟随便哪个欧洲游客一样,不像萧伯纳。显然,您是做好充分准备来美国取笑我们的。"

　　看来我把萧伯纳逗乐了。他邀请我留下来吃晚饭,以显示他对我最高程度的赞扬。可我不能吃晚饭——我得去剧院看戏,于是我们约定两天以后共进晚餐,就我们俩。

　　然后我说:"呃,现在,在我告辞之前——"

　　他说:"我早知道我们总要谈到这个问题。"

　　我说:"当然会的。这是我来的原因呀。我需要在我们的《戏剧公会选集》中收入您的剧本。兰格纳先生和特里·赫尔本也这样想——您知道,这本选集是对他们工作的一种贺礼,二十个戏剧公会制作成功的戏剧的剧本。"

他说:"你说得有道理,但我就是不想让我的任何剧本收在选集里。"

我说:"啊,像萧伯纳这样的人物居然有这种死规矩,真让我吃惊。因为过去没有干过,就不能干一次吗?这可不怎么进步呀。"

他说:"我太重要了,收在选集里不成体统。"

我说:"选集里有奥尼尔,他可不像您。"

他说:"可你们出版奥尼尔呀!"他居然知道——他知道!

我说:"萧伯纳先生,没有您,这本书就出不了啦。"

他说:"噢,胡说。"

我说:"我是说真的。如果没有您的剧本,我们出《戏剧公会选集》有什么意思呢?《圣女贞德》是他们最成功的戏。"

他说:"你们付给奥尼尔的钱比付给其他人的多吧?"

我说:"对,他和您都是最重要的剧作家。"

突然,他说:"如果你付给我的钱是奥尼尔的两倍,我就给你。"

我说:"这么做不是很孩子气吗?"

他说:"好吧,就算是孩子气吧。你要还是不要?加倍给钱吧。"

我说:"您要多少我就给多少,这您是知道的。我们必须有这个剧本呀。您的意思是您同意让我们用它啦?"

他说:"只要你给我的钱是给奥尼尔的两倍,我就答应。"

我们握手成交。我很高兴。可是当我们向门口走去的时候,他说:"顺便说一下,如果哪家图书俱乐部选中它怎么办?"

我说:"那是荒唐的。每月之书俱乐部不会选这样的书。"

他说:"呃,如果俱乐部选中它,你们也得按你说的加倍给钱。"

我记得,最终采用他的剧本支付了两千美元,而其他剧本只用了一两百美元。一九三六年我们出版《戏剧公会选集》时,每月之书俱乐部果然选了它,所以萧伯纳得到了四千美元。他真是个精明的生意人。还有个关于他跟别人讨价还价的故事很有名，某人要把萧伯纳的剧本改编成电影，他跟萧伯纳解释萧的授权费高得难以承受。萧伯纳说："我们这样的讨论毫无意义，因为显然，您是一位伟大的艺术家，我只是个生意人。"

两天以后，我们共进晚餐。我不记得是在哪儿吃的饭——是在市中心的某家餐厅吧。饭后我们一起散步，最滑稽的事情发生了。萧伯纳走路很快，是我喜欢的那种大步流星。我们正走在皮卡迪利大街上，他一边走一边说个不停——他喜欢说话。有时候我会耐心倾听别人说话，这次就是。突然间，阴影中闪出一个人，抓住萧伯纳的手说："萧伯纳先生，我叫罗斯柴尔德，我认为您是当今最伟大的人。"萧伯纳迈着大步停都没停，说了一声："再见，罗斯柴尔德先生。"把他推在一边，我们继续走。走了二十步左右，我欢快地高喊一声，他跟着我一起叫，解释道："摆脱他们就得用这招。"

同样是在二十世纪三十年代中期，我们结识了三位当时尚未成名的年轻作家，他们后来都获得成功，名气很大。他们三人的第一本书都由兰登书屋出版，但由于种种原因，最终他们都离开了我们，投奔其他出版社。他们最初怎么会引起我们注意的过程，足可生动说明出版商挖掘新作者的一些奇特手段。

　　第一位是因为我们与一家短篇小说杂志《故事》的关系而到兰登书屋来的。这个杂志是惠特·伯内特和他妻子玛莎·弗雷于一九三一年在维也纳创办的，到一九三三年，已经赢得了国际声誉。后来伯内特夫妇搬到西班牙马略卡岛，继续办杂志，不久却因为一个非常奇怪的原因办不下去。西班牙语里没有字母"w"，所以印刷厂也没这个铅字。他们只得自己买了一批铅字，可新铅字与磨损的老铅字印刷效果反差太大。我和唐纳德听说他们的窘境后，就和每月之书俱乐部的谢尔曼一起，向伯内特收购这份杂志。一九三三年，我们出资让他们搬到纽约，并提供足够的资金让他们继续编辑出版《故事》，在第五十七大街我们的出版社里为他们腾出办公室。一九三五年，我们决定出售杂志，但也已经通过它挖掘了几位作家。

　　有一天，惠特跑来说他发现了一个很有天分的年轻人，威廉·萨洛扬。我们就写信给萨洛扬，还没见面就和他签约了。事实上，直到一九三四年秋天他的作品《秋千上的勇敢小伙》出版后,我们才跟他见了第一面,之后就请他到纽约来。

比尔①从未来过东部,他出生于加利福尼亚州弗雷斯诺一个大葡萄园,是个纯朴的人,毫不做作——是最最自负的亚美尼亚年轻人呢——人人都喜欢他。他从没上百老汇看过戏,所以我们做的头一件事就是带他去看戏,因为他说想写剧本。这天晚上真逗,我们看的戏叫《零号天花板》,由托尼·珀金斯的父亲、一流演员奥斯古德·珀金斯主演,当时正是民航业刚刚起步的年代,《零号天花板》的演出场地就设在一个机场上。第一幕结束后——这出戏很热门,门厅里都挤满了人——我们走出去透透气。我对比尔说:"怎么样,你觉得百老汇戏剧如何?"满心期待他惊叹不已的反应。比尔却说:"这就是百老汇戏剧啊。上帝,我可以在二十四小时之内写出比这更好的剧本。"这就是他在第一次看了百老汇戏剧后的反应——这个弗雷斯诺葡萄园来的乡巴佬。但是他做到了! 一九三九年他写了不是一个,而是两个剧本,都获得了成功——《我心在高原》和《你一生中的快乐时光》,后者为他赢得了普利策戏剧奖,但他拒绝领奖。

他让人惊奇。由于在他身上老是发生稀奇古怪的故事,我就可以随意给他编派许多轶事,让他的名字不断见诸报端。有一桩轶事是这样的:我们把作者样书寄给他以后,他就拿着书上了从奥克兰到旧金山的渡轮,哪怕对方完全是陌生人,他也逢人便说:"看。这是我的书,我写的。"就这样把样书卖光了。还有一次他到旧金山的王宫饭店来看我,前台接线员打电话上来,咐咐笑着对我说:"瑟夫先生,有位世界上最伟大的作家来看您。"我就说:"请萨洛扬先生上来吧。"这些故事说多了,连比尔也渐渐相信这些事当真发生过,还把它们写进他的自传。很滑稽,只要是能显示他们有趣、友善品质的事情,人们都愿意承认是他们干的。

---

① 比尔是威廉的昵称。

　　萨洛扬与兰登书屋的合作没有持续多久。《秋千上的勇敢小伙》出版以后,他从箱子里翻出他这辈子写过的所有短篇小说,交给我们出他的第二本书。如果就这么出版,整本书将厚达一千页左右;我们很仔细地筛掉四分之三,于一九三六年将我们认为有价值的短篇结集出版,书名《呼吸》。比尔接受了我们的安排。但是大约过了半年,他跑来说:"我新写了一堆精彩的短篇小说。"——其实就是我们没有收进《呼吸》的那些短篇。我说:"比尔,我知道你不怎么看得起出版人,可如果你以为我已经忘了那些短篇小说,那你就是疯了。我半年前不喜欢它们,现在还是不喜欢。"他说:"至少有十家出版社想出呢。"此时他已经成名了。我说:"也许你说的是真的。但我们还是不想出。"于是,他投奔了哈考特与布雷斯出版社。他们出了这本书,结果一败涂地。我对自己的判断很得意。但是一九四二年他出版的《人间喜剧》却入选了每月之书俱乐部书目,畅销一时。

　　萨洛扬很会编故事,也积累了大量素材,但我认为他的许多近作很拙劣,写得太仓促。不过他的写作技巧确实很出色,还有我说过的那种不可思议的自负。

一天晚上，我介绍他认识一对非常漂亮伶俐的姐妹，她们姓弗隆克尼希特，是德裔。姐姐玛格丽特后来嫁给了剧作家阿瑟·科伯，妹妹安妮成了指挥家埃里希·莱恩斯朵夫的妻子。当时萨洛扬住在我给他安排的北方大饭店。一起消磨了一晚上之后我们各自回家，玛格丽特打电话给我，乐呵呵地说："你的朋友威廉·萨洛扬刚给我打电话，叫我去和他过夜。我跟他说：'萨洛扬先生，我可不是那种随便的女人。我是有尊严的姑娘。'他就说：'这有什么区别。可别告诉我，你要拒绝和威廉·萨洛扬过夜的邀请哦！'"玛格丽特最后说："我没法子跟他生气。他真太荒唐了。当我告诉他我做梦也不会去的时候，他说：'你不肯吗？那你妹妹在干吗呀？'"这是典型的萨洛扬的故事。

我和巴德·舒尔伯格初次相见，有赖于一九三五年深秋我偶然参加了达特茅斯学院俱乐部的一次活动。当时我随手抓起一份大学生办的报纸，满以为会看到诸如"赛季胜利结束，教练盛赞大印第安人队精神可嘉"之类的标题，但一点都没有！！！这份报纸的主编居然把他自己写的附近佛蒙特州大理石采石场正在进行的罢工作为头条报道，而且还为罢工者说尽好话。他的报道写得简洁，有力，非常专业。对于像达特茅斯学院这样一所保守学校的校董们来说，这篇报道必定含有异端邪说的意味。而对于一个像我本人（记住，当时还是一九三五年！）这样的年轻出版人来说，它却蕴含着作者有朝一日将获得成功的希望。

我给《达特茅斯日报》的主编写了一张赞扬他的便条。愿不愿意来纽约和我见个面？他愿意，而且果然来了。他就是巴德·舒尔伯格。

巴德第一次出现在兰登书屋办公室的时候，我没想到这位好莱坞电影巨子的儿子居然是个腼腆、谦卑而神色非常茫然的小伙子，也没料到这个满不在乎藐视神圣的大学传统的小子居然还有写出好书的勃勃雄心。我说："你写出来，我就出。"

几年以后，他果然写了一本，这就是我们一九四一年出版的他第一部

141

巴德·舒尔伯格

长篇小说《山米为何奔跑?》。这恐怕是关于好莱坞写得最好的一本书。又过了六年,我们出了他描写职业拳击赛黑幕的小说《愈堕落愈彻底》,接着是一九五〇年出版的《幻灭者》,该书讲述的是司各特·菲茨杰拉德临终前的故事,入选了每月之书俱乐部书目,畅销一时。一九五四年,他写了电影剧本《码头风云》,这部由马龙·白兰度主演的电影是有史以来最成功的电影之一,巴德又把剧本改成小说《码头》,由我们出版。

一系列引人注目的成就令巴德·舒尔伯格充满了自信,时至今日,他脸上的神情中已没有任何腼腆而缺乏自信的痕迹,但那种茫然的神色依然存在。这是他魅力的一部分。对他来说,事先的约会毫无意义。毕博普①爵士乐队的演奏声,拳击手对着拳击吊袋练拳的啪啪声,都可能令他将事先约好讨论一个价值五万美元的电影剧本的会议抛在脑后。不过当他下笔写作时,那种茫然的神色就像变魔术一般消失了。他的文字直截

---

① 毕博普(be-bop),爵士乐的一种,流行于二十世纪四五十年代,其特点是节奏奇特、使用不谐和音、即兴演奏等。

了当,很有爆发力。笔下的人物也很有立体感,栩栩如生。

巴德无伤大雅的自负令他对采访者说出这样的话:"我出名的主要原因可能是,我是我所知道的唯一和通常发展顺序相反的作家:在好莱坞起步,然后向东发展。让格莱利见鬼去吧①。"

巴德的责任编辑萨克斯·康明斯从兰登书屋退休后,一向写作很慢的巴德似乎也没心思写书了。他四处转悠,参与各种事情。最后,他拿给我们看他正在写的新书开头一百页,我不喜欢。很遗憾,巴德就这样和我分道扬镳了。

我们初次听说欧文·肖是一九三六年他写的独幕剧《埋葬死者》在市中心首演时。该剧讲述了六名在前线阵亡的战士拒绝被埋葬,他们通过这种反抗,令活着的战士皈依他们的和平主义信仰。和约翰·斯坦贝克、詹姆斯·法雷尔、克利福德·奥德茨等许多自由派作家一样,欧文·肖也在用文学的形式来反抗他所认为的社会不公。

欧文·肖的戏引起了广泛关注,获得好评。唐纳德和我看了都印象很深,我写信给他说我们愿意出版。一个独幕剧剧本能出版,对一位年轻作家而言是非同寻常的事,欧文当然很高兴。我们就约定时间请他来见面。见到他,我们大感惊讶,原来他是个彪形大汉,体格壮得像个码头搬运工——因为他这个戏的主题,我本以为他的长相更秀气些。恰恰相反,他很脏,还满头大汗,性情却很有感染力,笑起来既诚挚又热烈,会令你跟着一起笑。我们一见面就喜欢他。虽然《埋葬死者》受到了好评,但我们知道这并不会为作者带来多少钱。所以,我和唐纳德经过片刻商量,决定请他到兰登书屋工作。我小心翼翼地跟他提这个话题,因为我不想直截了当地问他靠什么生存,令他尴尬。所以我问他的工作是什么。他说在

---

① 贺拉斯·格莱利(1811—1872),美国新闻记者、作家、编辑、政治家,《纽约时报》前身《纽约论坛报》创始人、总编辑。他曾有名言:"到西部去吧,年轻人!"(Go West, young man.)号召美国东部人开拓西部。

为电台写东西。而我的下一个问题立即引出了他每周挣五六百元的答案。我和唐纳德听到这里都哈哈大笑。我们还在打算给他一份工作，原来他赚的比我们两个加起来还多。他实际上已经是个很成功的年轻人了。原来，他这么脏是因为之前在中央公园打触身式橄榄球。

大约三十年后我们因为钱的问题才和欧文分手。欧文的经纪人欧文·拉扎尔是个滑头的家伙，大概是好莱坞最有名的经纪人。他对客户很好，但有点随心所欲，最终可能害了电影公司——他卖电影脚本给他们所得到的钱比它们的实际价值多得多。

我们和欧文签有一个合同，要出他一本新的短篇小说集。一九六四年，我们刚刚宣布这个消息，他又突然提出其中一个短篇小说可能可以扩写成一个小长篇。对此我们不大高兴：它本是个挺好的短篇小说——虽不引人入胜，也在一般水准之上——但要把它撑成一部长篇小说，可就站不住脚了。但不管怎样，我们还是同意了，排好书稿准备付印，并在我们的新书书目中宣布它将于一九六四年秋季出版。从巴黎赶回来讨论编辑

欧文·肖

问题的欧文抱怨说,我们对这本书的热情似乎并不高,他说得对;但是,我们正尽力把书做好,并且准备最大限度地推广。

一天,拉扎尔走进我们办公室,明显不太自然。他说戴尔出版社已经向欧文提出很高的报价要签下他三本书——一本是这个所谓的长篇小说,一本是短篇小说集,一本是他还没写的大篇幅长篇小说。拉扎尔说:"当然,如果你们也能出同样的价格,欧文会很高兴;如果你们不打算这么做,他知道你们都很宽宏大量,会同意和他解除合约。"

我勃然大怒。我告诉拉扎尔:"你完全清楚,这本书早就签约了。"我气坏了,就说:"让他离开这儿吧,我再也不想见他了。这本书我们已经付给他一笔预付金——那不是一个小数目。"拉扎尔说:"哦,他会马上把这笔预付金还给你们。"此时离我们跟欧文·肖签这本书至少已经有两年,而当时他对合同的条件都非常满意。我说:"他可真伟大。我们有合同,可以出版这本该死的书,然后告诉他见鬼去吧。可我们不干。我们今天下午就把书稿退给他,你把预付金的支票送过来,我们从此就把欧文·肖抛在脑后。"

这个美好的故事就以这种伤心结局告终,欧文·肖是有魅力的人,多年来,我们曾经一起度过许多快乐时光,出版了他的多部好书,如《离开不来梅的水手》《欢迎光临本市》《富有信念的行动》《幼狮》和《困扰的空气》。

通过不断增加新老作者的作品，我们渐渐为兰登书屋建立起出色的出版书目，所以当一九三六年一个绝好的机遇降临时，我们能够抓住它。事情还得从罗伯特·哈斯说起。自从我们早年出版《白鲸》的尝试以及与每月之书俱乐部的合作后，罗伯特·哈斯就成了我们的私人朋友。他很有钱，从每月之书俱乐部引退后，打算将自己的余生奉献给慈善机构。但没过多久他就对只干慈善工作厌倦了，便在一九三二年与哈里森·史密斯合伙创立了一家出版社。

　　一天晚上，他请我去他乡间的别墅参加聚会。到了以后他就向我大叹经营新出版社的苦经。尽管他们不断得到好作家的书稿，但一家小出版社要想赚钱，在当时——现在依然如此——几乎不可能。于是我建议史密斯与哈斯出版社跟兰登书屋合并。我说："我们有自身经营良好的'现代文库'，有几个名作家，还有一些很有潜力的新人。"哈斯动了心，事情最后就这么定了。我们一下子得到了威廉·福克纳——想想看，兰登得到了福克纳！——还有伊萨克·迪内森①、安德烈·马尔罗、罗伯特·格雷夫斯②、埃德加·斯诺。忽然之间我们变成了真正重要的出版社。这意味着从此以后再也不能下午打桥牌、玩十五子棋、出去打网球或是休长假了。不能

---

① 伊萨克·迪内森(1885—1962)，丹麦女作家，以自传体小说《走出非洲》闻名于世。

② 罗伯特·格雷夫斯(1895—1985)，英国诗人，小说家，传记作家，学者，翻译家。

连着三个月出门旅行啦。现在我们有蒸蒸日上的事业需要打理。

这次合并也带来了路易丝·波尼诺——国内最出色的青少年读物编辑之一。人人都爱她，她真是个宝。哈里森·史密斯也因为合并而加入，尽管我们并不需要他。哈里森无疑是世界上最风趣也最让人着恼的人。他有魅力，人人都喜欢，可一点都不靠谱。他会忘掉种种约会，丢失书稿。大约一年之后，我们才买断他的股份，让他走人。这样，鲍勃①、唐纳德和我每人持有兰登书屋三分之一的股份，这种局面持续了很长时间——直到罗伯特去世前几年他决定再次退休之时，我们才把他的股份买回来。

我们的广告由亚伦·萨斯曼经手，他现在已是专做出版社广告业务的萨斯曼-苏加公司合伙人。他对我们来说是无价之宝。代理我们法律事务的是贺拉斯·曼吉斯，自我大学时代起，他就是我的好朋友，他结婚时我当过他的伴郎。自从成为我的律师后，他与出版界的联系越来越多，不久，他不仅代理兰登书屋的法律事务，还担任哈珀、斯克里伯纳、格罗塞与邓拉普等出版社和美国出版商协会的法律顾问。他成了出版界的御用律师，很了不起。

接着，为了使我们的机构更健全，我们请来曾在道布尔戴出版社工作的刘·米勒担任发行经理。他出色地为我们建立起覆盖全国的发行网络，人人对他又敬又爱，从没有人说他坏话。每当他推出一项新的打折计划，有些书店大喊大叫地抗议，他仍执行不误。

我一直很喜欢鲍勃·哈斯，他非常威严，举止得体，但也很幽默。我爱跟他开玩笑，他却把我看成某种无可救药的捣蛋鬼。他喜欢我，却不赞许我的嬉皮笑脸。总是说我最缺的就是庄重。他本人看上去很严肃，腰杆挺直。第一次世界大战期间他是"失踪之营"②中的一名上尉，得过杰

---

① 鲍勃是罗伯特的昵称。

② 一九一八年十月二日，来自纽约的美军第七十七师（绰号"自由"师）参加了著名的阿尔贡森林战役，其中一个营的兵力六百人与主力部队失去联系，陷入重围。在接下来的六天时间中，这支部队弹尽粮绝仍拒绝投降，最后只有两百多人冲出重围。这就是著名的"失踪之营"。

出贡献十字勋章，是一位浴血疆场的英雄，非同寻常。

我喜欢偶尔说些不着边际、经不起推敲的论断。一天午饭时，我跟鲍勃说起一个聪明的媒体公关代理人的事情，他在美国已经成功地炒热了好几件事情。比如他令《九月早晨》①出了大名。在这幅画中，一位裸体女郎站在水中，用手遮掩着身体。有个画商估计美国公众会喜欢这幅画，从欧洲一下子批发了五万幅复制品，结果卖不动。他走投无路，出钱雇了这个媒体公关代理人，指望他想法子把这些《九月早晨》兜售出去。

这个代理人的办法是，先请一位百老汇的画商把最大尺寸的一幅《九月早晨》复制品放在他紧挨着大都会歌剧院的画廊橱窗里。然后他唆使几个小孩站在橱窗前，咬耳朵窃笑，说些暧昧挑逗的话。然后，代理人给纽约反堕落协会负责人约翰·萨姆纳打电话，说百老汇一家商店的橱窗里有一幅下流画，对许多学童正在产生不良影响。萨姆纳立刻跑去看到底怎么回事；那些孩子一看到他，马上开始"演戏"。萨姆纳逮捕了画商，但《九月早晨》登上了所有报纸，就这样成了名画，销量巨大。

鲍勃很喜欢听这个故事，于是我又跟他讲那个代理人帮一家公司处理几千听滞销的白鲑鱼罐头的故事。人们吃惯了粉红色的鲑鱼，不肯买别的。代理人马上想出一个绝妙主意。他要求每个罐头上都贴一个醒目标签："罐头里的鱼保证不变粉红色。"这招果然立刻奏效，但有一家粉红鲑鱼的罐头制造商跳出来打官司，说这个标签有暗示粉红色鲑鱼受过污染之嫌。他胜诉了，但所有白鲑鱼罐头也一售而空——所以官司也无所谓。

等我把故事讲完，鲍勃·哈斯说："很有趣，贝内特，但都是胡扯吧。根本没有白鲑鱼这种东西。"我当然要跟他抬杠啦。我说："肯定是有白鲑鱼的啦。"对这个问题我恐怕是最无知的。我们激烈争论了很久，最后我说："我跟你赌十块钱，我赌有白鲑鱼。"一向爱怀疑的鲍勃就说："怎么证

---

① 《九月早晨》是法国画家保尔·查巴（1869—1937）的名画。

明?"我说:"我们写信给纽约水族馆的罗弗斯·格拉迪求证。"鲍勃斜着眼看我,说:"好吧,但是你写的信得让我看。我可不信任你。"

于是我给纽约水族馆的头头格拉迪先生写了一封信:"此地有一个小小的打赌。我们出版社有人说没有白鲑鱼这种鱼,而我认定是有的。我们认为您是裁判此事的最佳人选。世界上究竟有没有白鲑鱼?"鲍勃·哈斯上上下下翻来覆去读了信,以防我在其中耍什么花招。他亲自把信投进信箱。接下来的几天,我们一直在等回信。必须等呀。因为根本没有什么格拉迪先生,是我当时即兴捏造的名字。为了圆谎,我还定制了抬头是"纽约水族馆"的信纸,写上格拉迪先生的名字。

我把回信认真口授给打字员并亲自寄出,又亲自拿着封好的信给鲍勃·哈斯。我说:"你来拆信吧。你竟然不信任我,真搞不懂你。"他打开信封。在信里,我用大学时候的绰号称呼自己:

亲爱的豆子:

　　我简直难以形容在这么多年之后收到你的来信有多么高兴,真有一百个问题想问你这些年的情况。不过我最想知道,你究竟是怎么知道世上有白鲑鱼这回事儿的?我记得你被选为你们一九二〇届班级最优秀的学生(我老以为他们骗我),现在过了这么多年我才开始明白当年你的那些同学选你还是对的。

　　以下是关于白鲑鱼的事实。唯一一种真正纯种的白鲑鱼是只在内陆生活的品种,见于俄勒冈州西北部和华盛顿州的一些湖泊。用专业的话说,这种白鲑鱼的学名叫 Ouananiche albo。还有一种白鲑鱼见于阿拉斯加附近海域,学名叫 Onchorhynchus,我相信你连听都没听说过这种罕见的品种。不过我可以补充几句。那些比较普通的颜色比较浅的粉红色鲑鱼也可以叫做白鲑鱼,而且法律也允许它们当作"白鲑鱼"出售。

　　好,我想知道你的赌注有多少钱。我看我也该分上一份!至少你该过来请我吃顿午饭。我听说你干得很不错,阿克曼院长①认为你是他一手设计的教育方式下培养出的最优秀的人才。哼,他一向疯疯癫癫!

记得给我打电话。

罗弗斯

又及:什么时候我给兰登书屋写一本关于鱼类学的书,你看怎么样?我可不是开玩笑。

鲍勃仔细读了这封信。让他信服的是那句关于书的话。他很不情愿地掏出十块钱给我,说:"这完全是运气。我敢肯定你是瞎蒙的。"

好啦,一连好几天我到处夸口打赌赢了,还吹嘘自己对鱼类的丰富知识。但我手头还有一些"纽约水族馆"的信纸,可不能放在一边浪费啊。于是我又给自己写了好几封信,每次都给鲍勃看。看了第二封信鲍勃就开始起疑了,到了第三封,他就明白了我耍的花招,马上向我讨还那十块钱,不过他也觉得这事儿很滑稽。他甚至把自己上当的故事告诉别人。只是他一直在伺机报复我。

这个报复我的机会随着凯瑟琳·德林克·鲍温写的《亲爱的朋友》一书而来了。这本书讲的是柴可夫斯基与从未谋面的梅克夫人仅凭通信相知相爱的故事。鲍勃对这个真实的故事很感兴趣,鼓动凯瑟琳·鲍温把它写成书。这本书马上被每月之书俱乐部选中。这是鲍勃的一大功绩。

鲍勃决定书中每一章开头都要有插图,而且插图得是高质量的。我们都同意这个好主意。有三四个画家送来了他们的素描,鲍勃认为很合适,但全都被我退了。一天午饭后我回到办公室,发现桌上摆着六幅小小

---

① 阿克曼是指卡尔·W.阿克曼(1890—1970),哥伦比亚大学新闻学院首任院长。

的素描,还有一张鲍勃留下的便条:"你认为这些怎样?"我匆匆看完,便穿过走廊来到鲍勃的办公室。他不在,我就写了张条子:"它们臭不可闻。"并签上我的名字放在他桌子上。鲍勃美美地报复了我一把。他迫不及待地跑来告诉我这些素描是伦勃朗画的,真是开了我一个大玩笑。我们俩都爱讲这个笑话。最后我们出版了这本书,不带插图。

另一个关于《亲爱的朋友》的故事显示出鲍勃性格中一个有趣的侧面。迪克·西蒙听说我们要出版《亲爱的朋友》一书,便打电话给《先驱论坛报》星期日书评版编辑艾里塔·范·多伦,说他想为这本书写篇书评。一位出版人为另一位出版人做的书写书评,艾里塔感到颇为不同寻常,就来问我行不行,我说这是鲍勃做的书,应该让他决定。鲍勃说他很乐意,因为迪克对音乐很在行。

艾里塔为这篇书评留出了头版位置,等到截稿期她打电话给迪克·西蒙要稿子。他说:"哎呀,我正要告诉你,这篇文章我写不了了,没时间写。"艾里塔说:"迪克,是你主动要求写这篇书评的,明天报纸就要付印,你却跟我说你写不了。这太糟糕啦。"他说:"办公室这里老有事儿,我没

三个合伙人:克劳弗尔、哈斯和瑟夫

法子写呀。"

于是艾里塔打电话给鲍勃,告诉他这个坏消息。这本书对鲍勃来说可是桩大事情,他正惦记着来篇头版书评呢。所以他给迪克·西蒙打电话,把他臭骂一通,然后重重地挂断了电话,怒气冲天。迪克马上打电话给我说:"你的合伙人鲍勃·哈斯刚才侮辱了我。我这就去狠狠揍他的鼻子。"我说:"怎么回事儿?"迪克把事情经过说了一遍,我就说:"鲍勃完全正确。我这辈子都没听说过这么不像话的事情呢。是你提出要写书评的呀。"

迪克沉默了片刻,然后说:"好吧,如果你这么认为,那我还是回家把文章写了吧。"我说:"就这么做吧。"于是他回家花了一整天时间写了一篇非常精彩的书评,及时交了稿。但是鲍勃·哈斯一直都没原谅他。

一九三八年,鲍勃为我们带来了另一本重要图书,一本法译英作品。这就是罗歇·维尔赛①的《圣米歇尔山的海潮》,一部以圣米歇尔山②及其海潮奇观为背景的长篇小说。这是本好书,但我们认为它会成为那种除了得到好评之外赚不了多少钱的非重点书。没想到每月之书俱乐部突然选了它。

几年以后的某一天,鲍勃带着一封罗歇·维尔赛用法文写的信来到我的办公室。他把信给我看,并解释说(鲍勃的法语很流利),这位我们谁都没见过的作家即将首次访问美国。由于维尔赛一句英语都不会讲,鲍勃自告奋勇说由他来负责陪同,但我至少得见他一面。

约好见面的时间到了,罗歇·维尔赛准时走进我们办公室——他是一个典型的法国人,蓄着胡须,穿戴得整整齐齐,和蔼可亲。我带他参观了我们出版社,并把他介绍给许多人,其中包括我们的两位高级编辑——罗伯特·林斯科特和萨克斯·康明斯。维尔赛走了以后,林斯科特说:

---

① 罗歇·维尔赛(1894—1957),法国作家,一九三四年凭《柯南上尉》获龚古尔文学奖。
② 圣米歇尔山,位于法国西北部诺曼底省的圣马洛海湾的海岛,是天主教圣地,以圣米歇尔修道院和海潮闻名于世。

"哎呀,真奇怪。不管我对维尔赛说什么,他只回答一个词:'强大!'"我们的财务曼妮·哈珀说:"你们觉得他长得像谁? 很像刘·米勒。"我说:"你疯啦。"

是的,他就是刘·米勒。刘和鲍勃·哈斯为了开这个玩笑已经准备了好几个月。那封信是假的。刘足足花了两个小时请专业化妆师为他粘上胡子,而我完全上当了。哈斯得意极了! 米勒被成功冲昏了头脑,屁颠颠带着妆回家去开他两个十几岁女儿的玩笑。当她俩听到门铃来开门时,他向她们深深鞠了一躬。她们只是瞧了瞧他,说:"你好,爸爸。"

估计我是唯一真正上当的人。

我已忘了第一次见到威廉·福克纳的确切时间,但肯定是在我们和史密斯与哈斯出版社合并之前。我还清晰地记得初次读他的书的情景。当时我正在费城向哈罗德·梅森和戴维·杰斯特推介我们的新书,他们在那里开了一家可爱的小书店——人头马书店,如今这种书店已经不太多见。哈罗德·梅森告诉我:"凯普与史密斯出版社①出了一本新书,这个作者我认为是美国最伟大的作家之一。他的名字叫威廉·福克纳。"当时福克纳已经出版了五部长篇小说,其中包括《喧哗与骚动》和《我弥留之际》,但都叫好不叫座,卖不动。这次的新书叫《圣殿》,在一九三一年是惊世骇俗的作品。于是我拿了一本带回下榻的丽兹-卡尔顿饭店的房间读。接着我就一口气把他之前出版、而我由于种种原因没有看过的书都找来读完。

　　当时我就知道我要出版福克纳,所以在一九三二年将《圣殿》收入"现代文库",并请作者写了一篇序言。一九三四年我们宣布计划出版《喧哗与骚动》的特别限量版,书的第一部分将用不同的颜色印刷以表明不同的时间阶段。为此我们投入了大量精力不断商谈,但最终还是因为印刷机达不到我们的要求而放弃了计划。很不幸,连福克纳用彩笔标明颜色的

---

① 这是指两位出版人乔纳森·凯普和哈里森·史密斯合伙的出版社。散伙后,哈里森·史密斯再与罗伯特·哈斯合伙开出版社。

那本书也丢了。所以直到一九三六年兰登书屋跟史密斯与哈斯出版社合并后，才第一次出版了福克纳的书《押沙龙，押沙龙！》——但从此之后他的所有作品都由我们出。

威廉·福克纳一直坚信，作家负责写好作品，出版社负责出好书。当他带来书稿的时候，我说："比尔，你对书的装帧设计和广告推广有什么想法吗？"他会说："贝内特，那是你的事。要是我觉得你干得不好，我就到别的出版社去了。"结果，威廉·福克纳在我们办公室所受到的关注总是比其他作者更多，也许是因为我们想向他证明不辜负他的信任吧。

我们跟史密斯与哈斯出版社合并后，比尔写信给我说他还记得我，并祝贺我们的合并。我回信说，他能成为我们的作者是这笔交易中最好的一项。这以后很长一段时间，他都没来过纽约。后来他来了，却经常闹出点事。

有一次，他打算来住十天，我们就为他安排了各种采访——《纽约时报》《先驱论坛报》、《时代》周刊等。每件事情都事先安排得很稳妥。福克纳到了之后和我吃晚饭。哈里森·史密斯带着一位名叫达希尔·哈米特的绅士也来了。哈米特就是那个写出《马耳他之鹰》等精彩侦探小说的作家。

达希尔酒量很好，哈里森也不是省油的灯。至于说福克纳……反正我是不胜酒力。我要回家去，临走前对福克纳说："记住，明天早上十点，《纽约时报》派人到办公室来。"但这以后一连几天我们都没看到他人影，直到我接到一个来自亚冈昆饭店的电话：原来比尔进浴室洗澡时脚底打滑，摔倒在蒸汽散热器上，被严重烫伤。我们赶紧把他送到医院，他就在那里过了他假期的大半时间。在他回家前一天，我说："比尔，你不为自己感到可惜吗？你五年来第一次休假到这里过，却把所有时间都花在医院里。"他平静地说——他说话总是很平静——"贝内特，这是**我的**假期。"

比尔·福克纳让人恼火的地方是他会放纵自己饮酒作乐，有时是故意为之。而当他清醒以后，他又来到我们办公室，一副头脑清醒的样子准备行动，仿佛半年以来滴酒不沾。但在酒性发作的当口儿，他可不知道自己在干些什么。他无能为力。他酒量不大，没喝多少就会醉。偶尔碰到一顿美餐有他喜爱的上等葡萄酒和白兰地，他就不自量力地多喝。至于其他时候，我想他是为了逃避某些他不想干的事而假装喝醉。

比尔是我所见过最令人难忘的人之一。他身材并不高大，但其举止与英俊相貌令他看起来风度翩翩。有时，他的穿戴似乎相当陈旧，实际上却是他在英格兰定做的。即便是对最琐碎的问题，他也总是耐心地花时间回答。如果你说："比尔，今天天气真好，是吧？"他就会停顿一下思考片刻，好像你问他的是什么非常重要的事情。

一九五○年十一月十日，威廉·福克纳获得诺贝尔文学奖的消息公布时，他说自己不去斯德哥尔摩领奖。他宠爱的女儿吉儿当时已经是十七岁的大姑娘了。别人提醒他，这趟旅程对她来说可是很有价值的体验，他才终于答应去。他从密西西比州打来电话，告诉我们他的衣服尺寸，请我们为他租一套礼服，要在他到达纽约之前准备妥当。

比尔去了斯德哥尔摩并发表精彩的演讲——但回来的时候有点气呼呼，因为我为他租的礼服裤子上只有一条条纹，而他发现欧洲人穿的礼服裤子都有两条条纹。可他的结论是："贝内特，呃，那套礼服我想收藏。"

我说："你留着干吗？这是我租来的，得还掉。"

他说："你就把它送给我吧。我要收藏！"

这套衣服他还是带回家了，不过我不知道他后来有没有再穿过。

好啦，现在他已大名鼎鼎，被公认是美国伟大的小说家。他以前出版的书需求量大增，虽然其中不少已经绝版。今天，它们已全部重印，并且销路很好，都成了经典名著。小说《寓言》令他一跃成为畅销书作家。他的声望与日俱增，许多大学开始将他的作品列入"必读书目"。

有一天，我接到密西西比州州长打来的电话。一开始我还以为有人跟我开玩笑（《星期六评论》的诺曼·卡森斯老是自称总统之类的角色），但这回确实是密西西比州州长。他说:"瑟夫先生,请您帮我个忙。密西西比州想专门设宴款待我们的诺贝尔奖得主威廉·福克纳,可他连话都不肯跟我说。"

威廉·福克纳

我说:"你想怎么样?"

他说:"我给他打了不下五次电话,他都不接。我们只是想设宴向他聊表敬意。所以我想请您向他转达此意。"

我说:"是这样,他正在写一部长篇小说。他写书的时候不喜欢被打扰。不过我会想想办法。"

我当即给比尔打电话,他住在奥克斯福德城①。我说:"比尔,听说你不肯跟密西西比州州长谈话?"

他说:"是的。"

我说:"呃,他是想代表全州请你吃饭,向你致敬。"

比尔却说:"在我需要密西西比的时候,他们不尊重我。现在我得了诺贝尔奖。你去告诉密西西比州州长,让他别来找我……"

我给州长回电话时,当然不能把福克纳的话原原本本告诉他。我说:"州长先生,正如我所料,他正在写小说。我感到非常抱歉,他不想被打扰。"

事后我们对此哈哈大笑!

他为人一点都不拐弯抹角耍花招。每次来纽约,他就把我们的办公室当作他的落脚点。他会径直走进办公室,脱掉外衣。我曾送给他一副鹳鸟夜总会②给贵宾专用的红色背带,他非常喜欢。他常常穿着背带坐在那儿,抽着烟斗,看平装本推理小说。他爱看推理小说。有年轻作家来时,我就说:"你想见见威廉·福克纳吗?"这总是令他们很激动。于是,我请他们进来,他们的眼前就是这个翘着双腿、穿着背带、叼着烟斗读书的人。我说:"这位就是威廉·福克纳。"这时,比尔就把烟斗从嘴里抽出,友好地说声"你好!"又继续埋头看书了。

我妻子菲丽丝第一次见到比尔是那次他心血来潮突然决定来纽约的时候。我说:"我们到机场来接你——我想让你见见菲丽丝。"

得知要见威廉·福克纳,菲丽丝紧张死了。她说:"见到他,我跟他说什么好呢?"

我说:"菲丽丝,你会跟比尔合得来的。"

飞机降落时,她就在汽车里等。我们已经安排好,带他一起去利弗大

---

① 奥克斯福德,位于密西西比州中北部,威廉·福克纳的故乡。

② 鹳鸟夜总会是美国著名夜总会,二十世纪中期是其鼎盛时期,是纽约各界名流出入聚会之地。

厦参加昆丁·雷诺兹夫妇的一个大型鸡尾酒会。比尔穿着一件破旧的军用大衣，斜戴着一只宽边软帽走下飞机。一如以往，见到他我很高兴，马上带他去见菲丽丝。我说："比尔，你坐在我们俩前面吧。"他称她"菲丽丝小姐"，而且从此以后他就一直这么叫她。而她对他说的第一句话是"看你的袜子！"整个脚后跟都露出来了，他很窘。菲丽丝对伟大的威廉·福克纳的畏惧之心立刻消失了。她说："你这样的打扮可不能去参加鸡尾酒会。"于是我们先回家，她帮他换了双袜子。从那时起，他们就成了好朋友。当然，在鸡尾酒会上他也是轰动人物。

他第一次到基梭山来看我们的时候，发生了一件很具有福克纳特色的事。当时镇上的主干道与铁路相交，道口的栅栏门需要手动开关。我们下了火车，比尔站着看一个小个子老人伸手摇动轮盘开门。我问："什么事情这么吸引你，比尔？"他说："看到北方居然还有用手干的事情，我太高兴了！"他知道他这是在开玩笑。

我们最后一次和他在一起是一九六二年在"二十一号酒吧"。当时他跟我说起接替去世的萨克斯·康明斯担任他责任编辑的阿尔伯特·厄斯金。他说："你知道吗，我认为阿尔伯特是我所认识最优秀的编辑。"我说："啊唷，威廉·福克纳都这么说了，可真是天大的赞美。你跟阿尔伯特说过吗？"他顿了顿，说："没，我没说。贝内特，当我的马儿跑得快时，我可不会让它停下来喂它糖吃。"

福克纳一直有这样的计划：完成他的"斯诺普斯三部曲"最后一部后，将《村子》《小镇》和《大宅》这三部他花多年心血写作、关于斯诺普斯家族而独立成篇的小说出套装版。《大宅》交稿后，阿尔伯特指出三部作品中存在某些不一致的地方。比尔平静地解释道："阿尔伯特，那说明不了什么。我在写小说的时候，对书中人物的认识有一个逐渐深入的过程。写完第三部，我对人物的认识就比写第一部时深刻许多。"——说得他们就像现实生活中活生生的人物。"斯诺普斯家族"可能是他所创作最出色的人物形象，那些南方乡野恶棍通过各种手段发迹成为当地最有钱的人，把

威廉·福克纳

上一代文雅的南方乡绅传统统统抛开。

比尔爱骑马打猎。事实上，我办公室有一幅照片，就是他送给我的最后一张，照片中他身穿红色猎装，上面写着："送给兰登书屋——爱与吻——哒嗬！[①]"他对这张照片和自己的骑术都很得意。

福克纳的最后一本书《掠夺者》入选了每月之书俱乐部书目，也是他最幽默的书之一。菲丽丝很崇拜他，对他说："比尔，我爱《掠夺者》，我觉得这本书有趣得很。"比尔露出他标志性的灿烂笑容，说："我也觉得，菲丽

[①] 哒嗬（Tally-ho），是猎人发现狐狸时命令猎犬追逐所发出的喊声。

丝小姐。每次我读这本书，总是笑个不停。"

　　由于他大部分作品中的悲剧色彩，许多人并没有意识到，他其实是个喜剧天才，《掠夺者》就充分证明了他是多么幽默。他能洞察古老南方的一切悲剧，也能发现其中的幽默喜剧。我认为他是美国文学史上最伟大的小说家之一，而且敢肯定，他的声誉将经久不衰。

　　一九六二年七月六日，《纽约时报》的编辑一早给我打电话说，福克纳去世了。不到两个小时，我就登上了前往奥克斯福德的飞机。多年来，比尔多次邀请我去他家做客，但我却一再推迟。现在我第一次去，却是为了他的葬礼。想到这我就心碎不已。

　　我是和唐纳德以及小说家威廉·斯泰伦一起去的。《生活》杂志得到福克纳去世的消息后马上打电话给斯泰伦，请他报道葬礼的情况。所以他提议我们同行。

　　我们在孟菲斯着陆，在当地的饭店住了一夜，我和唐纳德还作为福克纳的出版商在那里接受了报社记者的采访。第二天早上，我们租了一辆带空调的雪佛莱汽车，自己驾车从孟菲斯开到奥克斯福德，行程大约七十五英里。到了奥克斯福德，我们径直向当地政府驶去。我觉得自己以前似乎来过这里；根据福克纳小说《坟墓的闯入者》改编的电影就是在奥克斯福德拍摄的，其中许多镜头就取自当地政府一带。走出空调汽车，我才觉得天有多热。暑气逼人，人就好像洗桑拿浴。

　　大约有二十个人坐在那些店铺的台阶上，真是一幕……不是慢动作而是没有动作的镜头。我们接到过《奥克斯福德鹰报》发行人打来的电话，我答应到时候拜访该报编辑，她要给我们看一些福克纳的物品。我们预定中午时分到福克纳家，因为午饭之后才开始举行葬礼。而我们上午十点左右就到了，还有两个小时空闲时间。我便问一个坐在台阶上的人："您知道《奥克斯福德鹰报》报社在哪儿吗？"他只是瞪眼看着我们，默不作声。再问一个人，也是如此。最后，我们问的第三个人开口说："我想是在那儿。"我们拐了一个弯，离他们坐的地方大约走二十步就到了。他们当然知道报社的位置,可他们就是不想和城里人有任何交往。从他们的脸上你就能看出他们的敌意。

大大出乎我们预料的是,那编辑原来是个忙忙碌碌、精力充沛的女人。她显然是个干劲十足的人。她给我们看比尔·福克纳写的一些小文章,还把她所有的卷宗都拿出来,给我们看她出版的东西,证明至少她是欣赏、理解威廉·福克纳的价值,哪怕全镇人都不懂。她还自费印刷了标语"怀念我们伟大的威廉·福克纳",说服所有店铺老板在送葬队伍经过的那天下午两点到两点半之间关门歇业,并在店铺窗户上贴起这幅标语。在那半小时里,店主们果然照做了。

然后她告诉我们:"时间还充裕,我带你们去看看密西西比大学校园吧。"于是我们开车来到学校。那里空无一人,一片平静的景象——在这南方美丽的景致中,树叶被微风吹得沙沙作响。但就在这以后不到三个月,这里便发生了詹姆斯·梅瑞迪思案①,枪击正发生在此地。

当我们到达福克纳家时,有个人站起身来迎接我们。他长得跟威廉·福克纳像得差点儿令我昏过去。他是福克纳的弟弟约翰·福克纳,大约一年后他也去世了。还有大约二十位福克纳的亲戚坐在门廊上,其中大多数既不了解他,也不懂他的作品,但得知噩耗都赶来了。他们在一天之内陆续到达,还都按照南方的风俗,带来了火鸡、火腿、馅饼和布丁。屋子里的大桌子上摆满了精致好看的南方食物。

福克纳躺在客厅的一具大棺材里,没有人注意他。亲戚们互相大眼瞪小眼,我们一出现,他们就有新目标可以瞪了。看得出来,他们把我们

---

① 詹姆斯·梅瑞迪思案是美国民权运动标志性事件。一九六一年,黑人青年詹姆斯·梅瑞迪思申请进入全白人的密西西比大学读书,屡遭拒绝。他以种族歧视为由起诉密西西比大学,一九六二年九月十日美国最高法院裁决梅瑞迪思有权入学,遭到密西西比州政府和当地白人抵制。九月三十日,梅瑞迪思在联邦保安人员保护下进驻校园附近,准备第二天入校报到,当晚大约两千名校内外白人携带枪支在密西西比大学校园与联邦保安人员发生冲突。十月一日,美国总统肯尼迪下令动用联邦军队护送梅瑞迪思入学,他成为密西西比大学第一个黑人学生。在他两年多的就学期间,联邦政府在校园内驻军,确保梅瑞迪思的安全。

当成了外来闯入者。事实上，为了让他们允许斯泰伦进屋，我不得不做许多解释。约翰·福克纳知道唐纳德和我是谁，但斯泰伦是生人。当我提起《生活》杂志时，他不屑地昂起脑袋。我说："约翰，他是兰登书屋的作者，也是我的私人朋友。你得让他进去。是我带他来的，而且他也很敬仰比尔。"

我和唐纳德上楼去慰问吉尔和埃丝特尔①。埃丝特尔看起来像是服用了某种镇静剂，眼神空洞茫然。比尔的床头柜上放着我编的文集《为快乐而阅读》。当然，看到这个我很开心。斯泰伦找到一本他写的《在黑暗中躺下》，也很高兴。

我和唐纳德下楼去找点吃的，发现所有食物都摆在那儿，没人动过。突然，一个我不认识的女人说："你不就是每个星期天晚上的电视节目《我是干哪行的?》里的那个家伙吗?"我说："对，是我。"这下子，他们立刻都围了上来，开始跟我谈节目的事。那种敌意消失了。仿佛我成了每星期都要到他们家去的熟人，是个老朋友了。看到这种认出我之后顷刻间的变化真令人难以置信。

最后，灰色的棺材被抬到灵车上，上路了，后面跟着六辆汽车。我们开车加入送葬的行列。这时令人吃惊的事情发生了。我们绕过小镇的广场，广场的中心是法院。有三四名警察站在那里，拿着帽子贴在心口。广场上肯定有两千人。他们站在街头、店铺里或是阳台上。当我们经过时，他们默默地站在那里，一点声音都没有，仿佛整个小镇停止了动作。看得出来，他们意识到了自己失去了一位重要的同乡。

然后我们到墓地参加了简单而短暂的入土仪式。在七月的烈日下，大约有五十个人站在那里。丧礼一结束，我和比尔·斯泰伦、唐纳德就上车开回孟菲斯，然后坐飞机回纽约。

---

① 埃丝特尔·福克纳，福克纳的妻子。

一九三七年夏天的某一天,我的朋友兼律师贺拉斯·曼吉斯告诉我几条很有意思的消息。他有个名叫塞缪尔·I.罗森曼的朋友,曾经在富兰克林·D.罗斯福任职纽约州州长期间当过他的顾问,正打算编辑罗斯福的文件和演讲准备出版。这部历史性文集很快就掀起了激烈的出版权争夺战。人人都想得到它,所以当我们被选定为该书出版社时,我们既高兴又得意。我们中选的有利因素之一是罗斯福一向喜欢藏书,而我们出版的书籍外观品令我们得分不少。他喜欢兰登图书的设计风格,所以他一见到我,似乎就挺喜欢我的。

一九三七年七月三日,罗森曼开车送我去海德公园①。这是一趟令人兴奋的旅程:我将见到我的偶像——富兰克林·D.罗斯福总统! 我们到达时,他正在款待波基普西市市长。说"款待"并不太恰当,他正对着市长咆哮,嗓门大得老远就能听见。富兰克林的母亲莎拉·德拉诺·罗斯福夫人是个很可爱的老太太,她出来迎接我们,听到儿子呵斥市长,就不断"啧啧"作声。市长显然做了什么令总统不高兴的事情。我不知道是怎么回事,但几分钟后,市长红着脸走了。

总统自己转着轮椅出来了。他操纵轮椅熟练得就跟赛车手开赛车似

---

① 海德公园是纽约州东南部一个小镇,是罗斯福的故乡。

164

的。他在海德公园的房子有特设的斜坡道，所以他转着轮椅上上下下快得像只地狱来的蝙蝠。看到美利坚合众国的总统挥着手出来，我的心怦怦直跳；听到他说"你好，贝内特"，我激动得就差躺倒在地让他的轮椅从我身上滚过去了。过了片刻，我们就进去吃午餐。令我惊讶的是，在餐桌旁，他得让人抱上椅子；不过一落座，就又是罗斯福总统了。他只是腿脚不便，但当他坐在桌子旁时，我马上就忘了他是残疾人。因为他完全总揽全局，很有魅力。只要他想表现出来，他的魅力就无人能挡。

THE WHITE HOUSE
WASHINGTON

July 16, 1937.

Dear Mr. Cerf:-

I am looking forward to
seeing the books which you have sent to
Hyde Park. You were very nice to do it.

It was grand to have a
chance to talk with you.

My best wishes to you,

Very sincerely yours,

Franklin D. Roosevelt

Bennett A. Cerf, Esq.,
Random House, Inc.,
20 East 57th Street,
New York, N. Y.

富兰克林·罗斯福总统给贝内特·瑟夫的信

他跟我们说了一些与书、与他童年时代有关的轶事。和我一样，他也曾经对康拉德全集和吉卜林全集着迷。他都订了一套，可是接下来又没钱付款。他把它们藏在床下，不让妈妈看见，可还是被她揪出来，命他还掉。在成为总统之前，他是光顾第五十九大街沿街所有书店的常客。

我把山姆·罗森曼留在那儿，独自开车回家。因为得到了一些罗斯福的亲笔签名，我乐得仿佛站到了世界之巅——以至于在回家路上超速行驶而要被拘留。我对警察说："你不能抓我。我刚刚和罗斯福总统在一块儿。"他就说："嗬，这理由倒挺新鲜。"我给他看签名，还答应他等罗斯福文集出版后送他一套，这才解决了超速的问题。他最终也得到了一套！

当年十二月的一天晚上，我和唐纳德去华盛顿见总统。有时间可以和罗斯福单独见面，真像来到天堂一样！当时我已经和他的秘书——"小姑娘"玛格丽特·勒汉①交情很好，我们一到，她就说："你们可以直接上去。"于是我们上楼去，总统正在他的书房里。我们此行的一个目的是给他看即将付印的他那套书的装帧和扉页设计，并得到他的认可。但我和唐纳德还随身带了一本我们新出、乔治·S.考夫曼和莫斯·哈特写的讽刺喜剧剧本《我宁愿是对的》。事先我们已经请在该剧中扮演罗斯福的演员乔治·M.库恩以及该剧所有演员都在书上签了名。总统立即也在书上写下自己的名字，一面还说为了防止白宫里哪个家庭成员偷偷拿走他的藏书，他已经开始在自己的每本书上签名。我说："您不是当真吧。啊呀，有了您的签名，连我都想偷几本带走了！您藏书的流失速度肯定会比过去快十倍。"他说："啊唷，我倒从没想过这个问题。"

在文集上市前夕，我再次来到白宫，想试试我似乎很不错的新主意：要是总统能在他办公桌上也放一套文集，那每当他和来访的要人合影时，这套书总会出现在照片里。他也认为这是一个好主意。不幸的是，山姆·罗森曼不这么认为："假如你想把白宫都变成兰登书屋公关宣传的噱

---

① 玛格丽特·勒汉(1898—1944)，一九二〇年起担任罗斯福秘书二十一年，被罗斯福的儿女起绰号"小姑娘"(Missy)。

头,那你可真是疯了。"他转而对总统说:"您在想什么呐?您可不能那样做。"他拿起那套书,噔噔噔地走了。总统和我沮丧地目送他离开,但我们都知道他是对的,所以都一声不吭。

我必须告诉总统为什么我认为需要这种特别的促销手段:这套书的预售情况很令人失望。情绪总是乐观的罗斯福说:"那么,你们在华盛顿卖出多少套了?"我们卖了三百套。总统拿过一个信封,开始在信封背面算起来。我等了一两分钟。我说过,我没多少耐心,最后我终于忍不住问他:"您在那儿干吗,总统先生?"他说:"呃,假如你在华盛顿卖了三百多套——这里有六十万人口,美国有一亿三千万人口,那么既然你向六十万人卖了三百套……"他这是在算按照这个比例在一亿三千万人里可以卖出多少套。我说:"总统先生,您这是在开玩笑呐。世界各国的大使馆都在华盛顿,所有外交官、政界人士还有对政治感兴趣的人都在这里,所以我们当然能在华盛顿卖出这么多。可是在我国其他地方——唉,三年里面我们在密西西比州连一本书都没卖出过。"罗斯福对这话感到很滑稽,竟把我说的话告诉了媒体,上了报纸。结果密西西比州的三家书店一气之下停止向我们采购,也就此造成了我们每年大约九元的损失。

一九三八年四月,《富兰克林·D.罗斯福政府文件与演讲集》出版了。这套书分五大卷,每本三元——与今天的定价相比,这真是不可思议的低价。不过自从罗斯福在其第二个总统任期初期试图向最高法院安插支持他的法官之后,他的支持率迅速下滑,我们很快发现,当时几乎每个舍得在图书之类的东西上花十五元的人,都讨厌富兰克林·罗斯福。而且这套书相当沉闷,几乎没什么可以让人读得兴奋的内容。更有甚者,罗森曼非常浪费。他给了我们足以填满十卷的内容发排,等到清样出来后,他再决定取舍,结果印刷厂校对、裁切装订的费用高得吓死人,而我们对此却毫无发言权。

我们印了一万五千套,这个首印量在当时似乎不算过分;但是很快,我们发现要陷入困境了,因为许多图书零售商也因为痛恨罗斯福,连一套书都不订。我们收到的来信里有人这样说:"我一直认为兰登书屋是一家优秀的出版社,但是,我们再也不会买你们出版社的一本书。"对这样的人我回信说:"你们生气的是我们出版了美利坚合众国总统的文献。你们怎敢这么说!"

波士顿的一家著名老牌书店发来这样的订单:"只要你们用罗斯福本人的皮来打包发货,你们有多少我们要多少。"费城有一家很好的书店,他们的图书采购员是罗斯福的崇拜者,我们跟他商定,文集上市当天在书店主层的中央走廊和图书部的显要位置都放一套展示。但第二天书店副总经理就命人将这些书拿掉,他对我们的发行员说:"你们别冲我发火。我可不关心罗斯福怎么样。但是顾客讨厌他。"

毫无疑问,这套文集销售很糟糕,我还从道布尔戴出版社得知他们两卷本的《赫伯特·胡佛政府文件和演讲集》销售也是一败涂地——只卖了大约两千套。我知道罗斯福仍然很乐观,所以琢磨着还是给他泼点冷水为好。我到海德公园对他说:"您知道吗,我有点担心我们这个项目——我认为任何人的文件和演讲集对美国公众都没多少吸引力。"他说:"为何这么说?"我告诉他道布尔戴出版社那套胡佛文集的销售情况,可是他一阵狂笑,猛拍了一下大腿说:"胡佛卖了两千套,这意味着我们将卖掉一百万套!"

结果我们只卖出七千套左右,剩下的就再也卖不动了。书店退回了许多,所以我竭力说服山姆·罗森曼让我们按照成本价卖给图书馆或学校,找几个富有的罗斯福支持者为此埋单。我们只要收回印制成本就行,因为我们已经亏到家了。但是罗森曼不同意。他认为我们应该免费赠书,可我们已经亏得够多了,所以最终就以每套四五块钱的价格卖给专门的批发商,他们回收出版社投资失败的图书,再打折出售。

总统很恼火。他认为我们不该这么做,可又拿不出什么解决问题的建议。他很有钱,却拿足了版税;山姆·罗森曼也是如此。可这些书堆在仓库里很占地方,我们不可能永远堆放下去。

我力图把这一切向罗斯福解释清楚，但他的自尊心受到了伤害。我说："总统先生，我们没法保存这些书。照目前的情况看，我们已经亏了许多钱，现在只要按照每套四五元的价格卖掉四五千套，就还有机会收回两万美元。"我告诉他，所有那些不必要的作者修改让我们苦不堪言。他很生我们的气，从此再也没有邀请我去白宫，甚至把我从他每年的圣诞卡邮寄名单中删掉了。

　　后来，麦克米伦出版社和哈珀出版社分别出版了一套五卷本罗斯福文件，不过他们从我们的经验中汲取了教训。他们只印了几千套，而不是一万五千套，也没有像我们那样搞新闻发布会或浪费钱投放广告、制作单页。但我对这次投资失败一点都不感到后悔。我在海德公园和富兰克林·罗斯福共度了两个周末，还在白宫度了一个周末——这些都是你花钱都买不到的经历。

到一九三九年,哈里·莫尔担任道布尔戴出版社高级编辑已有多年,如果不是该社的掌权者自作聪明地断定哈里·莫尔已经不顶用,逼迫他在五十三岁的黄金年龄辞职,他很有可能在那里一直干到退休。

哈里找我吃午饭谈谈。他说愿意来兰登书屋工作,并表示他和他手头编辑过的作家交情都很好。接下来他报出的一连串作家名字震得我目瞪口呆:头一个就是辛克莱尔·刘易斯,接着是威廉·麦克菲、文森特·希恩和米格农·艾伯哈特。这几个都是他的王牌作者,但他说:"我不能保证他们每个人都会脱离道布尔戴追随我。"我十分尊重他的诚实。我认为他并没有完蛋,值得信赖。结果证明我是对的。

于是哈里加入我们,从此就一直在兰登工作——从他被宣判"完蛋"的一九三九年到大约一九六四年。他是位出色的编辑,还带来了所有他提到过的作家,每一个作家。哈里也是我所认识的最温和、最善良的人之一。从他来到他走,即使他已经老得走不动路,兰登上上下下每一个人都热爱他,尽管人们有时候不得不让着他一点。因为他有点啰嗦,一旦打开了话匣子,你就休想让他停下来。

威廉·麦克菲耳朵重听相当严重,他像许多聋子一样放开嗓门高声说话,而且还有抓住人家耳朵对着耳朵大喊大叫的可笑习惯。每次麦克菲来我们办公室,他就开始冲着哈里的耳朵大声喊,哈里就会奋力让他安静下来。我至今仍记得我们当时被麦克菲和哈里逗得何等开心。这是一对奇妙的组合！麦克菲是个好人，一个老船长。不幸的是，他的写作力渐渐衰退，出的书不再畅销，但他确实写过三本好书——《海上不速之客》《麦塞杜瓦尼船长的女儿》和《命令》——我认为不逊色于康拉德的海洋小说。

文森特·希恩在转投兰登书屋之前，已经出版了他最好的作品《个人史》，但我们后来也出了他的两本畅销书。其中之一是一九四三年的《在雷电与太阳之间》，恐怕比《个人史》的销量还要高。

"二战"期间，希恩当起了战地记者，可他做出的战事预测总是接二连三地失误。倒是他在一九四九年写的关于甘地的书《仁慈的光芒普照吧！》，入选了一九四九年的每月之书俱乐部书目。这本书写得很好，可他为写这本书去印度做研究后，贩回来一大堆疯狂想法。比如，道格拉斯·麦克阿瑟将军英雄回师，公园大道举行了凯旋游行，当我和希恩站在华尔道夫大饭店二十四层楼的窗口时，麦克阿瑟正经过饭店门口。希恩一口咬定道格拉斯·麦克阿瑟远远地向上看到了他，并且跟他通过传心术交流。我这才发现敢情我是跟一个脑子不正常的家伙说话。他沉溺其中越陷越深。我们又出了两本他的小说。他属于那种纪实作品写得很出色却死活要写小说的作家。这两本小说销售奇差，当然，他怪罪于我们。后来，西蒙与舒斯特出版社给了他一大笔钱请他写一本关于奥斯卡·汉默斯坦的书——这个奥斯卡·汉默斯坦不是那个写《俄克拉荷马！》的剧作家，而是他的祖父，那个在十九世纪末建造了哈莱姆歌剧院的老汉默斯坦。我们爽快地同意他投奔西蒙与舒斯特。

哈里·莫尔带过来的最重要的作家是辛克莱尔·刘易斯。我第一次见到刘易斯是在二十世纪三十年代末，当时人人都叫他"赤色分子"。我个人并不喜欢他这个人——我觉得他很难相处，而且酗酒成性，可我喜欢他的书。他最著名的作品——《大街》《巴比特》《阿罗史密斯》《埃尔默·甘特利》《多兹沃斯》——早在二十世纪二十年代就已出版，并使他获得一

辛克莱尔·刘易斯

九三〇年诺贝尔文学奖。之后他的书虽然依旧畅销,但一九四〇年他在道布尔戴出版社出版的最后一本书《贝思尔·麦利蒂》与他早期的作品相比已经大为逊色。

他的下一本小说《吉迪恩·普兰尼什》是他在兰登书屋出版的第一本书。在我们一九四三年的书目上我们预言它将"像刘易斯先生过去的作品一样引发公众热评"。很不幸,我们估计得过于乐观:《吉迪恩·普兰尼什》的销量只能说还过得去,因为它并没有前面提到的那几本书写得那么好。有天晚上我们在一起,大概就是《吉迪恩·普兰尼什》出版之时,他提出一种有趣的写作理论。他觉得他的写作在二十世纪三十年代不太振作,是因为他和多萝西·汤普森结婚后,听从了她的劝告,请专业打字员打他书稿的终稿。现在他悔不该听她的劝,因为他相信如果作家不是由他本人打出作品的清样——一边打字一边修改润色——他就会对作品丧失部分控制力。也许他说得有道理,因为威廉·福克纳和约翰·奥哈拉都是自己打字的。

在经历了十年的婚姻生活后,"赤色分子"于一九三八年与多萝西·汤姆森分手,但即使在他身边又有一个姑娘之后,他仍对前妻耿耿于怀。那个姑娘名叫玛塞拉·鲍尔斯,年方十八,一心想当演员。"赤色分子"一辈子都疯狂地爱着她。我猜他们之间巨大的年龄差距令他感到尴尬:当他第一次带她外出社交时他跟别人介绍她是其"侄女"。不过他很快克服了这种尴尬。她好几次离开他,但总是被他使花招而回心转意,比如把玛塞拉的妈妈接到他家里住,这样玛塞拉就只能上门来找他。不过最终她还是离开了他,再也没有回来。和玛塞拉在一起的那些年,"赤色分子"把酒戒了。

刘易斯后半生的所有作品都在兰登书屋出版。尽管他可能会极其暴躁,动不动就发火,菲丽丝和我都渐渐喜欢上他了。他很孤独,而这种孤独又往往是他自己造成的。比如说,他放话出去,说他不愿见人,可当人

辛克莱尔·刘易斯和玛塞拉·鲍尔斯

们真把他的话当回事，不来看他时，他又感到伤心，这样就把自己孤立了。在马萨诸塞州的威廉姆斯镇就发生了这样的情况。他在那里买了一套避暑别墅。"赤色分子"刚到那儿，就在书店里扬言，他不希望当地的名人打扰他，他来此地是为了工作而不是为了招待他们。这个消息很快就在威廉姆斯学院的教师中传遍了，于是他们就让他彻底孤立——这显然令他很失望，因为我们有一次去看他时，他狠狠地抱怨当地教师们的势利眼，说他们居然无礼地一次都不来拜访他，甚至一点都没头脑，想不起利用他这个当世最伟大的作家就在他们中间这个好机会。

在二十世纪四十年代中期，"赤色分子"写出了两部表现堪比他二十年代的作品——如果仅仅看销量而不是质量的话。一九四五年的《海棠春怨》入选了每月之书俱乐部书目，成为畅销书；还被改编成热门电影，由斯宾塞·特雷西和拉娜·特纳主演。两年后，他描写种族歧视的小说《王室血统》入选文学公会俱乐部书目，仅我们的市场版销量就超过十万册。一时间，这个"赤色分子"似乎重整旗鼓，要恢复他往日的威风了。

但是，好景不长。一九四八年秋，他拿出了《寻找上帝的人》的书稿，这是一部以十九世纪中期的明尼苏达州为背景的历史小说，结果证明它的销量比《贝思尔·麦利蒂》还糟糕。

那年秋天，就在他坐船去意大利前夕，"赤色分子"到我们家过夜。我们三人在家里刚静静地吃完晚餐，鲍勃·哈斯打电话来说比尔·福克纳晚上和他们在一起，问我们是否愿意一起聚聚。我满以为"赤色分子"会很乐意听到我说"好"，问也没问他就答应了。可"赤色分子"说："不行，贝内特，这个晚上属于我。你干了这么多年出版，难道不明白我今晚不想和别的什么作家在一起吗？"于是我只得给鲍勃回电话取消了赴约。

我们坐着聊了一会儿；"赤色分子"明天天一亮就得起床，于是他跟我们道了晚安，上了四楼的客房。由于此时还很早，我和菲丽丝在与"赤色分子"隔着两层的客厅里坐着，突然他朝着楼梯井往下喊："贝内特！贝内特！"我们担心出了什么事，我冲上楼梯叫道："怎么了？"他说："我只是确定一下你们没有溜出去找福克纳。"

"赤色分子"在意大利待了大约六个月,在那里他又开始酗酒。回国后他直接去了威廉姆斯镇,迅速完成了一部小说《露西·杰德》。我简直难以形容它写得有多烂。我是在七月到威廉姆斯镇拜访他的,只好在那里读这部小说。有时候他就坐在我对面看着我读。在这种情况下我很难告诉他我对小说的看法。但我还是说了,他对此很不高兴。他已经把小说的杂志版权卖给了《大都会》的赫伯特·梅耶斯,说他要让梅耶斯读一下,看他怎么说。结果梅耶斯告诉他小说比我的评价还要低。"赤色分子"居然同意重写。不过他被我们的批评气得不轻,又拿出烈酒狂饮起来,最后不得不采取医疗手段来帮助他戒酒。

恢复正常后,"赤色分子"决心出国。一九四九年九月七日,他再次动身赴欧洲。就在他起航前,我们在韦林饭店一起吃午餐。这是我最后一次见到他——也是他在祖国的最后一天。在欧洲,由于酗酒越来越厉害,他的健康状况也日渐恶化。一九五一年一月,他在罗马去世。不过他还是设法完成了最后一部小说的改写工作。他去世两个月后,我们用新的书名《世界如此宽广》出版了这部小说。

我必须说,这个修改的版本就跟修改前一样糟糕。它被评论家的唾沫淹死了。这是一个作家写作时间太长的典型案例。他最后的两部小说写得都很差,本不该出版,但你如何才能让一位曾经成功的作家在他仍然愿意写的时候停止写作?在这些情况下评论家总是怪罪于出版者,说我们没有拒绝某个作家的这部或那部作品,反而害了他。但每个熟悉文学世界的人都应该知道,即便我们退了某个名气很大的作家的书稿,总有别家出版社出版它,而我们也将因此破坏了我们与作家可能已经很密切的长期合作关系。

一九四九年圣诞节前,也就是"赤色分子"刘易斯做最后一次旅行之后不久,我和菲丽丝去赫伯特·梅耶斯在斯坦福德的住所参加聚会。当时赫伯特是《好管家》杂志的编辑,同时也为《大都会》杂志组稿,他正准备在《大都会》杂志刊发海明威的新小说《过河入林》，就给我看他已经收到的部分书稿。故事开始不久叙述者就描绘了在威尼斯的哈里酒吧发生的一幕场景：一个男人坐在桌边——这人显然是"赤色分子"刘易斯——叙述者集中了最下流的词汇形容他的长相。"赤色分子"长期患有一种难以根治的皮肤病，这种病令他的脸坑坑洼洼的。他对此极为敏感，如果他读到这么恶毒的场景描写，对他的影响肯定是很严重的。我不知道他是否看过这一片断——马克·绍拉在他写的刘易斯传记里说刘易斯未必看过——但我仍记得我当时看到这一幕时是多么愤怒。

我还记得第一次见到欧内斯特·海明威时是何等的兴奋。一个接待员报告说他正在我们出版社的门厅里，我的第一反应是一定有人在跟我开玩笑。但确实是欧内斯特·海明威，他顺便过来友好地拜访一下。我们收入"现代文库"的《太阳照样升起》和《永别了，武器》都卖了数千本，他途经我们出版社，决定进来道声好。

海明威去世几年之后，当 A.E.霍奇纳提出想写一本关于他的书时，我们对海明威的兴趣大增。我们已经出过一本霍奇纳相当重要的小说，但他现在把他和海明威深厚的友谊告诉了我，并说他想写写与海明威一起从意大利里维埃拉到西班牙旅行约一个月的故事。它多少可以跟海明威自己写的《流动的盛宴》相比，写得刻薄而卖得很好的《流动的盛宴》记述的是海明威与 F.司各特·菲茨杰拉德的旅行。根据霍奇纳的描述，我们可以断定这也将是一本颇为刻薄的书。我提出疑问，这么写是否妥当，能否保持格调？但是正如霍奇纳指出的，海明威不仅对菲茨杰拉德，对格特鲁德·斯泰因、辛克莱尔·刘易斯等朋友都写过恶毒攻击的话，那为何不能这样对海明威呢？在海明威生前最后一年，他形成了许多丑陋而令人生厌的性格特征，还常常因为他那些"海爸爸"的习气而出丑。丽莲·罗斯已经在她为《纽约客》杂志写的奉承海明威的文章中不经意地揭露了这些缺点。所以我们说："动手吧。"于是，霍奇纳把他关于海明威的故事扩写成一本书，一直写到他的崩溃，以及最终他因为神志失常而自杀。

我们于一九六六年出版了这本《海爸爸》,它入选了每月之书俱乐部书目,非常畅销。海明威太太,也就是海明威的遗孀、他的第四任夫人气坏了,说关于她丈夫的故事都是她独享的文学财产,这真是世上荒唐绝顶的权利要求。她还起诉了,当然,她的官司一路打到州高等法院都被驳回。

《纽约客》杂志的创始人哈罗德·罗斯是我的挚友。我认为,他是美国最伟大的杂志编辑。他是个奇怪的混合体:人们也许会想象《纽约客》杂志的主编是一位优雅的绅士,但哈罗德永远都是一副从来自索克森特的火车下来的样子;他是个老天真又拘谨得很,从不允许《纽约客》出现一个下流字眼。任何淫秽的东西都会被他删掉,这就经常导致他与亚历山大·伍尔考特发生冲突,因为后者总是试图偷偷塞进一些不那么正经的短篇小说。

　　出版商们很快敏锐地发现,《纽约客》具有挖掘有才气的文学新人的作用,所以一旦罗斯发现一个,立刻就有十六个出版商追着他。当然他是要抱怨的,也因此而抱怨别的任何事。

　　我是通过哈罗德认识金吉尔·罗杰斯的。他很喜欢她,并且与她母亲莱拉·罗杰斯也是好朋友。尽管罗斯习惯了让别人从头到脚迁就他,并且每个人都怕他怕得要死,金吉尔却只当他是一个可以开开玩笑、嘲笑并且一起嬉笑的对象。她会忘记跟他的约会,或者迟到一个半小时,而他说:"没关系。"对此罗斯绝对心平气和。要是换了别人,哪怕迟到五分钟他都会大喊大叫。金吉尔却是例外。她真了不起。

　　哈罗德·罗斯偶尔也会和我一起去看戏。他会带上金吉尔,而我则带着当月新交的女朋友。我还在他位于斯坦福德的房子度过好几个周

178

末,其中一次结果证明是我的一桩历史性事件。那是一九三九年七月十五日,我开车载上罗斯就驶往乔治·拜家。拜是埃莉诺·罗斯福的文学经纪人,这天盛大的野餐会就是他特意为她举办的。

罗斯跟我说过,莱拉·罗杰斯要来度周末,随行还带一个姑娘,用他的话说就是"金吉尔的小表妹"。那天很热,下午我们回到斯坦福德时,只见人人都穿着游泳衣待在湖边——"小表妹"穿着一件小小的红白格子游泳衣。毫无疑问,她是我在很长很长时间里所见到的最俊俏的姑娘。罗斯说:"这是菲丽丝·弗雷泽。"我径直走过去吻了她一下,她挥手给了我一巴掌。我们就是这样相识的,我是个鲁莽的家伙。第二天我们在罗斯家懒懒散散地打发时间,打羽毛球、槌球,下跳棋、双陆棋。自然,我迷上了菲丽丝,大多数时间都在跟她说话。

当时她才二十三岁。我得知她在密苏里州的堪萨斯城出生,但两岁时她母亲带她搬到了俄克拉荷马市,十四岁那年,她姨妈莱拉和表姐金吉尔带她到好莱坞和她们一起住。菲丽丝和金吉尔从小就好得像亲姐妹一样,至今依然如此。

在好莱坞,菲丽丝当上了童星,出演过好几部电影。但她是个很聪明的女孩,当时就意识到自己能在片中扮演角色只是因为她可爱,而不是因为有很高的表演天赋。而且,她也不喜欢当演员。她开始写作并且向电影杂志投稿。之后她决定去纽约,并在那里的麦肯光明广告公司广播部找到一份工作。我遇到她时,她正在制作两部白天播出的热门广播连续剧,一部是与约瑟芬·霍尔合作(霍尔曾演过电影《砒与烈酒》,是个有意思的瘦小女人),另一部是与约瑟夫·考顿和玛莎·斯考特。菲丽丝是制作节目的编辑,干得极为出色。

不久我们的关系就升温了。我并没有立即停止与其他女孩子交往,但开始单独约菲丽丝出去。相识大约一星期后,我们第一次约会,我请她去纽约世界博览会匈牙利馆吃晚饭,后来又去博览会上的热门场馆法国

菲丽丝·弗雷泽

馆,那里是餐厅老板亨利·苏雷①生意的开端,也是菲丽丝与贝内特爱情的起点。我们后来经常光顾苏雷先生的餐厅。

然后我开始带她见我的朋友们。我感到有点不好意思,因为她看上去还像个小姑娘,最多十八岁,很多人为此跟我开玩笑。她娇小,安静,可爱。我所有的朋友一见到她就都喜欢她,而他们以前见到我其他几个交往的姑娘,反应可不一样。他们马上对我说:"这姑娘适合你。你找到了

① 亨利·苏雷,法国名厨,一九三九年法国政府派其参加纽约世博会,在法国馆开法式餐厅,生意火爆。世博会后他留在纽约,开办餐厅 Le Pavilion,法国菜从此在美国大受欢迎。有人说:"在亨利·苏雷之前,美国没有美食。"

意中人。"我对此也毫不怀疑,娶她是迟早的事。

我带她去见乔治·考夫曼的时候提心吊胆的,因为我向来就有点怕见他。他是个好人,但他脾气暴躁,尖刻挖苦的评论会让人紧张不安。在去巴克斯县考夫曼夫妇家的路上,我反复告诉菲丽丝:"嗯,不用怕乔治·考夫曼。"我们到达时,考夫曼已经站在门廊上等候。他听见我们驶上汽车道的声音了。菲丽丝走出车,乔治就说:"这就是菲丽丝吧。"他展开双臂,菲丽丝迎上前去。毕翠丝也喜欢他。那天菲丽丝还见到了在我们的生活中扮演重要角色的另一个人——莫斯·哈特,他就住在附近,正与乔治一起创作剧本《乔治·华盛顿长眠于此》。莫斯和菲丽丝一见如故,这对我很重要,因为我很尊敬他。至今每当我想起他,我的眼眶仍会湿润。

菲丽丝与我见面的次数越来越频繁,但我仍在思想斗争,因为我还没完全从一段短暂而不安稳的婚姻中恢复过来,所以尤其不想在那段时期重蹈覆辙。一九三五年我与西尔维娅·西德尼①结婚,可连蜜月还没度完,我就意识到自己绝对不适合当一位电影明星的丈夫。我们曾打好如意算盘,西尔维娅半年时间在纽约和我在一起生活,另外半年在好莱坞拍戏;但我们很快就明白,这种安排是何等荒唐而不现实。一个女明星必须把事业放在首位,于是她的丈夫就退居次位了。这段婚姻只维持了不足一年。

娶一个像西尔维娅这样的姑娘再离婚,造成的一个坏结果是你无法迅速忘却。我能在一段时间内不想起她,但你在街上拐一个弯,就会看到派拉蒙公司的剧院前拉起三层楼高的条幅,上面是西尔维娅·西德尼的照片。或者一打开报纸,就看到她正在拍摄的新电影中美艳绝伦的大幅剧照。我甚至还会看到某些关于我本人的报道——即使这段婚姻已经结束三年——永远都是说"贝内特·瑟夫,西尔维娅·西德尼的前夫",这总令我气得发疯。渐渐的,这种标签消失了,而我对她的记忆也随之消

---

① 西尔维娅·西德尼(1910—1990),好莱坞著名影星。

失……那些令人伤心痛苦的往事。

我想当你经历过这种事情就能明白:有很长一段时间,种种思绪会不由自主地冒出来萦绕在你心头——你们曾同去的地方,共度的假期——接着当你摆脱了这一切自己却不愿承认,又故意把尘封的记忆挖出来,说:"我看我还会痛苦一阵。"就如同将一张唱片放在留声机上播放。这不是不自觉的,而是故意的。我很了解自己,很快就发现自己在找罪受,心想:"好啦,你……别再自我怜悯啦,你这个笨蛋。你这么做只是为了自娱自乐。"

遇到菲丽丝才令我完全恢复了正常。我爱她,爱得发狂,但我也害怕——真的害怕。她比我年轻很多,小十七岁左右,这是很大的年龄差距。但最终我还是决心抛开害怕之心。我们于一九四〇年九月十七日在夏日的纽约市政厅结婚,市长费奥莱罗·拉·瓜迪亚主持了婚礼。婚礼很隆重,也很完美。

我们结婚时,我在中央公园南边的纳法鲁区已有一套特别为我设计的漂亮公寓。它有四个房间,对于我们来说,这在短期内是够大的了。父亲住在我家楼上我买给他的小公寓里。菲丽丝常常为爸爸和我做早餐。到十二月圣诞节来临的时节——爸爸和我从没弄过圣诞树之类的东西——菲丽丝开始准备圣诞树了,而我发现自己原来很喜欢这玩意儿。一向细腻敏感的爸爸,在圣诞树下放了一支小蜡烛送给菲丽丝,暗示他想要个小孙儿。

他不知道,其实小孙儿已经在娘胎里了。我们开始到处寻找新房子,因为有了孩子,现在的公寓就不够住了。一天,内萨·麦克梅恩说:"你们为何不买一幢房子呢?"不知为何我们从没想过这个问题,但幸运的是,很快就有人带我们看了一幢房子,我们非常满意,买下以后一直住到今天。

我们第一个儿子克里斯生于八月,两个月后,我爸爸去世了。新生活开始了。

起初,菲丽丝对我似乎很亲密的朋友到底有多少感到很困惑。事实上，其中许多人我一年都只见一两次面，但他们仍然是我的好朋友。很快，她就从中挑选了她最喜欢的人，而他们从此之后也成了我们最亲密的朋友。

很快就看得出来，我们的所有作者都喜欢菲丽丝，因为她热情、聪颖、有魅力。（当然，她起初忙着照料小宝宝，过了五年，乔纳森也降生了。）她的判断力在许多方面都无可挑剔。她不会假装熟悉严肃文学，也不会装出了解欧洲现代派的样子，但是对于美国小说和非虚构作品，她的欣赏水平是一流的。我开始越来越信任她对书稿的判断，每当碰到某个我拿不准但估计她可能会感兴趣的书稿时，我就焦急地等待她的首肯。正是她令我们签下了马乔里·克雷格的《二十一天健美操》，这本介绍一种很棒的健身操的书非常畅销，我和菲丽丝每天都按部就班地照它健身，令我们的身材都保持得很好。

我们婚后不久，她和我舅舅赫伯特·怀斯一起为兰登书屋主编了一本《恐怖玄幻故事集》，这也许是同类故事集中最好的一本，非常畅销。

也正是菲丽丝，令我后来认真考虑介入童书出版。她觉得我们没有出过能够帮助我们的孩子拓展他们课外知识的图书。当我开始为克里斯托弗和乔纳森读书，乃至和他们一起读书时，我意识到她的观点是多么的正确，但我个人仍然不怎么涉足童书，直到克里斯托弗到了可以自己阅读的阶段。现在的兰登书屋童书部已经是美国最大、大概也是最好的童书出版机构之一，这不得不归功于菲丽丝、我们的儿子乔纳森和克里斯，当然还有我们出色的童书编辑路易丝·波尼诺和精通发行的刘·米勒以及后来的鲍勃·伯恩斯坦。当路易丝随着史密斯与哈斯出版社和我们合并而加盟兰登时，她是鲍勃·哈斯的秘书，同时兼任童书编辑，这类书真算得上是"富有阶层的读物"。虽然他们已经出版了由罗伯特·哈斯可爱的妻子梅尔从法文翻译的三本小象巴巴尔系列，但整个童书出版规模还不大。当时，除了经典作品，童书并不是很赚钱的出版门类，几乎没有作家能够以童书创作为谋生的事业。

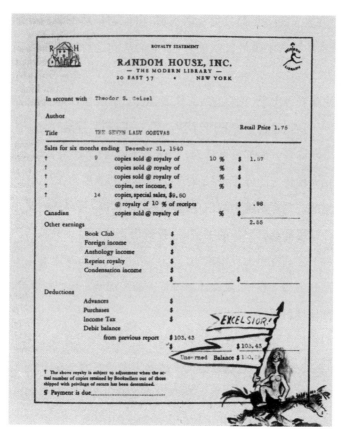

被苏斯博士画上漫画的版税结算报告

我个人为兰登书屋签约的第一本童书是现在已经很有名的"苏斯博士"西奥多·盖泽尔写的。他已经在先锋出版社出版过两本书,但他一九三九年交给我们出版的这一本《七位戈黛娃夫人》本意是为成年读者写的,很遗憾,没有成年读者对它有兴趣。同一年,我们出版了他的童书《国王的高跷》,销路也不太好。接下来一九四〇年出版的《霍尔登孵鸡蛋》,成为泰德①在兰登书屋出版的许多畅销书中第一本走红的。他的《帽子里的猫》给了菲丽丝启发,她邀请泰德和他妻子海伦一起成立一家新出版社,出版针对刚开始学习阅读的孩子的读物。于是三人成立了一家独立

————————————

① 泰德是西奥多的昵称。

一九六二年十月，瑟夫给"苏斯博士"西奥多·盖泽尔颁发"Outgo J. Schmierkase"奖，表彰他二十五年辉煌的创作成就

的公司，他们自任编辑、出版人。兰登书屋负责发行——唐纳德和我，以及刘·米勒，每人出资买了一小部分股份，还有路易丝、我们的印务雷·弗雷曼和财务曼妮·哈珀。后来，菲丽丝把一部分股份送给鲍勃·伯恩斯坦，但占股份大头的还是海伦、泰德和菲丽丝。他们把出版社命名为"初学读物"。两年后，初学读物出版社盈利可观，我想将其纳入兰登书屋旗下。菲丽丝并不想把出版社卖掉，但其他人对转让股份的收益很感兴趣，于是我们收购了他们的出版社，它就成为兰登书屋的全资子公司。

菲丽丝最终退出了初学读物出版社，开始自己规划两个书系：一个是讲述真实事件、比"初学读物"程度高一点的"提高"丛书，另一个叫"一起读"丛书，这是针对还需要家长抱在膝头一起读书的孩子的。菲丽丝在这些方面是个天才,她非常注意了解孩子的心理。而且做任何事情,她都让我们的两个孩子克里斯和乔纳森参与进来。孩子们放暑假时,我就带他们到公司当跑腿的信使。通过这种方式,他们了解了兰登书屋上上下下所有环节,包括我们工作人员的名字和工作职责。我还记得克里斯大约八岁时,有个出租车司机问他长大以后想干什么,他答道:"我要当出版家,因为他们干的所有事情就是整天说笑。"我对他从未改变从小的志向而感到欣慰,但我想日后他在兰登在职的训练所教给他的,更多的是出版而不是说笑。

一九六一年五月四日,贝内特被《哈佛讽刺》聘为荣誉编辑。中间者为马歇尔·菲尔德和迈克尔·弗里斯。

克里斯还在哈佛大学念书时，我就分派给他一个任务，让他对"现代文库"历年的总销售做一个调查。克里斯由此了解了这套丛书的所有情况，我们也发现原来有些我们喜欢的图书销售并没有我们料想的那么好。菲丽丝则说服乔纳森跟她一起办一份面向纽约中小学的报纸，她和杰生·爱泼斯坦都想尝试；这份报纸并不赚钱，但乔纳森从中学到了许多。当他从哈佛大学毕业、开始在学校教书时，这一宝贵经历对他帮助很大——他在那里遇见了美丽的美术女教师罗珊娜·诺维克，后来与她结婚，颇得我心。克里斯哈佛毕业后，就和好朋友迈克·弗瑞斯一起，郑重其事来到兰登书屋工作。迈克跟着菲丽丝干，克里斯则参与我们另一个青少年书系"新生"的编辑工作，干得挺不错。

　　丛书对于出版社来说是赚钱的项目，因为如果一个孩子喜欢一本，就会再到书店买丛书中的其他品种。比如沃尔特·法利的马系列，埃拉·弗里曼和麦克·弗里曼夫妇的科学书系，还有秀兰·邓波儿故事系列，阿尔弗雷德·希区柯克推理和鬼怪故事系列，"奇迹"丛书，"新生代"丛书，"沙洲"丛书以及我特别喜欢的"里程碑"丛书，情形都是如此，我们屡试不爽。

　　我们的儿子克里斯建议我们为"里程碑"丛书的每一卷编号，这样孩子们看完一卷就知道还有其他卷。这是个非常好的建议。事实上，整套"里程碑"丛书的点子还得归功于他。那是在一九四八年夏天，克里斯七岁，乔纳森两岁。我们去位于普罗温斯敦和巴恩斯特布尔之间的科德角①度假，住在海湾旁的房子里。一天，我正和克里斯坐在沙滩上，乔纳森在附近什么地方玩。我问克里斯知不知道我们此刻正坐在当年首批英国清教徒踏上美洲大陆的地方。克里斯在课堂上学到的知识跟我说的不同，他说："你错啦，爸爸。他们是在普利茅斯圣岩登陆的。"我说："最早不是在普利茅斯圣岩登陆的，他们先在这里待了两个星期左右。"看得出来，

---

① 普罗温斯敦、巴恩斯特布尔、科德角均为马萨诸塞州地名。

克里斯并不相信我说的话。于是我说:"走,我们去书店,给你买一本这方面的书看看。"

乔纳森、贝内特、菲丽丝和克里斯托弗

普罗温斯敦的书店是由保罗·史密斯和本妮·史密斯开的,只在夏天开放,他们在北卡罗莱纳大学的教堂山上还有一家书店,冬天他们就去那里。书店是一流的,因为他们都是真正的爱书人。走进书店,我问保罗:"我想看看你们这里所有关于英国清教徒登陆美洲的儿童书。"保罗说:"我们一本都没有。"我说:"什么意思?在普罗温斯敦你们居然没有关于清教徒登陆的书?"他说:"我们没有的理由很充分。因为市面上就没有这种书。"这真是令人难以置信,但确实如此。

我开始考虑这个问题。我突然想到应该出一套书,每一本介绍美国历史上的一个重要片断。当我们离开普罗温斯敦时,我已经想出了丛书的首批十种,总称"里程碑"丛书。我还决定不请童书作家,而是请美国顶尖的作家来写。

我跟路易丝·波尼诺讨论这套丛书时,她有些疑虑。她说:"首先,你没法让那些大作家来为小孩子写书。其次,整本书都讲英国清教徒登陆美洲,或者第一条横跨大陆的铁路之类的单一主题,我吃不准市场需求到底有多大。"

我一个接一个地找作者谈,每一个都抢着要得到这个写作机会。他们都认为这是一个好点子。这套丛书的关键人物是多萝西·坎菲尔德·费什,她不仅是位杰出的小说家,还是著名的儿童心理专家和每月之书俱乐部的评委。鲍勃·哈斯在佛蒙特有一栋房子,就在费什家隔壁。他们私交很好。我很想请费什女士写其中一本。但鲍勃说:"她很忙。我觉得你不该打扰她。"我不顾鲍勃的担忧,还是约多萝西一起吃午饭。我把我的想法告诉她,然后说:"多萝西,我的梦想是你能为我们写一本。"她说:"就写其中一本?你都把首批十本书的选题给我看了,我要写两本!"听到这话,我差点从椅子上摔下来。

她写了一本关于《独立宣言》与美国宪法的,还有一本讲述的是独立战争时期的英雄保尔·莱佛尔和民兵的故事。首批十本中还有一本塞缪尔·霍普金斯·亚当斯写的《快马邮递》①,是最畅销的一种。所以塞缪尔后来又写了《圣塔菲小道》②和《伊利运河》③。"里程碑"丛书一炮走红。

---

① 快马邮递:十九世纪中叶,美国西海岸发现金矿,东岸居民大批西迁淘金。当时,东西部之间联系日益频繁,信件从东到西绕道运输要花四个星期,所以亟待开辟直达的邮路。一八六〇年四月,商人罗素等承办这项业务。邮路从密苏里州的圣约瑟夫到加利福尼亚州的圣克利门托,全线三千多公里,横贯美洲大陆,沿途设九十个驿站,招募百名青年骑手。这条邮路要经过雪封的高山和广袤的沙漠,还要应付沿途的盗匪,骑手随身携带枪支上路,相当冒险,但勇敢的骑手只用十天就完成邮运任务。这就是美国历史上著名的"快马邮递"。

② 圣塔菲小道,美国历史上自密苏里州到新墨西哥州圣塔菲的著名篷车小道。一八二一年,圣塔菲小道开放给国际贸易者使用,美国移民开始移入新墨西哥。

③ 伊利运河,美国历史上著名的运河,建成于一八二五年,它通过哈得逊河将北美五大湖与纽约市连接起来,令纽约逐渐成为贸易中心。伊利运河对美国向西部进军、美国的形成、南北战争的胜败,以及当今美国国土的状况都有巨大影响。

随着规模日渐扩大,越来越多的著名作家乐意参与写作。连电视上翻来覆去放映的西部片都能激发人们了解美国历史知识的渴求。例如,当丹尼尔·布恩①风靡的时候,我们请约翰·梅森·布朗②为"里程碑"丛书写了一本《丹尼尔·布恩》。这本书成千上万册地卖,至今仍是丛书中最畅销的一种。

接着我们又想出了出版"关于一切"丛书的点子——《关于天气的一切》《关于星星的一切》《关于海洋的一切》——也都销量火爆。当时,电视方兴未艾,孩子们从电视上看到星星、大海、天气等等新鲜事物感到好奇,开始问这问那的。除了关于美国历史的"里程碑"丛书,我们还策划了"世界里程碑"丛书;到二十世纪六十年代中期,这两套丛书总共加起来已经有近两百种可供品种,其中的作者包括著名记者威廉·L.谢勒、昆丁·雷诺兹、约翰·根舍、罗伯特·康西丁、理查德·特雷加斯奇斯和文森特·希恩。他们之中不少人还为我们写过关于"二战"的书。

---

① 丹尼尔·布恩(1734—1820),美国十八世纪西部拓荒年代的传奇英雄。
② 约翰·梅森·布朗(1900—1969),美国文学评论家。

战争在欧洲爆发时,我和唐纳德已经合伙干了大约十五年。一开始,战争对我们这个国家或我们的生意几乎没有影响,兰登书屋的新书目录跟几年前也差不多。一九四一年春天,我们出版了两本热门畅销书——巴德·舒尔伯格的《山米为何奔跑?》和萨莉·班森的《少女》,还有威廉·麦克菲、米格农·埃伯哈特、W.H.奥登、路易·麦克尼斯等人的作品。我们还推出了《亚里士多德作品精选》和大量百老汇新剧本。但是,战争的气息已经开始在我们的书目上显现,比如埃德加·斯诺的《为亚洲而战》,约翰·斯特拉奇的《战斗的信念》,昆丁·雷诺兹的伦敦大轰炸目击记《伦敦日记》。

　　随后便是那个我们永远都不会忘记的星期天下午。当时,每月之书俱乐部的老板哈利·谢尔曼和他妻子伯纳丁已经成为我们的密友。(我们于一九三八年出版了哈利·谢尔曼写的书《人赖以生存的希望》,很畅销。)那个星期天,我和菲丽丝坐在谢尔曼夫妇位于新泽西州的家里打桥牌,正争着谁打一盘,有人打来电话告诉我们,珍珠港遭到轰炸。我们都觉得,我们刚才为那么小的事情争个不休而全然不知发生了如此可怕的震惊世界的事件,是多么愚蠢。

　　现在,我们也参战了。虽然已经三十八岁,唐纳德还是立刻申请到空军服役。于是,唐纳德·克劳弗尔少校于一九四二年去了英国,直至战争

每月之书俱乐部的
老板哈利·谢尔曼和他
妻子伯纳丁

结束。他的年龄刚好够格——他的军官同僚们叫他"老爸"(影星吉米·斯图尔特就是其中之一)。而我,已经超过服兵役的年龄——一九四一年我四十三岁了——只能待在"家"里看"店",事实上,这也不是轻松活儿。

局势的发展令每一个人都迅速明白,我们的参战将带来深刻的变化,变化的不仅仅是美国人总体的生活,还有个人的生活;但究竟会发生怎样的变化,谁也不可能预见,人们都很担心。一开始,局势对我们国家和同盟国非常不利,因为独裁者往往事先做好了准备而我们这样热爱自由的人民就被打个措手不及。直至我们迎头赶上,才摆脱了深陷的困境。出版人们都密切关注着战局,举棋不定。大萧条时代我们都挺过来了,可现在人人都全神贯注于战事,局势的发展牵动着他们的神经,人们还会读书吗?不多久,我们得到了答案。

一股以战争为主题的写作潮迅速兴起,我们成功地抓住了其中一些最出色的书稿。第一本真正的热门书是《从苏伊士运河到新加坡》,讲述的是英国两艘最大最新的主力战舰"威尔士亲王"号和"反击"号在珍珠港

唐纳德·克劳弗尔少校

事变几天后沉没的事件。那是盟国历史上黑色的一天,也是日本人大获全胜的一天,从此他们可以没有任何障碍地进入新加坡,果然,两个月后他们就占领了新加坡。

该书的作者塞西尔·布朗是美国广播公司电台驻远东记者,"反击"号沉没时他恰好在船上,他的广播报道受到了广泛关注。我没听过他的节目,但正在旷日持久地拍摄电影《与父亲一起生活》的霍华德·林赛和他妻子多萝西·斯蒂克尼,每天都等到深夜听布朗的专电报道。所以他们一跟我介绍布朗的报道多么出色,我就马上给他发了封电报说"我们要出你的书"。我以为他十之八九收不到电报,结果却收到了;他就委托他妻子玛莎来找我签约。

《从苏伊士运河到新加坡》一出版就成为畅销书。塞西尔于一九四二年十月回到纽约,并于新书首发那天和我们相聚。那就像庆祝一出戏首演。布朗夫妇和瑟夫夫妇在鹳鸟夜总会共进晚餐,然后像演员一样,等待着《纽约时报》上出现什么评论。吃完饭,我们一直走到第三大道、第五十九街,才发现一个还开着的书报亭。《纽约时报》刊登了一篇盛赞该书的评论,我们四人真是高兴得在马路上手舞足蹈。

几个月后我们又出版了《瓜岛日记》①,这是一个证明出版充满活力的典型例子。该书作者理查德·特雷加斯奇斯是国际新闻社的记者,他的文章由金氏特写社代理。金氏特写社的老总沃德·格林作为经纪人,准备了好几份理查德的书稿,同时送给九家出版社审阅,要求他们竞标——这是前所未有的做法。

就在前一天,我刚刚说过第一本关于瓜岛战役的书肯定走红,因为瓜岛战役是战争转折的标志,接着这份书稿就于一九四二年十一月十一日来了。我把它带回家,马上就读,第二天早上九点钟就打电话给沃德·格林说:"这本书我要定了。"所以在其他八家出版社开始读书稿前我们就签约了。这书只是一本每天写的日记,作者毫无名气,但在我们买下版权一星期之内,它就被每月之书俱乐部选中;接着,在我们于一九四三年一月十八日赶出书之前,二十世纪福克斯公司买下了电影版权。这是兰登书屋第一本销量突破十万册的书。

---

① 瓜岛,是瓜达尔卡纳尔岛的简称,位于太平洋所罗门群岛东南端,它位居澳大利亚门户,并且临近日本,地理位置极为重要。二战期间,围绕着瓜岛的争夺,一九四二年日美双方在六个月的时间里进行大小海战三十余次,双方伤亡惨重。

我们加紧制作《瓜岛日记》的时候，已经把另一本可能更轰动的战争题材书稿锁在办公室保险箱里，但是由于国防安全原因，这本书我们根本没法赶出来。它就是《东京上空三十秒》，讲的是一九四二年四月十八日在詹姆斯·杜立特将军的指挥下轰炸东京的著名飞行英雄群体的故事。这本书是由记者罗伯特·康西丁协助作者泰德·劳森写的，劳森是参加这场轰炸的飞行员。他的飞机是受损后在中国降落的飞机之一。和许多其他人一样，他被友好的中国人带到了安全的地方。泰德的一条腿在飞机受损时也受了重伤，在得到适当治疗前伤口感染了，只得截肢。

我们在别人得知消息之前早就拿到了书稿，尽管许多人已经开始猜测，那些发动突袭轰炸的飞机是从航空母舰上起飞的。罗斯福总统说了他后来经常被引用的话，说它们来自詹姆斯·希尔顿的小说《失去的地平线》中那个想象的国土"香格里拉"。我们得到通知，在获得空军许可之前不得出版这本书，当然，他们要在确保所有飞行人员安全或明确下落之后才能把捂着的盖子掀开。

摆在我们面前的是一本惊险得令人毛发直竖的好书，却不许我们出版。我必须保密，可又嘴痒难耐。我向来不太善于保守秘密，但这次我没有漏出风声，因为书中的所有细节都是最高机密。最后，一九四三年四月二十日——空袭一年之后，也就是我们得到书稿几个月后——空军才发布正式公告，我们解禁了，可以在六月出版《东京上空三十秒》。这样我们又有了一本入选每月之书俱乐部的畅销书。这一次，我们首印就达到十万册。

到一九四二年秋，我和罗伯特·康西丁已经很熟了，他跟我说想和一位名叫山米·舒尔曼的摄影师合作写一本书。舒尔曼跑遍了全世界，追随每一个大人物，真是无处不在，有一次罗斯福总统在北非与丘吉尔召开一次重要会议时，甚至环顾四周问："山米在哪儿？"——因为他已经看惯了山米在场。于是，鲍勃·康西丁最终定的书名就是《山米在哪儿？》。

一天下午，我们约了舒尔曼见面，准备签约。结果那天令鲍勃和我都毕生难忘,因为我说我已经答应理查德·罗杰斯去看他和奥斯卡·汉默斯坦合作的一出新戏的试演。戏剧公会正在制作该戏,忙着找赞助人呢。我对鲍勃说:"他们找了一些阔人看戏,可能很好玩,我们晚点再和舒尔曼见面吧。"于是,我们去看了音乐剧《我们离开》(到该剧在波士顿上演的时候已经改名《俄克拉荷马!》)。当他们唱着"哦,多么美妙的早晨","轻便马车的顶饰","人们会说我们相爱了",我们兀自坐着。公会在拼命募资。我和鲍勃当时如果能在这出戏上投个几千块,就发财啦。可我们没有投。我们从没想到要投资。因为首先,唐纳德和我都约法三章,决不在戏剧演出上投资。至于鲍勃,他是做新闻的,没什么钱可用来投资。

但我们常常想起这一天。那天财富向我们招了手。我们只要投五千元就行了。我想如果当时我们各自拿出五千元,到现在我们很可能已经收回至少三十万元。每个向这出戏投资的人都因此发了财。

后来,我们见到了山米·舒尔曼,签下了关于他战时经历故事的书稿。但是,我们一九四三年十一月出版后此书无人问津,我还记得签约的这一天只是因为《俄克拉荷马!》。

关于鲍勃·康西丁,还有件趣事可以说说。他原本是华盛顿的网球冠军,后来在强悍的华盛顿《时代先驱报》女发行人埃莉诺·梅迪尔·帕特森手下当记者。帕特森有个昵称叫"希茜"。她很喜欢鲍勃,当他有机会以更高的薪水到纽约的赫斯特报系工作时,她只是祝福他:"你去吧,我付不了你这么多,你还有前途。"他们后来依然是好朋友。

有一次,希茜和他哥哥、创办《纽约每日新闻报》的约瑟夫·帕特森大吵。(顺便说一下,《芝加哥论坛报》的老板罗伯特·麦考米克是她的表哥,这真是一个报业大家族。)她打电话给康西丁说:"我要对约瑟夫一篇白痴社论做出回应,可我写不出,只能说出来,你来帮我执笔吧。"鲍勃自然答应了。他喜欢她,是她带他走上了事业之路。她还说:"我马上就要,你找个人坐火车把稿子送过来吧。我明天就要见报。"于是,鲍勃放下手头一切事务,赶出这篇她想要的文章。她在报纸头版上刊出这篇文章,当

196

然,作者的落款是她。

第二天下午,她打电话说:"写得真好,鲍勃。正是我要表达的意思。我该付你多少钱?"康西丁说:"希茜,我一分钱都不收你。我写是因为我们的交情。"她说:"别傻了。你是以报刊为生的,我也不愿不付报酬就用别人的文章。这篇文章是我约你写的,当然要付你钱。"鲍勃又推辞了几句,最后把希茜激怒了。她说:"听着,鲍勃,你在这个月的《大都会》杂志上发表了一篇文章。他们付你多少稿费?"鲍勃说:"我还是得跟你说我不想收你的钱,但既然你问了,我就说实话,他们付了我一千块。"

她说完"好吧",挂了电话。两天后,鲍勃收到一张七百五十元的支票,是希茜·帕特森寄来的,还夹着一张便条,上面写道:"亲爱的鲍勃,我打电话问过《大都会》了。"

我们的作者中关于战争写得最多的是昆丁·雷诺兹。他的职业生涯的起步与威斯特布鲁克·佩格勒①差不多:同样是体育记者出身,负责报道布鲁克林道奇队赛事,并写作种族问题的报道。后来,他加盟《柯里尔》杂志,战争一爆发即被派驻伦敦。在那里,人们发现他有一口醇美的好嗓子,就让他临时客串明星播音员,与爱德华·默罗②搭档播报纳粹伦敦大轰炸,默罗报道新闻,昆丁负责讲故事。他为人热情、性格多样,是个天生的乐天派。由于他的播音给人们带来了希望,他在英国成了英雄。听到他在广播里语气肯定地报道英国人是如何咬紧牙关坚持抵抗的报道是很令人振奋的,他们也确实是在顽强抵抗。

昆丁也很勇敢。一九四二年八月,他参加了首次登陆迪耶普③的演习战。不出意料,进攻遭到反击;发动这场进攻的真正意图是对德军的防御摸底,为诺曼底登陆做准备。我们于一九四三年二月出版了昆丁对这

---

① 威斯特布鲁克·佩格勒(1894—1969),美国专栏作家,以其风格新颖、尖刻的文章和右翼观点为全国瞩目,影响力在二十世纪三四十年代达到顶峰。在麦卡锡时代,他是鼓噪反共的积极分子。

② 爱德华·默罗(1908—1965),美国最负盛名的广播电视记者。他因现场报道第二次世界大战而一举成名。他独创了战地现场广播、连续广播报道等口语广播形式。

③ 迪耶普,法国北部滨海塞纳省城镇和海港。位于巴黎西北,临英吉利海峡。

次战斗的亲历记《彩排》。接着在一年后，又出版了他在欧洲、非洲主战场前线撰写的报道《揭幕》。

此外，我们出版的战争题材书籍还有二十世纪福克斯电影公司老板达理尔·柴纳克写的《远征突尼斯》，战时他是美国通信部队的一名上校，负责拍摄美军在北非的行动。这本书我们卖了许多，因为电影公司一下子买了两万本。我还记得一件趣事。柴纳克经常喜欢给人发八页长的电报，他发起电报来就像害了相思病的姑娘写情意绵绵的情书。当他从突尼斯回到纽约，但在去好莱坞之前，他一时没事可干，就到我办公室来转悠，找我聊天。他是个大嗓门，抽大号的雪茄。兰登书屋整个办公区都能听到他的声音。他是很有趣，可有他在场，你什么事情都别想干了。当他终于要离开纽约时，我把昆丁《揭幕》一书的清样送给他，让他在回加州的飞机上消遣。第二天一早，我就收到了他发来的一份长长的电报，开头是这样说的："亲爱的贝内特：在某某页，昆丁·雷诺兹提到在某某地方有个某某旅馆。以下事实你和昆丁也许都乐于知道：我是某年某月某日的早晨第一个来到这家旅馆的美国军官。"接着他详细描述了他当时做了什么，早餐吃了什么——所有这些都在电报里说。

昆丁·雷诺兹住在纽约。我知道他中午以前从不起床。他通常整夜在城里活动，在这儿喝几杯，到那儿喝几杯，然后跟跟跄跄回到床上躺几个小时。但那天我九点钟就把他吵醒了，他咕咕哝哝接起电话。我说有件事情要告诉他，此事很重要，所以我必须马上给他打电话。然后我就开始念柴纳克的电报。我永远也忘不了昆丁听了电报后发出的那一大串咆哮的骂娘话。

战争结束后，我们又出了几本昆丁·雷诺兹的书，都很畅销。接着就发生了一桩众所周知的轶事。《读者文摘》杂志挖到一个惊险刺激的真实故事，讲的是一位名叫杜普雷的加拿大人为英国与加拿大情报部门工作，他在巴黎转移了大批地下抵抗运动分子。后来他被纳粹逮捕，经受了几个星期的严刑拷打后仍然一言不发，没有招供。最后他成功逃脱，回到加

昆丁·雷诺兹和贝内特

拿大,成为举国称颂的大英雄,接着他又到教堂、政府机关和学校做巡回演讲,为加拿大好几个基金会筹款,受到了加拿大一切可能给予的礼遇:各种勋章,总督接见等所有形式。

《读者文摘》听到风声,请昆丁为他们详细报道。昆丁是个对谁都很热情的"自来熟",不论遇见谁,他都乐于表现自己是个多么好的人。**现**在,他又被富有魅力的年轻人杜普雷迷上了。他告诉我:"你知道,**我是为**《读者文摘》写这篇稿子的。可我觉得内容也足以扩充成书。"

这听起来是个好主意。我们得到了《读者文摘》的老板德威特·华莱士的许可,继续操办此书。书名就叫《不肯说话的人》。书出版后,果然得到好评,大获成功。

然后有一天晚上,我们正在基梭山吃晚饭,有个长途电话找我,是加拿大《卡尔加里先驱报》的编辑打来的。我对菲丽丝说:"在我逍遥的时候,《卡尔加里先驱报》的编辑找我不知有啥鬼事情。"我很快就知道了!他说:"贝内特先生,我说的事情恐怕对您来说是坏消息。您的那位杜普雷先生刚刚扛不住了,承认他所有的经历是一场骗局,没有一件是真的。他的那些历险都是他从各种新闻报道和间谍杂志上看来然后拼凑起来的。整个战争期间他一直在英国和加拿大,根本没去过法国。什么被捕、严刑拷打,什么地下抵抗运动,全都是他凭空想出来的。他再也顶不住压力,受不了良心的谴责了。他是个本质不坏的小个子,没想到自己的欺骗会被放大到那般地步。原本他只是想吹吹牛而已,想不到一夜之间自己就成了民族英雄!我们对此事的详细报道明天就见报了,我想到应该事先跟您通报一下。"

好啦,我只能把这个消息转告昆丁和德威特·华莱士。毕竟是《读者文摘》请昆丁追踪报道杜普雷的,我也知道华莱士会很沮丧。我在电话里跟他说了真相即将曝光。他哀叹一声道:"天哪,我们现在该怎么办?"我说:"嗯,还有点时间让我考虑,现在只能这么办了。想想这个加拿大小个子乡巴佬耍的可是加拿大政府上下,更别提《读者文摘》、昆丁·雷诺兹和兰登书屋了!我们要扭转局面的唯一办法就是拿他当玩笑一场。我明天会召开一场新闻发布会,会上把真相统统告诉记者们,我会说:'想象一下,这个小个子男人把我们所有人都耍了,岂不滑稽?我们将宣布这本书不是纪实作品,而是小说。而且书名也马上改掉,不叫《不肯说话的人》,改成《话说得太多的人》。'"华莱士还是不大放心,但只能说:"那就看看结果如何吧。"

结果像施了魔法。媒体都被整件事情给逗乐了,并且如我所愿,只是拿这事儿当作一个无伤大雅的骗局把戏来报道。没有人觉得受了愚弄而愤慨。结果好玩的是这本书的销量比真相曝光前翻了四倍。突然之间，人人都在议论杜普雷，拿他当笑柄。这就是如何利用玩笑来扭转局势的又一个典型例子。如果陷入了乱局，我们就嘲笑作践自己吧。这样，每个人都会跟着我们一起当笑话说。昆丁也跟着哈哈大笑，但他接着说："不管怎么样，这家伙还真行！"

昆丁的问题跟许多名记者一样，也是贪杯。他可以当真把酒都藏起来，但就是戒不掉。就算他发了誓要戒酒，也总是酒瘾复发。

昆丁还在他起诉威斯特布鲁克·佩格勒诽谤他名誉的那桩著名案子中成了英雄。佩格勒在他的专栏中写过一系列文章说昆丁是共产党（昆丁一直是自由派而佩格勒不是），还骂他是个懦夫。这话佩格勒就是胡说八道了，要知道昆丁·雷诺兹在伦敦大轰炸中九死一生，还参加了迪耶普登陆战，坐船离海岸一百码出入纳粹的枪林弹雨！

我去旁听了一次法庭审理的过程。许多人都挤破脑袋去旁听，因为人人都痛恨佩格勒，喜爱昆丁·雷诺兹。这个官司真的成了一场恶棍与英雄的对决。佩格勒总是刨根究底追查共产党。我去的那一次正赶上好日子，因为昆丁的律师、当时刚开始出名的路易斯·耐瑟①站在证人席上的佩格勒面前问道："佩格勒先生，以下这段话您是否认为是共党分子言论？"他念了长长一段话。佩格勒说："当然是。那是典型的共党宣传。"耐瑟说："佩格勒先生，我念的是您自己专栏文章里的一段话！是您自己写的。"

好啦，此案到此结束。法庭上众人哄堂大笑，还有热烈鼓掌，法官都无法让大家肃静。佩格勒脸成菜色。至此，昆丁虽然名誉一度遭受质疑，还是打赢了官司。佩格勒所有的指控都证明是莫须有，昆丁得到了赔偿。

---

① 路易斯·耐瑟（1902—1994），美国著名辩护律师，在麦卡锡时代为大批被列入黑名单的自由派人士辩护。

战时的出版当然不只是出版战争题材的书，还得照常做生意——实际上，生意做得比平时更大。我们很快发现，汽油定量配给和军方优先使用铁路、飞机，令出行极其困难，以至于人们甚至发现连经常去看电影都变成了不可能的事情（当然也没有电视）。于是人们待在家里读书，这个市场就迅速发展壮大了。例如每月之书俱乐部在战时的会员人数就增加了一倍多，《读者文摘》的发行量也翻了一番。

我们固定的作者继续写出新作，而我们又不断增加新作者。令我非常高兴的是，一九四二年秋，塞缪尔·霍普金斯·亚当斯的名字第一次出现在兰登书屋的书目上。早在利弗莱特出版社时期，我就听说了他，十分仰慕，一直希望能出版他的书。这个愿望直到我想出一个好点子，约他撰写一本关于美国西部的历史小说，才得以实现。这个点子我是在见到弗雷德·哈维公司创始人之子、该公司总裁拜伦·哈维时想到的。对于这个经营连锁宾馆、餐厅遍布西部地区的公司，我当然是熟悉的，他们经营的许多很好的书店与我们也有生意往来。我听了该公司起家的故事后被深深吸引，马上想到出一本这方面的书，而山姆是写作该书的最佳人选。果然，他答应了。

弗雷德·哈维公司是在十九世纪最后二十五年开始起步的。那时圣塔菲铁路一路向西正在铺建。在已通车的路段上，旅客的吃饭问题着实棘手，因为当时还没有餐车之类的服务。弗雷德·哈维看准这一需求，在圣塔菲铁路沿途的车站上开办了许多餐厅，火车到站后旅客们就可以下车进餐厅解决一日三餐的问题，再上车继续赶路，这么一来，旅客们也很快打成了一片。当然，这样的旅程是相当闲适的，当时坐火车走一百英里花的时间比现在坐飞机横穿美国大陆的时间还要长。

哈维得为他的餐厅配备女招待，但是圣塔菲铁路沿途能找到的只有随着铁路工人而来的妓女。所以他从东部和中西部招募女招待。他是个虔诚的教徒，在他决定录用前，所有姑娘都必须通过所有测试，证明她们也是每周上教堂的信教者，是正经的姑娘。很快，这些姑娘声名远扬，人称"哈维女郎"。她们庄重，迷人，其中许多嫁给了沿途当地最有名望的人，成为许多新拓边境城镇的社交花，西部许多名门望族由此形成。

山姆的小说《哈维女郎》不但在图书上取得了巨大成功，还被改编成电影，获得奥斯卡奖，留下一首由朱迪·加兰演唱的美妙歌曲《在艾奇

塞缪尔·霍普金斯·亚当斯

逊-托皮卡-圣塔菲火车上》①。

山姆不是那种所谓的"重量级"作家,他是畅销书作家,他的书都能真正激发读者对历史的兴趣。我们继续出版他的作品,直至他去世。他的一些小说如《运河镇》和《日出日落》都反响颇佳。一九五五年,八十四岁高龄的山姆出版了《爷爷讲故事》,入选了每月之书俱乐部书目。

山姆晚年患了严重关节炎,出入汽车很费力,有时候得花上五分钟时间,令人看着于心不忍。但他又是一位勇敢的老人,有时他来我们办公室,要是有谁想搀扶他,他就会生气,坚决不让扶。我们都很敬爱他。他是个高尚的人——他拼尽全力逼迫自己写完最后一部小说《纽约油水区》②,一九五八年十一月,该书即将付印时,他却去世了。两个月后该书正式出版,后来,另一位兰登书屋的作者杰罗姆·魏德曼将该书成功改编成一出热门音乐剧。

在战火最激烈的时候,我们请诗人康拉德·艾肯和威廉·罗丝·贝内主编一本诗集《英美著名诗选》,纳入"现代文库"。我发现他们想收入埃兹拉·庞德的好几首诗,感觉很不好,因为我认为庞德是美国的叛徒。当时他正在意大利广播鼓吹法西斯宣传的那些货色——散布毒气。后来据说他当时脑子不正常了。我不知道这是否属实,反正他听起来就像那个在德国中部什么地方向盟军做广播的英国叛徒"呵呵勋爵"③,竭力动摇英美官兵军心。埃兹拉·庞德在意大利干的也就是这种事情。

我说:"要是我出版埃兹拉·庞德,就该下地狱了。凡是在我名下出版的书,一律不能收他的东西。"经过一番激烈争辩,我们没有收录庞德的诗,出版了这本诗集。艾肯暴跳如雷,而令我大为惊恐的是,我发现几乎

---

① 艾奇逊-托皮卡-圣塔菲铁路系统是世界最大的民营铁路系统之一,美国境内唯一提供由芝加哥到加州单线服务的路线。总长二万公里以上,通过十二州。

② 该书英文名 Tenderloin,本意指"(牛、羊等的)腰部嫩肉",在美国俚语中,也指"警察可以从中大捞油水而闻名的市区(有时特指纽约)繁华区域"。

③ "呵呵勋爵",生于纽约,原籍美国,本名威廉·乔伊斯,一生大部分时间在英国和爱尔兰度过。他醉心法西斯主义,先在英国活动,一九三九年移居德国,担任德国广播公司英语播音员,绰号"呵呵勋爵",为盟军官兵所痛恨。一九四六年以叛国罪被处死。

每一位重要评论家都支持他，反对我。他们都说，这是一部诗歌选集，而我扮演了审查员的角色，只因为不赞同庞德的政治主张就把他的诗歌排除在外。

最后我决定，当那些我所尊敬的人士，比如《纽约先驱论坛报》的每日书评人刘易斯·加内特跟我说是我错了，那么，肯定是我错了。虽然我心底里仍然认为没错，我还是承认我服从意见相反的人。我只得道歉，这样，该书第二次印刷时就收入了庞德的诗。

我的人生道路深受战争影响。自从离开华尔街，进入利弗莱特出版社之后，我所有的工作精力都扑在出版上。如今，干了近二十年的出版，战争却令我涉足一些自己从未想到的活动。这些活动彼此牵连，我发觉自己揽上的一系列兼差实际上使得我所有的时间都用在工作上了。唐纳德参军去了，我在兰登书屋要承担的责任也重了许多，我却有法子在打理好出版社业务的同时，还能腾出精力涉足新的工作。

　　一切开始于一九四二年初，《星期六文学评论》的诺曼·康辛斯和亨利·塞德尔·坎比来找我。他们正为拉不到足够的出版社广告而着急，于是拜访我们这些出版社老板，请我们谈谈如何改进他们杂志质量，提高服务从而吸引广告。我说有一件事情他们可以做，就是在杂志中增加一些幽默的内容。自从克里斯托弗·莫利不再为他们写"业界风向"专栏之后，他们杂志的面貌似乎太严肃，有时甚至是浮夸而迂腐。我说："书业中有许多好玩的事情，可以挖掘这些。"

　　大约过了两天，康辛斯打来电话说："我们发现怎么解决你所建议增加幽默内容的办法了。"我问他是什么，他说："我们想找的那个写'业界风向'的人就是你!"我受用极了，但是说："我怎么能写一个图书出版新闻的专栏呢? 我必须说出自己的观点，这样会得罪其他出版社的——你知道，我不太会交际手腕，不够圆滑。"诺曼说："我们就想要这样。我相信其他出版人也会理解这一点。"我说:"我可不这么认为。不过先让我考虑考虑。"

我征求了几位同事的意见,他们一致同意我的顾虑是对的,我不能写这个专栏。可他们这么一说,反而激起了我的逆反心理,尽管他们说的正是我疑虑的。我告诉诺曼我会先写三四篇,看看效果会怎样。于是就从一九四二年三月一日开始写这个专栏。

由于这是讲述各种零碎事件的专栏,我可以抽零碎时间写——在这儿写一点,在那儿写一点。如果碰到什么可用的轶事,我就写下来,专栏里用得着的时候就放进去。这些专栏文章——所有文章,都是未来出书的素材。我虚构了一个人物形象,我叫他"邦普先生",他每隔三个月出现一次,是个出版人——实际上就是我自己——我的一些好笑经历和牢骚就通过他的形象写出来。这个专栏很受欢迎,也有些出版社老板确实大为恼火,不过他们本来就是不喜欢我的那批人。

"业界风向"专栏刚开始写,我就干起了另一桩事。一九四二年春,菲律宾和巴丹半岛沦陷,美国全国上下士气都很低落。希特勒和日本人似乎要征服全世界了。我想到我们需要的是多一点轻松幽默,多一点笑声,就像今天仍然需要的那样。我就想出编集一本战争幽默故事书的主意。当时口袋书出版社正在筹备中,牵头的正是我的老朋友迪克·西蒙,我就把这个想法告诉了他,他很赞同。我就编了一本《袖珍战争幽默故事集》,赶在人们最需要的时机推出。全书汇集了战争笑话和《迪尔·马波尔》《往这儿看,大兵哈格罗夫》等幽默畅销书的书摘。这本书风靡一时,卖了大约两百万册。

由于这本书,突然之间我成了"当代的乔·米勒"①,我决定再编一本笑话书,因为我知道成百上千个各色人等的好玩事,汇集成书,这些故事可以由我自己写出来,而不是从现成的书上摘录。

于是我开始写,越写越多。在办公室里根本没法写作,我就下班回家

---

① 乔·米勒,十八世纪英国喜剧演员,生前无名。他死后,他的朋友将其生前讲述的笑话整理成书《乔·米勒笑话集》,历代相传。"乔·米勒"也成为笑话的代名词。

或者休假时写。有些章节就是我跟菲丽丝在佛罗里达与刘·米勒、萨克斯·康明斯短期度假时写的。我从没学过打字，只能手写。很快我就发现那种特大号的标准拍纸簿是写起来最舒服的。这么多年来，我肯定消耗了几千本。所幸，宝琳·克雷丝沃斯以及后来的玛丽·巴伯尔都能辨认出我的笔迹，耐心地把我写的打出来，然后我再修改付印。

我这边在为自己的第一本书辛勤写作，那边的"业界风向"专栏已经进入了第二年。我在一九四三年七月七日那天写的专栏——一篇怀念我六年前去世的好友乔治·格什温的文章——引起了始料未及的反响。我收到了许多称赞这篇文章的来信，其中还有格什温的哥哥埃拉一封充满感激的短信，但最终将此事导向另一个方向的信是迪克·西蒙写的。他事先已经搞到了一本这期杂志，甚至在杂志都还没上市的时候，他就写信给我说，他认为这是我写过的最好的文章，如果我准备出一本自己写的书，他希望能交给西蒙与舒斯特出版社出。既然我确实在写书，我就把一部分内容给迪克看。他看了立刻说他认为应该先出精装版，平装版以后再出。

一天，我和迪克在一起吃午饭，席间——现在已经记不清当时是谁先想出来的——我们决定书名叫《欲罢不能》。书中收入了那篇写格什温的文章，因为它永远都是我得意之作，是我一生中一个重要片断，所以我在此转录一下这篇文章的大部分内容。

怀念乔治·格什温

（一八九八年九月至一九三七年七月）

六年前一个闷热的星期天晚上，一群人聚集在巴克斯县一幢改建的农舍，零零散散地各自消遣。屋子的一个角落里，几个人正无精打采地打着桥牌，另一边，有些人在打克里比奇牌。主人无所事事地拨弄着收音机的调谐度盘。还有些客人在外面的游泳池中戏水，尽管当晚没有月色，漆黑一团。暑气令每一个人都受不了。突然，收音机里传出时事评论员清亮的声音："那位自称头脑中的曲子一百年都写不完的人——乔治·格什温，今晚在好莱坞逝世，年仅三十八岁。"

这场聚会中的每一个人都是和乔治私交很好的朋友。其中两位曾与他合作写出百老汇最辉煌的乐曲。我们当月见到他时，还拿他抱怨反复发作的头痛（多年来他一直在跟我们说困扰他的身体不适和具体症状，所以没人认真对待他的话），以及报纸的头版报道开玩笑。报上说电影界某个娇小的法国美人儿送他一把她家前门的金钥匙。他不可思议的旺盛精力和活力长久以来一直令我们吃惊，所以一听到他去世的消息都坐着哑口无言。六年过去了，他的音乐仍被不断演奏，他的故事仍时常在人们心中蹦出，很难相信，他早已不在。由于他出身于锡盘街①的流行音乐界，经过这么多年，某些乐评家才承认乔治·格什温是伟大的作曲家——是美国培养的最伟大的作曲家之一。他极端自负却也并不讨人厌，所以朋友们都乐于广为传播关于他的好笑轶事，直到他去世后，有的人才意识到他们是多么喜欢热爱他。在亲切的怀念中，我在这篇文章里写下我搜集的一些故事。乔治本人都曾为它们感到好笑……

乔治·格什温于一八九八年九月二十六日生于布鲁克林，在四个孩子中排行老二。写得一手漂亮歌词与乔治的音乐绝配的埃拉是他大哥，老三是阿瑟，最小的是妹妹弗兰西丝，她现在是小提琴家莱昂波德·格多斯基的妻子，生活美满。一家人做起事来都是一个整体，互相友爱，完全不为一时的失败或炫目的成功所动。格什温太太受到所有人的爱戴。"你一定要见见我妈妈。"乔治对任何来访者都这么说，"她是世界上最好的妈妈。"想了一想，他通常又会说："对我的成就她很谦虚。"父亲莫里斯是最不安分的人，每一两年就要换一种新工作；一家人总是乐呵呵地随时做好搬家的准备。乔治曾经统

---

① 锡盘街，1885—1920 年间，美国众多流行音乐唱片公司逐渐聚集在纽约第五大道和百老汇之间的第二十八街，成为美国流行音乐的制造中心，这条街被称为"锡盘街"。

计,到他上完学已经搬了二十六次家……

乔治十二岁时,他母亲买了一台钢琴,本意是让埃拉学琴,但没过多久就发现,乔治才天生与音乐有缘。在商业高中,他担任早操钢琴伴奏。他十五岁就在杰罗姆·雷米克音乐出版社当歌曲推销员①,一次他出差到亚特兰大城,在当地一家廉价商店里卖力地弹奏雷米克的曲子,而在木板路②的那头,哈里·鲁比③也在干着同样的事情争夺生意。到了晚上,小伙子们在柴尔德餐厅一起吃饭,梦想着有朝一日创作自己的歌曲。

他写的第一首歌曲发表于一九一六年,叫《求不得》,为此他赚得五元钱预付金。接下来的几首歌曲开始由阿瑟·弗兰西斯填词。实际上,那是大哥埃拉用弟弟阿瑟和小妹妹弗兰西丝的名字拼在一起的笔名,以歌词作者的身份写的最初一批作品。乔治真正成名是在一九一九年,他第一次为音乐剧《鲁西尔》全剧配乐,(还记得《只有你》那首歌中唱的"比利·伯克——艾丽丝·乔伊斯——都不是我心上人"吗?)并为当时百老汇最大的电影院国会山电影院的开张演出写了两首歌。其中之一就是《斯瓦尼》。我这星期在广播里还听到过两遍。

从一九二〇年开始,乔治连续五年为《乔治·怀特的丑闻》作曲。其中的热门歌曲有《随波逐流》《我会搭起通往天堂的梯子》《有人爱我》,大多数歌词是巴迪·德·席尔瓦填的,他现在执掌派拉蒙电影公司。当时,《乔治·怀特的丑闻》是唯一能和歌舞大王齐格菲尔德④抗衡的节目。直到一九二九年为齐格菲尔德的音乐剧《歌舞女

---

① 这种职业的工作是通过电话、写信或登门拜访,向电台电视台音乐节目制片人和主持人及其他商业场所推销,请他们播放本公司的音乐歌曲。
② 木板路是亚特兰大城的著名景点,建成于一八七〇年,在亚特兰大城海岸边,长六英里。
③ 哈里·鲁比(1895—1974),美国著名流行音乐作曲家,走红于二十世纪二三十年代。
④ 弗洛伦茨·齐格菲尔德(1867—1932),美国歌舞剧大王,率先在美国音乐剧中引入漂亮的歌舞女郎、夸张华丽的服饰。

郎》配乐,格什温才第一次见到齐格菲尔德本人。为齐格菲尔德工作无异于瓜岛战争之艰难,不过这是另一码事,在此不表。与格什温签约后,齐格菲尔德去卡内基音乐厅听《一个美国人在巴黎》①。乐毕,奥托·卡恩②站起身发表了简短的演讲,说他简直就是天才。"事实上,"卡恩说,"总有一天他会成为天才,但天才必须吃苦,而格什温还没吃过苦。"齐格菲尔德转过身对坐在旁边的拉里·哈特狡黠地眨眨眼说:"他会吃到苦头的。"

一九二四年,保罗·怀特曼③在纽约风神音乐厅举行的音乐会上演奏了乔治的《蓝色狂想曲》,乔治从而扬名世界。当时,他已经举家搬到西一〇三号街上的一栋私宅,房子里喧腾得像七月四日国庆日周末前夕的中央火车站,他却能安然创作。《蓝色狂想曲》就是在那里,用刚好三周时间写出来的;因为乔治必须在这个期限内完成!也是在这一年,亚伦和弗里德利④制作的七部音乐喜剧的第一部上演了,由乔治作曲,埃拉填词。这七部音乐喜剧中有五部创造了百老汇的票房纪录。它们依次是《女士好》《踮起脚尖》《啊,凯》《好笑的脸》和《疯姑娘》。阿黛尔·阿斯泰尔、弗雷德·阿斯泰尔姐弟、格特鲁德·劳伦斯、埃塞尔·默曼、金吉尔·罗杰斯等人也由此成名。《迷人的节奏》《干,干,干》《甜蜜而低沉》《可以拥抱的你》《我想出曲子了》,以及其他许多美妙的歌曲,一首接一首,快得令人眩晕。此外,他与乔治·考夫曼、莫里·莱斯金合写的《我歌唱你》还荣获一九三二年度普利策奖。后来,格什温搬到河滨大道的一套顶层公寓中,从此那里成为他的社交中心,许多个美妙的星期日夜晚,以巴尼·格

---

① 交响诗《一个美国人在巴黎》是格什温的代表作。

② 奥托·卡恩(1867—1934),美国银行家,热心的艺术赞助者,慷慨资助纽约歌剧院和格什温等音乐家。

③ 保罗·怀特曼(1890—1967),被称为"交响爵士乐之王"。

④ 亚历山大·A.亚伦(1891—1943)和文顿·弗里德利(1891—1969),百老汇一对著名的音乐剧制片人搭档。

林格拉斯餐厅①特制的鲟鱼为特色的熟食晚餐,吸引来城中最聪明、最善交际的人士。这才是格什温的传奇真正的开端。喜欢一连几小时弹钢琴的乔治,天真而心安理得地认为,人人都只想听他的音乐,其他一概不要听,而他最终停下来也是为了找点吃的休息休息。一位自信的年轻人上去取代了他的座位,弹奏乔治的音乐并不亚于作曲家本人。他名叫奥斯卡·莱文特②……

乔治喜欢参加各种聚会,并且经常想都不想就把即将上演的音乐剧全部配乐弹给朋友们听。这种做法令他精明的合作者乔治·考夫曼叫苦不迭。"如果你还要在我们首演以前弹奏这个音乐剧的配乐,"考夫曼曾对他说,"人们会认为我们在炒冷饭。"对格什温随便见到什么人就邀请他来观看排练的慷慨习惯,考夫曼也很感头疼。在一次全程排练中,考夫曼满脸怒容地走了。"演出要砸了。"他预言道。"你凭什么这么说?我认为很好。"格什温反驳。"根本不是如此,"考夫曼抱怨,"楼厅还有一半位子空着。"

我曾几次陪同格什温外出愉快地度假。一路上总有热闹的冒险和漂亮姑娘为伴。为了取悦在船上认识的一个姑娘,他早上七点就在拿骚的殖民宾馆大堂起劲地弹他的《蓝色狂想曲》,大堂经理前来叫停,他还愤愤不平。"我猜他是因为不知道我是格什温。"他自我安慰道。在哈瓦那古老的杏仁树宾馆,一支十六人的伦巴乐队凌晨四点还在他的房间外为他合奏小夜曲。天亮以后,好几位宾馆客人气呼呼地退房走了。乔治高兴极了,许诺要写一首自己的伦巴舞曲。他果然写了。他的《古巴序曲》于一九三二年八月在刘易森体育馆首演。在哈瓦那,乔治的怒火达到了顶峰。一位可爱的古巴小姐跟他约好一起吃午餐,却没出现。当天下午,他在游艇俱乐部的阳台上发

---

① 巴尼·格林格拉斯餐厅是纽约百年老字号的犹太餐厅。
② 奥斯卡·莱文特(1906—1972),美国著名钢琴家、作曲家,格什温的挚友,被认为是阐释格什温音乐最好的演奏家。

现了她，就嚷嚷道："嗨，你知不知道今天你失约了？""哦，我本想打电话告诉你我不能见你。"这位姑娘惭愧地说，"但是你知道吗？我就是想不起来你叫什么！"乔治一连郁闷了几天……他有一首未发表的华尔兹小曲是专为心上人保留的，"你就是那种使我有写歌冲动的姑娘。"他会对某位心花怒放的女士说，然后带她到他的套房。我们就会蹑手蹑脚尾随到门外，偷听他为她弹奏这首熟悉的曲子。"它将是题献给你的。"一曲弹毕，他温柔地说。一天，我碰巧评道，他偶尔也会写出糟糕的作品，比如《请原谅我的英语》就在他的水准之下。乔治不同意。当时我们都正光着身子晒太阳，他坚持要我们一起进屋子，听他从头到尾把这部作品弹一遍，以证明他的正确。我还能浮现出他当时一丝不挂坐在钢琴旁，拔高嗓子边弹边唱的场景。乔治属于钢琴。当他在弹自己曲子的时候，我从未见过有人能像他这样快乐，充满纯粹的生活的喜悦。他会即兴地创作、加入一些微妙的变调，看到听众为此而惊呼，他就像孩子般高兴地吃吃笑。

乔治·格什温最喜爱的作品是《乞丐与荡妇》。他用了十一个月创作，又用了九个月改编为管弦乐，一九三五年由戏剧公会制作并举行首演，演得有点沉闷、做作，所以仅仅获得一般性的成功。七年后重新上演时，它才取得了应有的成功。剧中的歌曲似乎注定将成为美国丰富的音乐遗产的一部分；可悲的是，乔治没能亲眼看到这一幕的到来。

一九三六年，乔治搬到了好莱坞。他为弗雷德·阿斯泰尔①与金吉尔·罗杰斯主演的电影《跳舞好吗？》和《忧愁的姑娘》配乐，前者中有他所写过最美的歌曲之一《哦，不，你不能把它带走》。他被脑瘤夺去生命的时候，还在为电影《水城之恋》配乐。

在生命的最后几年，格什温几乎是将时间平均分配给了作曲和

---

① 弗雷德·阿斯泰尔(1899—1987)，著名歌舞片演员，被称为"世界上最伟大的舞蹈家"。

乔治·格什温和金吉尔·罗杰斯

绘画。乔治对绘画的态度很认真,也确实有这方面的才华。在一次难忘的晚宴上,他说:"今天有人告诉我,我再也不用作曲了,因为凭我的调色板和画笔就能成功!""真令人惊奇啊,"一位女士语带敬畏地说,"一个人能具备驾驭两种艺术形式的天赋!""哦,我不知道我有没有,"乔治谦虚地说,"瞧瞧列昂纳多·达·芬奇!"在另一次晚宴时,乔治突然冒出一句:"这里有人看过我新的香烟盒吗?"那是纯金打制的,上面刻有二十位名人的签名。这是他的《F大调协奏曲》演出后他们送给他的。烟盒在餐桌上传了一圈。正当乔治把烟盒放进口袋时,他哥哥埃拉掏出一包皱巴巴的骆驼牌香烟,"有人想来一支烟吗?"他客气地问。

但是,正如每一位了解乔治的人一样,埃拉也很爱他。乔治去世后,埃拉几乎多年不写任何东西。但是他为影片《黑衣女子》写的歌词,足以证明他的才华并没有枯竭。现在,他正准备参加乔治·格什温传记电影的拍摄工作,虽然男主角还没定,奥斯卡·莱文特已确定将在影片中扮演他自己。

乔治·格什温用这样几句话表达他的人生信念:"我的人民是美

214

《欲罢不能》的图书封面

国人,我的时代是今天。音乐必须表达时代的思考与希望。"他去世六年后,他的那些激动人心的歌曲播放得比他生前任何时候都频繁。最近,一位乐评人评论道:"乔治·格什温为美国音乐带来了一种受到认真对待的全新表达方式,并永远改变了美国音乐的发展方向。"上周四,两千人聚集在纽约聆听一个纪念他的节目。当《蓝色狂想曲》那熟悉的旋律响起,期待的人们安静下来的时候,你几乎很难相信,这位作曲家已经去世六年多了。仿佛就在昨天,他还在古巴,坐在我身旁,倾听电台里播放的这部作品,说:"它很出色,是吗?但是你等着吧,等着听我现在正在写的作品!"

《欲罢不能》是一本好书;从那以后我还写过好几本书,没有一本比它内容丰富;毕竟,它荟萃了我四十年积累的故事!它也成了一本大畅销书，登上了畅销书排行榜第一名，在榜上逗留了几个月。出版社还推出了军队版，几百万册军队版送到我们分布在全世界的官兵手中。它正是他们需要、喜爱的那种书——能令他们哈哈大笑。接着，口袋书出版社又推出了几百万册平装口袋本。

"欲罢不能"专栏

我相信笑话书是具有某种节奏的。正如有些人天生会写歌，有些人天生会写书，我则具有某种搜集让人开心阅读的趣闻轶事的本领。我自己说不清这种本领是什么，但知道怎么做。我总是说，我已知道如何将某种小小的才能发挥到极致，与那些我所真心尊敬的人相比，我的才能确实很小。但确实令我自豪的是，我得到了耶鲁和哈佛两所大学的幽默奖——它们分别是《耶鲁纪事》和《哈佛讽刺》授予的——而且它们都是在校学生团体办的，而不是教师。

我把《欲罢不能》中的单独几个章节刊登权卖给不同的杂志，金氏特写社购买了连载版权。登完了整本书以后，他们增加了数百家报纸客户，因此希望我继续写这个"欲罢不能"的专栏。这就意味着我每天得写两三个笑话。我也照写不误。不过我发现做这个专栏最好的办法是每个月的第一天集中发给他们九十个左右的笑话故事，让他们自己选择发表的顺序。

"业界风向"的专栏我写了十五年，催生出许多其他事情。例如，有一天我接到威廉·尼科尔斯打来的电话，他是覆盖全国二十八家重要报纸、总销量约一千一百万份的星期日副刊《本周》的编辑。尼科尔斯希望我每周为他写一篇专栏。我犹豫了一阵子，菲丽丝是竭力反对的。她说我手头在做的事情已经太多了，而当时我还没开始做《我是干哪行的？》这一电视节目呢。但是，无论何时，只要有人说我不该做某某事情，我偏偏马上就想做。就这样，一九五〇年十一月五日，我开始在《本周》上撰写临时性专栏"瑟夫看板"，结果一写就是十年。

　　由于当时《星期六文学评论》始终在生存线上挣扎，我估计到最后，他们给我的稿酬最多也就是每篇专栏一百五十元。而我为《本周》写专栏得到的稿酬一开始就是他们的八倍！最后，一个星期写两个专栏太多了，我来不及写。于是我对诺曼说我只能放弃"业界风向"的写作。这个专栏的最后一篇文章刊登在一九五七年三月二十日号杂志上，他们为我举行了隆重的告别午餐会。从许多方面来说，我都不愿放弃"业界风向"，就像我不愿放弃任何事情。它为我带来了比《本周》上的专栏更多的乐趣，因为我认识的每一个人都读"业界风向"，大学教授、作家和真正热爱书的人写的信像潮水般向我涌来。

　　虽然我用我的笑话书为战时的国家做了些许贡献，但我还是很想做点别的跟战争直接有关的事情，所以我最后参与了财政部发行的债券认购推广活动。不久我们发现，著名作家居然也有电影影星那样的号召力，能带动人们认购债券，而过去我对此只是嘴巴上说说，内心并不相信。我告诉别人，著名作家也能像那些漂亮娇小的金发女郎一样吸引人眼球，光是看看就很有乐趣了。我们想出一个点子，请一批作家组团集体出席，做一段时间的对话。他们不用卖债券——这活儿他们谁都不擅长——但是读者必须买债券才能见到他们。参加这种见面会的票价就是至少一张价值二十五美元的"胜利债券"。

我参加的一场推广会热闹非凡，因为有凯瑟琳·温瑟。温瑟小姐是位俊俏姑娘，她还在加州大学念书的时候就开始写书了，那就是超级畅销书《永远的琥珀》。当时此书刚刚由麦克米伦出版社出版，她居然选了麦克米伦。我们这组人有麦金利·坎托①、卡尔·范·多伦②和凯瑟琳·温瑟。坎托和范·多伦都是爱热闹的人，我们气味相投。

温瑟小姐是个引人注目的大人物。人人都来看她，因为《永远的琥珀》是当时的热门书。人们起先都冲着她去，可是当他们发现她很不擅交际，就别转屁股来找我们。我们一天要跑三四十个学校、工厂，晚上还有大型集会，聚集着大约两千名买过债券的人。这种方式筹集到很多钱。

当时，凯瑟琳·温瑟的演讲水平很业余，她从不用心记住自己的发言。她会走上台，在包里摸索，这里面除了活海豹，什么都有。最后，她会掏出一张纸，小心翼翼地摊开，然后用单调而不带感情色彩的语气读。这样过了三天左右，这事自然就成了坎托、范·多伦和瑟夫制造笑料的来源。我们忍不住，开始跟她开玩笑。我开始用各种夸张的方式介绍她，这令她越来越疏远我们这个小组。

但是，随着岁月流逝，她似乎还记得我们曾是老朋友。大约二十年

---

① 麦金利·坎托(1904—1977)，美国小说家，一九五五年凭小说《安德森维尔》获普利策奖。
② 卡尔·范·多伦(1885—1950)，美国文学评论家，传记作家，编辑，一九三八年凭《富兰克林传》获普利策奖。

后,有消息说她花了几年时间一直在写一本关于蒙大拿州的书。现在,她嫁给了华盛顿著名律师保罗·波特。她托人问我是否对她的书有兴趣,我说我很乐意看看书稿。《流浪汉向东,流浪汉向西》这部关于蒙大拿州开拓时代的小说书稿,就这样到了我手里。它太长了——我们没法说服她删短——但故事真是好看。我们就签了约,书出了之后先后入选文学公会俱乐部和每月之书俱乐部的书目。

关于《流浪汉向东》,最有意思的是它重印版的销售。这本书始终没有达到我们预计的销量,只卖出三万册,温瑟非常非常失望。但我们将这本书的平装版版权通过竞标的方式出售,却造就了出版史上的一个著名案例。我记得,我们先是很巧妙地打广告,并在出版前虚张声势了一通,好像它是一本大畅销书,人人都在争夺的样子。我们规定了报价的最后截止日期,新美国文库出版社报了二十万元,接着,不知是矮脚鸡、福赛特世界文库还是其他什么出版社报了二十一万元。我觉得这已经是个很高的价格,正打算宣告竞标结束。

接着我的办公室就走进一位挺和气的年轻人,他就是新美国文库出版社新任社长约翰·巴德朗。他向我做了自我介绍,然后说想跟我谈谈温瑟那本书的事。我说:“没什么可谈的了。我们已经宣布就要结束竞标,你们的报价不及别家高。这书将由比你们报价高一万元的那家出版社出版。”他说:“今天你不给把凯瑟琳·温瑟的书授权给我,我就不离开这间办公室。”我说:“我跟你说了,都已经定了的事。”他说:“如果我出五十万元买凯瑟琳·温瑟的重印版版权,你现在就会把书给我吗?”我说:“你能把这句话再说一遍吗?”他又说了一遍。我说:“那我们不但成交,我还要跟你一起走回你的办公室,确保你在签约以前不后悔。”

这是一段疯狂时期的开始。三个星期内,我把三本书的重印版权卖了一百七十万元——其中温瑟的那本书五十万,约翰·奥哈拉的《洛克伍德事件》也是五十万,詹姆斯·米契纳的《来源》创纪录地卖了七十万元!

由于巡回推广债券销售，有个在大型集会上听我演讲的人建议我主持一档电台节目，我把这档节目命名为"书就是子弹"，每周在节目中采访一位作家，他写的书得跟战争有关——要么是战地记者，要么是将军，或者其他相关人士。我们采访过昆丁·雷诺兹、约翰·根舍①、两位将军和刚从突尼斯远征归来的达理尔·柴纳克。我就是在那儿第一次见到了参加这档节目制作的南·泰勒。她介绍我认识了她丈夫、后来到兰登书屋工作的弗兰克。

　　这事牵出那事的情况又发生了。有一天，我收到演讲经纪人寇斯顿·雷的一个电话。他说在广播里听过两次我的节目，问我有没有考虑过做商业演讲。我说没想过，他就说："我觉得你很适合干这事，你可以从中赚很多钱。"我当然有兴趣。不给钱的演讲我都很乐意，更何况还给钱！我说："我很愿意试试。"于是，在寇斯顿·雷的安排下，我试验性地做了两场演讲。我记得第一次是在纽约州佩勒姆的某个俱乐部。自那次以来，我在全国各地已经做了几百场演讲。我能有时间干这事是因为我一辈子演讲都不做准备，从来不打草稿。只要想出所要做的演讲主题，我就起身开始讲。

---

① 约翰·根舍(1901—1970)，美国著名记者、作家，他的著作主要为美国读者描绘和解释世界各个地区社会政治情况。

主持电台节目"书就是子弹"

我是在一位非常非常重要的先生那里,学得了做演讲的一些技巧。我还在哥伦比亚大学念书时,学生们常常邀请各界人士来交流,凭借哥大新闻学院的声誉,我们能请到一些杰出人士。我们请到最具号召力的明星级人物是我的偶像——威尔·罗杰斯①。那年我身为演讲委员会主席,去市中心接罗杰斯先生,郑重其事地坐地铁带他来学校。那个时代我们学生做事一点都不花哨,他也相当满意,我根本没想到要搭出租车带他来。

慕名来听威尔·罗杰斯讲演的人之多,创了哥大的纪录。当时,他的专栏几乎在美国每一个城市的报纸上刊登。他有两个特点给我留下了深刻印象。第一,他不打草稿。第二,他不是向我们做讲演,而是跟我们交谈。在我坐地铁送他回酒店的路上,我说:"你什么草稿都没准备!"威

---

① 威尔·罗杰斯(1879—1935),二十世纪二三十年代活跃于美国的演员,常扮演西部牛仔,是当时最受欢迎的男明星。

尔·罗杰斯说:"我当然不打草稿。如果一个人走上讲台谈话,没有草稿就开不了口,或只能念草稿,那他就不具备演说者的素质,而只有业余水平。吸引人们的办法就是跟他们交谈,而不是向他们做演讲。"多精彩的忠告!从此我始终牢记在心。

后来,我幸运地成为李·基迪克经纪公司的签约演讲人。当时,李·基迪克已经去世,他儿子鲍勃·基迪克是公司老板,手下有一位女士伊丽莎白·申克,她对我的生活产生了非常重要的影响。她负责安排我所有的演讲活动,工作十分出色。我成了顶级演讲人,获得了丰厚的报酬,尽管我一开始并没有后来的待遇,因为你得像演员一样从跑龙套做起。后来我为基迪克公司介绍了许多签约演讲人。其中之一是基蒂·哈特,她现在已是很成功的演说家。他们旗下已经拥有约翰·梅森·布朗和诺曼·康辛斯这两位演说家。我猜是诺曼对我说的:"你为何不去找找我的经纪人——李·基迪克?"当时,约翰·梅森·布朗是美国最有影响的演说家;布朗、康辛斯和我成了三大演讲明星。

演讲业是个很奇特的行业。经纪人抽取的标准佣金是演讲费的三分之一,而不是像戏剧或文学经纪那样,佣金是百分之十——他们要占掉收入的百分之三十三,而且你的开销还得你自己负担。那抽掉的可是很大一笔钱,但他们确实会为你做很多事情,不仅为你安排好演讲,而且当你外出演讲时,会给你一份材料,说明你即将前往演讲的每一个地方,飞机航班起飞的时间和所有必需的票证和宾馆预订单。

外出巡回演讲时(我外出一周,希望在此期间尽可能多地做演讲)非常关键的地方是经纪人预订好所有的机票、宾馆房间,这样你就可以省却麻烦,从一处直接赶到另一处。例如有一次我在五天之内在八座城市做了八次演讲。嗯,这需要安排大量的准备工作。这些事情必须提前六七个月预订好。因为大多数大学或无论什么地方的演讲厅,都提前一个季度制定演讲计划,制作宣传海报,并根据反响程度销售季度套票。由于外出开销都是我自掏腰包,我就可以自由自在地住最好的宾馆套房,吃住起居活像个老爷。

做演讲成了我生活中重要的一部分——并由此派生出额外的好处。我得以来到一些出版人——我指的是大出版社的老板——过去从未涉足的城镇。每逢这种机会，我总是去当地的书店见见店主，跟他们聊聊，也看看他们把"现代文库"的书放在什么位置。我会说："你们把'现代文库'放在书店那么靠里的位置是什么意思？"如果他们说他们还没想到要挪挪它们的位置，我就帮他们挪。趁他们不注意，我从"现代文库"的书架上抽出几种新出的书，放到书店前头的展示架上。至于我自己写的书，我愿意为他们库存的每一本签名。结果产生了一个笑话：如果我离开某个镇的时候还有一本贝内特·瑟夫写的书没有签名，那么它将成为价格昂贵的珍本书！

而且，我在台上演讲、讲故事的时候，提到的许多事当然都跟我认识的兰登书屋的作者有关，所以在演讲中我必须提到兰登书屋出版的许多图书。这样我在演讲的同时又在为图书促销；我还会在许多大学见到英文系的系主任，打听校园里任何崭露头角的文学天才——所以万事都没有绝对，也许你就是在播种。当然，每次我外出，我们的编辑们就怨声载道，因为许多人听到我说我们欢迎新作家，就纷纷向兰登书屋投稿，垃圾书稿如潮水般涌来。他们通常都说："嗯，我是个年轻作家，这是我写的天才之作。"结果往往是一部糟糕透顶的垃圾。但是，万事都没有绝对：《飘》就是那样被发现的。

战时唯一一件影响我们业务开展的事情是印刷用纸紧张，受到了战时生产委员会的配额控制。我们本来可以出版更多书，但却无法印刷，因为我们的用纸量得根据我们过去几年的用量来分配。这导致了一连串非常有趣的连锁反应，对兰登书屋产生了很重要的影响。

那年我们正在准备出版由安东·佩吉斯主编的《圣托马斯·阿奎那作品精粹》。当时阿奎那的作品只见于一家天主教出版社出版的二十多卷本文集。当佩吉斯编完这部二千六百多页的两卷本选集时，我们正好处于用纸最紧张的时候，纸张存量只够印一万套书。这本来就是一个投入很高的项目，印这点量我们大约只能收回成本，加印以后才能赚钱。

我们并不知道，全国的天主教耶稣会都在翘首企盼这两卷本选集的问世。公开征订一周内，我们就接到了两个分别为二千五百套的订单，而订货方的名头我们都从没听说过。光这两个订单就占去了我们全部首印量的一半，不到三个星期左右，这书就卖完了。要知道，我们原本以为这批书可以卖五年。看我们算的！

这时候我们再也没有纸可印，我想只能等到战争结束再说了，但是有一天我的电话铃响了——是圣帕特里克大教堂主教大人打来的。他一上来就用深沉的声音说："是贝内特·瑟夫先生吗？"我说："我是。"（这里我们就叫他"墨菲"吧。）他说："我是圣帕特里克大教堂的墨菲主教。我就想对你说,你是全美国最愚蠢的出版商。"我说:"啊哟,承蒙您如此慷慨的抬举。您为何这么夸我?"他说:"你这个笨蛋。你出版了这两卷装帧漂亮的圣托马斯·阿奎那,我们还正琢磨着如何帮帮你们这些小伙子,就听说这套书才出版三个星期你们就断货了!"于是我向他解释我们没料到全国各地的耶稣会都来订购。他又说了一遍:"你这个笨蛋。我马上来见你。"

我跑到我们发行部说:"能让主教大人从圣帕特里克大教堂跑来只有一种原因。他要送纸给我们来啦!"

他很快就来了。以前有个电影明星叫托马斯·梅格汉。这位主教活脱脱是他的翻版:高个子,黑头发,蓝眼睛,英俊,引人注目,魅力难以抵挡。他大步走进来,径直在我桌子前坐下,点起一支雪茄,开始冲我叫嚷,但我看穿他这一切都只是装装样子。他显然对事情的问题所在很清楚。我耐心地等待着,胸有成竹,果然他憋不住了:"我们正巧有点纸。如果我们给你,我怎么知道你保证把这些纸全都用于印圣托马斯·阿奎那的书?"于是我假意愤愤不平地说:"希望您不是在谴责我的不诚实。如果您确实能找到纸张供我们用,我们会提供印刷厂的证明。"他说:"跟你开玩笑呢。我当然知道你会用于印刷阿奎那的书。我们的存纸够你再印五万套左右了。"(他们按成本价把这批纸卖给我们——要知道,在那个时候出任何价钱弄到配额之外的纸,都是个奇迹。)

我说:"太好了,主教大人。"他说:"怎么样,现在你高兴了吧?"我因为脑子里正想着另一件毫不相干的事,就顺口说道:"不,我高兴不起来。"他问:"你还有什么烦恼事?"我说:"实际上,我们刚刚知道这里的办公室得搬了。IBM 公司买下了这幢楼。我们以前只知道这里的办公室用一天算一天,也不能续租——因为有人要买楼,可我们不知道买家原来是IBM 公司,这里的每个人都得搬出去。"在那种年代的纽约,要找到办公场所就跟弄到纸一样难。我说:"我已经在看格瓦纳一带的仓库了……战争结束前先随便找个地方再说。下次你再跑来说我是全美最差的出版商,就很有可能会发现我在一条中央公园湖中的小船上办公。"

他说:"这样啊,那看看我们能做点什么。你觉得圣帕特里克大教堂对面的那幢大楼怎么样?"我说:"什么大楼?"他说:"那幢大厦,赤褐色砂石建筑。"我说:"就是那幢有一个院子的大楼?"他说:"对。"我说:"主教大人,我不但是全美国最蠢的出版商,大概也是最穷的一个。我们可租不起那样的大楼。"他说:"哦,废话。那不是一幢楼,而是有五幢。"我这才知道那是一个建筑群,由两幢侧楼和后面的三幢独立楼组成。他说:"北楼给你们用应该正合适。现在它属于乔①·肯尼迪。我们会让他以当初的购买价格转让给你们。"我说:"等等。您让乔·肯尼迪干什么,我可管不着。可是我们买不起这样的楼。"他说:"你还没听见价钱呢,别急!"他打电话命教堂里的助手说:"帮我找一下约瑟夫·肯尼迪。"对我来说,肯尼迪只是一个名字,我并不认识他。当时他已经担任过美国驻英国大使,不过出大名是后来的事。

主教大人和我又坐着聊了一会儿。我越来越喜欢他。他是个了不起的人。大约十五分钟后,他的助手打电话来说乔·肯尼迪正在棕榈滩打高尔夫。他轻松地说:"把他从高尔夫球场叫来。"我听得目瞪口呆。过了十五分钟左右,肯尼迪从棕榈滩打来电话了。这位我初次相识的大主教对他说:"我们有个年轻好朋友现在碰到麻烦,需要办公场地,我们想请你把大教堂对面的那幢楼按照原价卖给他。"哎,我都能听见肯尼迪在电话那头火冒三丈。他当然不会觉得这主意好。

这一建筑群是斯坦福·怀特为奥斯瓦尔德·加里森·维拉德的父亲亨利·维拉德设计的,于一八八五年建成。那个时候大楼的位置还属于郊外,因为是供整个大家庭居住的,所以分成五个独立的单元。楼房建成不久,维拉德就在华尔街的一次金融危机中破产了,不得不把整个楼群卖掉。怀特劳·雷德买了南楼,哈里斯·法内斯托克买了北楼。

岁月流逝,法内斯托克家族人丁日渐凋零,只剩下法内斯托克先生和

---

① 乔是约瑟夫的昵称。

麦迪逊街四五七号北楼

他的儿子，他们在战前还生活在这幢大楼里，有大约二十个仆人服侍。战争爆发后，仆人们纷纷不见了，两个人住在那样一幢大楼里就显得很可笑。他们确实也没法住下去了，于是就把房子卖给乔·肯尼迪，肯尼迪则出租给"自由法国"抵抗运动组织当办公总部。我们买下时他们刚搬出不久。我们付了大约四十二万元。

买下后碰到的第一件事来自消防局。他们得知我们要把大楼用于办公，就说我们必须有一道消防楼梯，我们确实装了。这幢房子建于从前使用真材实料以求经久牢固的年代，要凿破厚厚的墙壁搭建一条新的消防楼梯是一个巨大工程。而且那时钢铁也跟纸张一样紧缺。我又打电话给大主教求助，钢铁也有了。教会帮助我们找来工人铺设楼梯，还帮助我们申请到分期付款——就这样，我们搬进了麦迪逊街四五七号。所以，圣托马斯·阿奎那成了我的守护神，我发誓，只有抬我出去才能使我离

兰登书屋在院子一侧的门

开这里。

我们和红衣主教斯佩尔曼也有许多愉快的交往,他就住在大教堂后面,我们门前的大街正对面。我们一年大约有两次共进午餐。第一次通常都是我带他出去,第二次就是我过去找他。这并非约定的规矩,但自然而然就形成了这种情况。我们是好邻居,我喜欢他,哪怕他是多么保守的人。如果你对他的观点能做到置若罔闻(这我经常做不到),那他就非常容易相处。但我们都知道掌握分寸不再争辩。我们彼此了解,也有共同的兴趣爱好,都喜欢这幢楼。那是我们的一个共同点。有时候,我会和他一起沿着麦迪逊街散步,一心希望能碰上什么人,可以让他对我拥有红衣主教这个朋友刮目相看,可不知怎么的,就是碰不到我认识的人。

我们吃午饭时谈论很多的话题是股市,还有棒球。有一天他对我说:"我曾经面临重大抉择:是献身教会还是去打职业棒球。"看我露出惊讶的表情,他说:"我以前是很不错的接球手。"啊,我爸爸也打过接球手,所以我们又找到了一个共同点。他说:"你知道我怎么学会下跪接球吗?我示范给你看。现在我还会接球。"他走到外面的大厅,朝上喊道:"把我的红帽子扔给我。"有人在楼上远远地将他的红色的主教小帽子抛了下来,他一把接住,利落地扣在头上。真是一位人情味十足的绅士。

我们常常为书籍、电影和审查制度争论不休——在这些问题上很少能达成一致意见。记得有一次他似乎对自己都有点不满。当时由卡萝尔·贝克主演的电影《宝贝娃娃》刚上映,红衣主教大人就猛烈抨击该片,说它淫秽下流,谁都不该看。本来这部影片的票房非常惨淡,但一夜之间,排队看电影的队伍足足有两个街区那么长。他意识到自己反而为这部电影做了他们求之不得的宣传,后悔说以后再也不犯这种错误了。

几年以后,我们收到了昂娜·特雷西写的一本书《笔直狭长的小径》,这是我所看过最滑稽的书之一。身为天主教徒的昂娜·特雷西被伦敦《泰晤士报》派到爱尔兰小村子去采写那里的生活状况,遇到一些很有意思的人。当地的神父在房子里装修两间浴室,可村里其他人都饿得要死,因为神父都把教区的钱用在教堂的开销上了。这些章节首先在《泰晤士报》发表,爱尔兰教会立刻控告他们诽谤。伦敦报界早就学乖了,碰到这种事情,你得赶紧和解,你赢的可能性就跟我在拳击场上打败洛基·马西亚诺①一样渺茫。所以他们赶紧求和,为这些报道向教会做了道歉,声明报道内容不实;这下昂娜·特雷西也起诉《泰晤士报》了,她说她所写的所有内容都能证明是真的,但他们的表态使得她好像在撒谎。出版史上从未发生过这样的事情。她起诉要求《泰晤士报》赔偿一大笔钱,最后是《泰晤士报》败诉。

收到她的书稿,我们读了以后都笑破了肚子。但在做决定的最后一刻,我很担心,说:"我们就在圣帕特里克大教堂的正面面。斯佩尔曼主教

---

① 洛基·马西亚诺,美国世界重量级拳击赛冠军选手,曾创下了辉煌的胜场纪录。

以及所有教会的人，对这本书会怎么想呢？他们会怒气冲天。我想我们还是不要出的好。"唐纳德说："好。如果你觉得应当如此，我们就不出。可是你别再跟我说你是一个自由派出版人哦。"无疑，这话击中了要害。我们于一九五六年出版了该书，也从没听到斯佩尔曼主教提起它。这本书获得了极大成功，现在，它仍是我们平装书品牌"佳酿图书"中的长销书，我也还是觉得它滑稽得要命。从那以后昂娜·特雷西还写过好几本书，但没有一本像《笔直狭长的小径》这么畅销，虽然其中之一《第一个星期五》在一九六三年还收入了每月之书俱乐部的书目。

贝内特被兰登书屋的编辑约翰·西蒙和唐纳德"抬出去"

我们出版了许多获得天主教会认可的图书，他们也向我们提供了好几个选题。所以，我们相处得非常好。

教会逐渐收回了我们这幢大楼的另外四个单元，先是雷德的南楼，接着相继是其他三个。我们和他们共同拥有中间的院子，我们大约占百分之二十五，他们百分之七十五。可没人知道界限究竟如何划分。它是一种不可分割的利益，一种伙伴关系，双方缺一不可。

建立这种共同维护这幢大楼的关系的两个人是斯佩尔曼主教和我自己。所以当他去世后，我成了孤家寡人。大楼的房产价格与日俱涨，无论是教会还是兰登书屋都有许多人一直主张我们应该把楼卖了，可以赚许多钱。我们拥有的这部分，加上所有装修费用，总共花了五十万元左右，现在大约值两百五十万元，卖了它可以赚两百万——比我们二十年里靠出版赚的钱还多！

最后，还是出于办公效率的考虑而不是为了赚钱，我们决定搬出。我们的业务规模扩展到在曼哈顿五个不同位置拥有办公室的地步，所以为了使各个部门的业务尽可能在同一场所开展工作，我们最终于一九六九年迁入东五十街二〇一号的新大楼。离开这幢老大楼令我心碎，我始终觉得我们应当保留它作我们的编辑部。

众所周知,出版业在战时并没有遭受沉重打击,但在新的发展形势下发生了影响我们所有出版社的深刻变化。多年来,价格低廉的平装再版书在英国和欧洲大陆的市场上风行起来,美国在这方面也相继出现一系列最终失败的尝试。一九三九年,以创办企鹅出版社在英国获得巨大成功的艾伦·莱恩在美国创立分社,聘请才华横溢的年轻人伊恩·巴兰坦担任总经理;同一年,罗伯特·德·格拉夫在西蒙与舒斯特出版社的资金支持下,开办了一家新的美国出版社——口袋书出版社。它起步很好,但是在战争期间它迅猛发展的销售招来了一些竞争对手。平装版在美国站稳了脚跟,出版业即将进入一个新时代。

　　当一九四四年马歇尔·菲尔德①出资取得口袋书出版社和西蒙与舒斯特的控股权时,口袋书出版社的市场份额仍占绝对优势。但这之后不久,就发生了另一件需要我们马上采取行动的事情。阿历克斯·格罗塞是格罗塞与邓拉普出版社的创始人之一,有一天,他的儿子唐纳德·格罗塞惊慌失措地跑来找我,说菲尔德打算收购他们出版社。在西蒙与舒斯特出版社的财务天才莱昂·辛姆金的设计下,这次收购即将付诸实施。

---

① 马歇尔·菲尔德,创办于十九世纪下半叶的美国著名百货商店,一九四四年收购西蒙与舒斯特出版社以及口袋书出版社的是马歇尔·菲尔德家族的第三代马歇尔·菲尔德三世(1893—1956)。

格罗塞担心收购以后他和许多忠心耿耿的老职员都会遭到解雇。他非常绝望，请求我们能买下他们出版社，不让菲尔德得逞。他当然知道，没有一家出版社买得起格罗塞与邓拉普出版社；当时我们的经济实力也还没那么强。但马歇尔·菲尔德得另当别论。

我们马上意识到形势发展对我们业务的威胁。实际上格罗塞在精装再版书市场上是有一定份额的，就是那些每本七毛九分和一元二毛九分、主要在药品杂货店销售的书。他们与"现代文库"并不构成竞争关系，因为他们再版的书比我们的更通俗，而且用的是标准开本。举个例子来说，海明威某本书的再版本，他们的版本就是低成本地复制原版，定价为一元二毛九分，而我们"现代文库"的版本排版更紧凑，定价九毛五分。尽管如此，平装版书正在通过《白鲸》《红字》之类没有版权而过去由我们垄断市场的图书，挤占"现代文库"的市场。他们正在伤及我们的利益，想到由马歇尔·菲尔德控制的西蒙与舒斯特出版社既拥有原创书编辑部，也能出版精装和平装再版书，确实令人生畏。他们可以跑去跟作者说："我们不但能出版您的书，还能向您保证，出版精装和平装再版版。"这种一揽子全包的做法没有其他出版社能做。

我赶紧给我们的好朋友、每月之书俱乐部老板哈利·谢尔曼打电话，这才知道原来唐纳德·格罗塞在来找我之前已经去见过他了，但哈利当时很明智地对他说："我们不想跟任何出版社合伙。我们希望能够独立地运作，这样没人会说我们有特殊利益。"但他告诉我，如果我们真有兴趣，他愿意重新考虑，因为他不喜欢看到一家公司通吃的局面。

哈利·谢尔曼来到我们办公室，一起讨论我们还能争取谁来一起干。所有这一切必须在四十八小时之内完成。因为格罗塞的出售合约已经交给马歇尔·菲尔德，就等着他签字。辛姆金已经分别与菲尔德和格罗塞与邓拉普出版社另一位已故的创始人乔治·邓拉普的儿子（他对高尔夫球更感兴趣）谈妥了条件。

我们希望斯克里伯纳出版社加入是因为他们拥有海明威、菲茨杰拉德以及其他几位重要作家。我们还决定问问哈珀出版社的卡斯·坎菲尔德，他说很乐意加入。我们还想请波士顿的两大出版社利特尔与布朗和霍顿与米弗林中的一家，或者两家都请。为此我们问利特尔与布朗出版社的阿尔弗雷德·麦肯泰尔，因为他和我私交不错，而霍顿与米弗林出版社我恰好一个人都不认识。麦肯泰尔一接到我的电话，就直接赶来纽约。

最后，我们打电话给查尔斯·斯克里伯纳，他是世界上最谨慎的人之一。我说："这事得马上就办。我们都希望你加入。我可以让人把文件送给你，再告诉你收购金额。"这位谨慎的斯克里伯纳先生说："我要出多少钱？"每家出版社出大约三十七万元，而每月之书俱乐部占两个名额，多出了一份钱，因而股份是我们任何一家的两倍。

我说："您得快点决定，斯克里伯纳先生。"他说："好吧，你、阿尔弗雷德·麦肯泰尔、卡斯·坎菲尔德和哈利·谢尔曼都参加吗？"我说："当然啦。"他说："如果这事对你们这些家伙有利，那对我也有利。"我说："这么说你参与我们了？"他说："一定。"我说："难道你不看看数额再决定？"他说："你都已经看过了嘛。如果你准备拿你的钱冒险，我毫无疑问也愿意拿我的钱冒险。"就这样，斯克里伯纳连合同等资料都没看就加入了。必须承认，我们其他几家出版社都没有很认真地看过合同之类的文件，但是从马歇尔·菲尔德手里把竞争目标抢过来的得意劲，是强烈刺激我们的动力。

收购格罗塞与邓拉普出版社总共花了大约二百二十五万元。消息宣布时，整个出版界都说："不出半年，他们就要互相掐脖子了。"但是，出版史上从没有我们这么友好合作的事例。我们说服约翰·奥康纳来经营主持这个出版社，事后证明这是漂亮的一招。约翰具有多年的书业从业经验，当时是出版《世界图书百科全书》的夸利公司副总裁。他长袖善舞，把出版社经营得漂漂亮亮。

不到两年左右时间，格罗塞与邓拉普出版社的精装再版书部分逐渐萎缩至停止出版，当初收购它的目的也不再存在。但事实证明，这对我们任何一家出版社来说都是有史以来最赚钱的一笔投资,尤其是格罗塞童书部开始发展壮大后。

接着局势又发生一次戏剧性的转变。伊恩·巴兰坦离开了企鹅出版社,一九四五年,他与唐纳德和我接触,希望我们投资帮他创办他自己的平装书出版社。但兰登书屋当时正迅猛发展,需要投入所有资金;我们知道,要开设一家出版社跟口袋书出版社分庭抗礼,至少需要五十万元,而我们并没有这么多钱。于是,我带伊恩去格罗塞出版社,说服他们开一家平装书出版社。

这事大费周折。查理·斯克里伯纳尤其反对。他不想介入任何平装书业务。我必须说,罗伯特·德·格拉夫和迪克·西蒙都竭力劝阻我们,告诉我们将面临许多危险。当罗伯特·德·格拉夫以"朋友"的身份专程来讲解我们为何不宜介入这块业务时,我们估计他是着急了,所以更加认定做平装书绝对是个好主意。这一点,几乎令查尔斯·斯克里伯纳也信服。

接着,我们都去费城说服柯蒂斯出版公司与我们合作。我们必须有一家发行商,而柯蒂斯公司拥有一个全国性网络发行它的各种杂志,这一网络用来发行平装书也很理想。于是,矮脚鸡出版社应运而生,一半股份归格罗塞与邓拉普出版社,也就是归我们,另一半归柯蒂斯公司。我们在柯蒂斯公司位于古老的费城独立广场的办公室举行会谈,就在《星期六晚刊》的董事室里。这一切恍如隔梦;我小时候就是靠卖《星期六晚刊》踏上社会的,现在我在这里和董事们开会!

一切进行得很顺利,因为各方负责人都相互尊重,相互信任。在这次合作中,人们无不彼此充满信心。如果我们吸收了一两个出版业内比较阴险的角色,或者如果我们不是这么幸运地找到一个像约翰·奥康纳这样令我们绝对信任的人来经营它,那肯定乱成一团。这次合作获得了巨大成功。矮脚鸡出版社的经营从未受到过质疑。它从诞生第一天起就开始赢利了。

很不幸,接下来就发生了一个事关伊恩·巴兰坦的危机。他被逼退出了他给我们带来的这一块业务。我认为这很可耻,但其他人都不理会我的意见。巴兰坦是个很难驾驭的家伙。他不知道什么叫外交手腕,也没有意识到自己是在和一些喜欢个人权力得到尊重的成功人士打交道。矮脚鸡出版社在英国开办了一家分社,伊恩未经董事会批准就借给分社一笔急需的钱,虽然金额只有两万六千元,但是他无权这么做,就因为这么一次小小的越权,他们逼迫他辞职。

我很生气,要求再召开一次听证会。上一次伊恩蠢到家,没有请律师就去面对这些出版界强人,这一次他带了律师,为时已晚。他们在给他机会为自己辩护之前就已经决心不再雇他。后来,我们请到了一位真正的将才:奥斯卡·戴斯特尔,将矮脚鸡发展成一家平装书出版大社。我估计现在它是头号平装书出版社。

在很长一段时间内,一切进展得非常顺利,但是当其他所有平装书出版社都开始做初版原创书,矮脚鸡也想跟进时,情况变了。早就接替父亲位置的小查尔斯·斯克里伯纳坚决反对。他并不喜欢平装书业务,哪怕他拥有赚钱的矮脚鸡出版社大约十二分之一股份。年轻的斯克里伯纳是我见过的最优秀最诚实的人之一,尽管在这件事情上我认为他表现得很愚蠢。他说想退出,只要取回他父亲当年投资的钱就行了。我们向他说明,他现在股份的价值已经远远超过那笔投入的钱,还帮他算出一笔合理的价钱,但是他什么都听不进。他拿回了当初的投资——四十万元不到一点——虽然到一九六七年他在这次合作中的股份价值可能超过三百万元。

不久,柯蒂斯出版公司碰到一些财务问题,提出把他们在矮脚鸡出版社的那部分股份卖给我们,于是由格罗塞出版社买下,矮脚鸡成了格罗塞的全资子公司。

参与收购格罗塞与邓拉普出版社的出版人谁都不喜欢口袋书出版社的经营方式,因为他们凭借近乎垄断的地位,可以主宰购买图书再版版权的价格。当时,各家平装书出版社支付的再版书版税率标准是由口袋书出版社制定的:一本定价两角五分钱的书,首印十五万册之内,每本版税一分钱,也就是百分之四;十五万册以上的版税为一分五厘,即百分之六。

我必须承认,我们开办矮脚鸡时沿用了同样的版税率。每次开会我都会说这个版税率太低,每当我以此为会议开场白,其他人就半开玩笑半生气地说:"哎,贝内特又来了。"因为他们都不想提高版税率。

后来,随着平装书的市场规模不断扩大,又有一些竞争对手进入这一领域,他们也采用了同样的版税率。起初人人都能赚不少钱,但后来有一年市场上的平装书印得太多了,几百万册书籍只能销毁,估计有些是拿去填土方,有些倒进埃利湖了。所有平装书出版社业绩都大幅下滑。随着印制成本逐渐提高,他们只能涨价。两角五分的零售价标准是行不通了,他们害怕涨价的时间太久了!所以当他们最终涨价时,销售并没有什么变化,两角五分的平装书从市场上绝迹了。他们把价格最高提高到两元四角五分,但大部分平装书的价格在五角到一元两角五分之间。

终结这种不平等版税交易的是经纪人与作家联盟,他们得到了我的帮助和支持。至少,平装书出版社提高了版税率。现在有些图书版权成交的版税率对于出版社来说实际上是不能承受的。当某一本热门大书版权争夺激烈,而又有精明的经纪人从中插手时,最后成交的金额有时候就高得吓人。除了百分之四、百分之六的版税率,还出现过版税高达百分之二十五的版权交易呢。一般的版税率标准是百分之十或百分之十五,我既不赞成百分之四和百分之六,也反对百分之二十五,因为一本平装书的利润承受不了百分之二十五这么高的版税。

当然,如果碰到超级畅销书,利润会很可观。《迷魂谷》的平装版在四个月内卖了八百万册,而精装书如果能卖掉八千册,我们就很高兴了。八万册就足以让我们当街手舞足蹈,八十万册简直闻所未闻,八百万册啊,那是做精装书的出版商完全不能想象的。

随着回报越来越丰厚,作家联盟非常正确地诉诸斗争,认为传统上作者与初版出版社各拿一半平装书出版社所付版税的做法不公平。作家联盟对俱乐部版图书的版税分配也一直持同样观点，但我认为这站不住脚，因为图书俱乐部几乎是在初版图书上市的同时向他们的会员发售相应图书俱乐部版，因为要与初版本直接竞争，所以俱乐部版版税五五分成的做法是合理的，而且出版社也不会让步。

我还认为出版社应该像以前那样，从电影版权买卖中分成。在我看来，一家出版社买了一本书的版权，累死累活编辑加工——有时候甚至得重新起书名——然后让它畅销，结果只能眼睁睁看着电影公司出了一大笔钱买下电影改编权，看着经纪人通常只消用一天时间谈判签约，就能拿走足足百分之十的成交额，而出版社一个子儿都拿不到。我认为我们应该也有一小份——不用很多，但得有。如果经纪人理应拿百分之十，那出版社至少应该得到百分之五，不管作者多么重要。也许经纪人应该少拿一点，或者与出版社五五分成。

我还认为，经纪人没有权利无限度地得到作者收入的百分之十。当作者赚到一大笔钱而经纪人继续拿百分之十，那他拿的就过多了。所以经纪人们来跟我抱怨出版社与他们五五分成不公平的时候，我就反驳他们说，他们无论怎样都可以得到足足百分之十，只要谈成一宗高额版权，就可以捞到五万、六万甚至十万元佣金。说到这，他们马上转移了话题！所以这种谈判关键都要看刺中谁的软肋。我尽量保持绝对客观，也承认任何人都有可能因为愚蠢或贪心而犯一次两次的错。但从长远来看，我的观点终将产生效果。那就是自由竞争如此重要的原因。你坐飞机就很容易辨别有没有自由竞争：你在飞机上拿到的午餐是不新鲜的三明治，航班误点两小时。但是如果有两家航空公司竞争的话，你就能吃到牛排，还不会误点。

竞争也为平装书的版税率带来了变化，现在，有些出版社正在悄悄打破精装书普遍采用的那种最高百分之十五版税率的做法。我们和大多数出版社都还没有这么做，但我知道有一两家非常有声誉的出版社为了吸引作者而开出特别诱人的价码。我们都心知肚明。

我相信,平装书永远都不会毁灭精装书出版市场。首先,大多数爱书人都喜欢把好书收藏在书房里。平装书并不适宜保存,而且它们的字号通常都太小,大多数人阅读起来不太舒服。事实上,平装书这种形式已经为出版业产生了多方位的利益。现在,通过出售再版版权和其他附属版权,许多精装书出版社避免了破产的危机,因为如果没有平装版销售,大多数精装书难以收回成本。平装书还可以培养读者的阅读习惯;人们从读平装书开始,然后一小部分人进而阅读精装书。新的读者就这样产生了,买不起精装书的人也就可以选择平装书了——这是最大的好处。对于学生来说,这很重要。我上大学的时候,如果老师要求我们阅读一些相当昂贵的书籍,同一种书在哥伦比亚图书馆里只备有两本,于是就出现了一百八十二名学生同时借阅这两本书的情况。今天,他们可以到校园外的书店,只用大约七角五分就能买到他们想要的书。我认为精装书出版社必须以这样或那样的方式参与到这个市场中,那些没有涉足平装书获取补充支持的出版社是非常短视的。

我将平装书的兴起归功于罗伯特·德·格拉夫,但真正推出平装版好书的人是杰生·爱泼斯坦,他创办的"铁锚"书系获得了极大成功。实际上,道布尔戴出版社是被他连哄带骗投资开设这一项目的。道布尔戴的大佬们原本对它的期望并不高,是杰生·爱泼斯坦这个棒小伙儿让他们开了眼。接着,正如大家发现口袋书出版社搞的平装书是个好东西,"铁锚"书系也成为高品质平装书的楷模:比如克瑙夫和兰登书屋一起打造的"佳酿"书系,时至今日,我估计规模已经超过了"铁锚"书系。

"佳酿"书系是由小阿尔弗雷德·克瑙夫说服他父亲创办的试验,一开始只出克瑙夫出版社精装书的平装版,由于拥有克瑙夫非常好的一批书,他们的业务不久就开始发展,隔了一阵子,他们需要更多图书品种,于是说服我们授权收入几种兰登书屋的书。这就是我们两家出版社合作的开端。但两家社的平装书在"佳酿"书系真正合而为一,还是在我们收购

杰生·爱泼斯坦

克瑙夫出版社之后。接着我们就通力扩展"佳酿"书系,今天,它已成为一个非常成功的著名出版品牌。我们把杰生·爱泼斯坦从道布尔戴出版社挖来,请他帮我们整合"佳酿"的图书。

我第一次见到杰生·爱泼斯坦后,就打电话给道布尔戴的总裁、我的好朋友道格拉斯·布莱克,我说我想听听你对杰生·爱泼斯坦的看法。

道格拉斯一听就坐不住了,他说:"我到你这儿来,我想当面跟你说说他。"我说:"我过来吧。"他说:"不,我来找你。"于是他就从相隔仅几个街区的办公室过来了,开始跟我说杰生是个多么优秀的小伙子,但是他又说:"他会把你逼疯的。我就快发疯了。"我问:"为什么?"他说:"每次我给他加工资都只能维持两个星期左右,之后他就会跑来要求你再加。"我问他杰生薪水多少。我忘了具体金额,但肯定不是高得吓人。我说:"你给他的起薪一定只有每周一角八分左右。"道格拉斯终于承认,如果他一开始就给杰生高得多的薪水,情况就不会这么麻烦了。但无论如何,杰生都是个干劲十足的小伙子,令道格拉斯不得安宁。

在我们这里,杰生倒是工作很出色。我叫他"我佩戴的十字架"。(有人把这话说给他听,他就说:"贝内特是我遇到的一只熊。")杰生就是杰生。他是纽约文学界最有才华的年轻人之一。他的妻子芭芭拉是《纽约书评》杂志的联合主编,杰生也参与创办了这份著名的文学刊物。他平时爱发号施令,但是人人都喜欢他。他富有魅力,也完全不听别人指挥,爱怎么干就怎么干;要是有人试图让他违反他的风格办事,那是白费口舌。

当然,和所有平装书出版社一样,"佳酿"与"铁锚"都影响了"现代文库"的销售。但"现代文库"依然不断推出真正的好书,它们装帧设计精致,字体完美,令人爱不释手。如果版样老化,就重做版样。我们如此悉心呵护"现代文库",因为它是兰登书屋的基石。早期的"现代文库"蓬勃发展,但是当平装书流行起来时,我们有幸坚持自己的品牌,只有通过增添新的图书品种,让"现代文库"继续发展。它依然是我们一笔美妙的财富,但不再是所有书店"必备"的书系。它不再拥有曾经显赫的价值,因为平装书比它更能满足那些只想出最低价钱买书的读者的需求。而且,许多出版社纷纷创办他们自己的平装书书系,我们因此失去了许多重要作品的再版权。我们通常签订三到五年的再版权;而现在,当合约到期时,我们常常无法和初版的出版社续约。比如说,斯克里伯纳出版社开创自己的平装书书系时,就从我们这里收回了欧内斯特·海明威和司各特·

菲茨杰拉德的图书版权。出于同样的原因，哈考特出版社在推出自己的"哈布雷斯"书系时也收回了弗吉尼娅·伍尔夫和莱顿·斯特拉奇。但，这就是书业之道。

近年来，许多出版社都发现平装版版权也能卖个好价钱；有时候他们也愿意授权给我们收入"现代文库"，因为我们与平装书的销售并不冲突。我们面对的几乎是第三个市场。它在销量上不能与平装书相比，但许多作家都为他们的书能跻身"现代文库"之列而自豪。它是一个精美的书系，作家会觉得如果他的书能进入"现代文库"，就算功成名就了。

杂志的销量受到了平装书的冲击，但更大的冲击来自于电视。许多人过去习惯买本杂志打发一个晚上——比如一个销售员独自在外地城市出差，如果什么人都不认识，就可能买两三本杂志回到房间。今天，每家宾馆和汽车旅馆的房间里都有电视机，要不然大堂里也有一台。出于无聊才读书刊的人们现在可以转换着频道观看电视里的垃圾。为什么他们还要阅读呢？如果你研究一下某个小镇上围着一台电视机观看的人群，你就会很丧气。他们坐在那儿，像是被电视机粘住了。他们甚至不知道自己在看什么，整个傍晚就这么迷迷糊糊地坐在那里。杂志——尤其是以图片为主的杂志——大受影响。而且，潮流始终在变，一份不紧跟潮流的杂志就和其他任何读物没什么区别了。前些时候麻省理工学院一位教授说："当它产生作用时，它已经过时。"万物变化如此之快，你必须时刻关注。

最早陷入困境的是那些通俗小说杂志，譬如《蓝书》《爱恩斯利》。《红书》还能紧跟时代潮流，改变自身风格，但还是有许多杂志在刊登已经没有读者市场的过时小说。《星期六晚刊》过去每期刊登三四个短篇小说和一篇文章，但是逐渐变为每期只登一个短篇小说，其余都是文章。我刚开始做出版时，小说和非小说图书的销量比例是四比一。现在这个比例完全颠倒过来，非小说和小说的销量比反而是四比一。偶尔也会冒出一本像《迷魂谷》《源泉》《圣维多利亚的秘密》或《奈特·特纳的告白》之类的畅销书，卖得比过去的小说多，但大部分新出版的小说根本卖不动。推出一本写得很好的处女作小说，看着它一诞生就走向死亡，令人痛心。人们不再大量阅读小说，也许是因为生活本身已经太激动人心。小说家的吸引力还不及报纸的头版。现在，一个月里发生的事情就比我们父辈一生还要多；生活变得如此刺激、狂乱和喧嚣，光是看新闻就得花许多时间。所以必须是像《夏威夷》或《日瓦戈医生》那样非凡的小说才能畅销。总有几部小说会因为这种那种原因而成为超级畅销书，但大多数小说销路实在很艰难。

相形之下，从不同方面涉及世界时政的图书就好卖。关于越南的图书可能已经出了一百种，大多数都能卖掉。关于种族关系的书也有几百种，主要针对年轻人，它们的平装版销量比精装版高许多，利润也大得多，因为大学生们出不起七元九角五分买一本书。他们愿意花九角五分买。

一个困扰出版社的主要财务问题是出书前给作者的高额预付金，有时候，付了这笔钱以后还得等几个月甚至几年书才能出版，开始收回投入。这可能牵制一大笔通常从银行贷款的现金，银行利息也加入出版社的成本——很多时候这些投入根本赚不回来。并不很久以前，预付金远远没有现在这么高——作家交稿后支付给他几千元就可以了——但是现在可能高达几十万元。

这一变化是由多种因素促成的。平装书的迅猛发展使得畅销作家的赚钱能力和他们经纪人对出版社的要求都大大提高；通货膨胀抬高了图书的制作成本和零售价格：现在一本定价十元的书版税率为百分之十五，是过去定价为两元五角的图书的四倍。

而且，那些不仅代理作家，还代理政治家、演员、运动明星等公众人物的经纪人还养成了一种习惯，就是同时向多家出版社提交书稿，有时甚至只是写作提纲，让他们竞标，然后授权给出价最高的那一家。我们有充分的理由极少参加这种竞标。大多数名人回忆录的实际价值并不值它们所得到的预付金。而且由于这些书的精彩内容通常在《纽约时报》、其他五十家大报以及杂志上率先刊登，书的价值因而被冲淡了。丘吉尔的书让霍顿与米弗林出版社赚了许多钱，但他是一位优秀的作家，一百万人里面才出这么一位。

有些经纪人是谈判高手；我并不是指责他们得到他们所能得到的钱。他们拍卖一本大书的版权，总有出版社出价引发竞标。你经常会动心参与竞标，并不因为你觉得这是一本好书，而是因为你听说哈珀、斯克里伯纳、道布尔戴、维京等出版社都在争夺。这变成了一种必须分出胜负的比赛。

当多家出版社正在激烈争夺某本书的消息到处流传时，你也想挤进去争夺。你不愿落在别人后面。事实上，我经常大骂一些经纪人，责怪他们没有把我听说肯定热门的新书书稿给我看，但得到的答复是："我当时知道你不想要这本书。它的要价很高，而且不符合你们的出版风格。"即使我没有参加竞标，但别人没有想到我，我还是很难受。

我知道道布尔戴出版社向两个人支付过高额预付金，却再也没有下文——他们是演员之类的人物，说要写自传，但从来都没写出来。现在这种情况不像过去发生得那么频繁，但确实有一阵子谁都想和电影明星签约，让他们写书。

我们也曾热衷于此。其中之一是朱迪·加兰。她生病的那阵子（我想是肝炎）住在达可塔斯医院。我一直很喜欢她。她是个迷人的娇小女人，但她的一生也是人间悲剧。我相信她总有一天会把自己毁了。无论如何，她给我打了电话，很惨的样子。我赶到医院，她对我说准备写自传，而且刚找到一个合适人选执笔。他叫弗雷迪·芬克尔霍夫，写过剧本《老鼠兄弟》，还参加过著名音乐剧《费尼恩的彩虹》的制作，他妻子埃拉·洛根是《费尼恩的彩虹》的主角之一。我付给朱迪·加兰和弗雷迪·芬克尔霍夫三万元预付金，每人一万五。

芬克尔霍夫写出足以拿到预付金的字数后，就消失了——像变成空气一样无影无踪。朱迪对此很感内疚。她是个好人。当时担任《麦考尔》杂志主编的赫伯特·梅耶斯希望分两期请朱迪讲述她的故事,她答应了,前提是《麦考尔》得付给我们三万元。所以,我们拿回了那笔预付金,却没有得到书。

但是,你经常会在付出一大笔预付金之后,没有任何回报。这是做出版的风险之一,出版人必须有心理准备。仅兰登书屋一家出版社,大概已经损失了一百万元预付金,因为交上来的书稿没法出版,或者书稿根本没有写出来——作者拿到预付金就开溜了。多萝西·帕克临死前还拿了好几家出版社的约稿预付金,而她根本不想写。像许多作者一样,她把出版社当成了猎物。

每当做平装书的出版人为他们付出的高额预付金而嚷嚷的时候,我总是向他们指出,大多数情况下,他们得到的都是经过市场检验的畅销书的版权,不然至少也是已经出版的书。可是,一个出精装书的出版人呢?可能签了约最终却拿不到书稿,即使拿到,也可能发现书稿和他当初签约时看到的提纲完全是两码事。我曾开玩笑地向道布尔戴出版社总编辑肯·麦考米克提议,纠集一群出版人围坐一桌,每人带最糟糕的三份未履行书稿合同来,像打牌一样把这三份糟糕合同丢给左首的人。当然,结果我们所有人还是拿着三份合同,但是肯和我一致同意,至少我们拿到的是另外三份,而不是困扰我们很长时间的那三份乏味的老合同。

有责任心的作家中一个有趣的典范是现代侦探小说之父达希尔·哈米特。我认为雷蒙德·钱德勒的小说和詹姆士·邦德系列都脱胎于达希尔·哈米特。哈米特与阿尔弗雷德·克瑙夫发生过一次争执。克瑙夫一直是哈米特的出版商,著名的作品有《马耳他之鹰》和《瘦子》。当时的克瑙夫无疑是我们的劲敌,我们都在争夺同类型的书。有一天,哈米特来找我说,他跟克瑙夫闹翻了,愿意跟我们合作。因为我和克瑙夫一直都是朋友,便打电话给他说:"我不想偷你的作者,但哈米特说他再也不想跟你说话了。"阿尔弗雷德说:"我也不想跟他有任何关系。"要是阿尔弗雷德跟谁吵了起来,那意味着他们的关系完蛋了! 他曾决然放弃欧文·华莱士和哈罗德·罗宾斯,毫不后悔,尽管这两个作家的书仍然能赚大钱。

阿尔弗雷德说:"你跟他谈吧,不过跟哈米特合作,除了麻烦你什么都得不到。他是烂人。"达希尔并不是烂人。我对他的好感还来自于有一次我们为了他的新书预付给他五千元,过了大约两年他提出要把钱还给我们。这种情况可不常见。我不想收这笔钱,就说:"达希尔,我认为你总有一天会写出这本书的。"但他说:"不会了,恐怕再也写不出了。我的日子不多了。"他知道自己的身体每况愈下。

达希尔·哈米特付不起这笔钱,但他知道自己写不出书稿的时候坚持要还预付金,这是十分可敬的。这是一位正派人士的善举。

你会碰到诚实的作家,也会碰到骗子。在这一点上,作家与其他行业的人并没有什么区别。

当我处于作家这个第二身份而不是图书出版人的时候，我充分展现出作家与出版人之间频繁发生的两个传统的争论焦点——广告宣传和发行。一九四八年西蒙与舒斯特出版社推出了我的第四本书《用以前要狠狠摇》，这本书仅精装版就卖了大约八万册，但这之后我就不跟他们合作了。以前他们出我的《欲罢不能》曾取得辉煌的成绩，到出《用以前要狠狠摇》的时候，他们一门心思要包装比利·罗斯，对他的书营销力度比我的大。我像一位典型的作家那样，觉得自己受到冷落而大吵大闹，争取到让他们投放好几个整版广告才罢休。最后，我的书销量超过了比利·罗斯的书，是他的四倍，但是我始终无法原谅他们。

　　我转投到道布尔戴出版社，从此我的书都在那里出版。我偶尔还和哈珀出版社有合作。我在哈珀出了《读书求乐趣》——这是我最钟爱的书之一——还有《现代美国幽默百科全书》。这两本书不是我写的，而是编的。《读书求乐趣》是我所读过的最喜欢的短篇小说合集，不是笑话集。它和《百科全书》都是非常好的选集。哈珀的卡斯·坎菲尔德还出版了我畅销的《五行打油诗》和《贝内特·瑟夫绝妙双关语大全》，想想看，整本书都是双关语！

　　我认为一个出版人在自己社内出版自己的书不是明智之举，大多数我的业内同行也持同样观点。如果你为自己的书打广告，你的作者十有八九会说:"我知道你有钱给你自己的书打广告。为什么我在今天早晨的《纽约时报》上看不到我的书的广告?你把时间和心思都花在自己的书上了,不考虑我的书。"

与其他出版人打交道也有许多乐趣,因为如果你的作者一天到晚缠着你说:"我表哥昨天在得梅因,发现那里没有一家书店在卖我的书。""什里夫波特市机场没有我的书"诸如此类作者的标志性抱怨,你总有一天会受不了。"我的版税报告有问题。""你们为什么没有这么做?""为什么没有那么做?"……现在,当我受了作者们一肚子气的时候,就可以随时跑到道布尔戴那里发泄我的不满,把自己变成这种讨厌鬼。

在道布尔戴,每当我针对打广告之类的事情跟约翰·萨金特或肯·麦考米克起争执的时候,我们几乎没法板面孔,因为都很清楚早已经过时间检验的答案。我知道他们要说什么,他们也知道我会怎么回答。就像跳小步舞曲。我们形成了一种固定程序:我向他们发牢骚,他们再把我回答我自己作者的话原样还给我。但我们乐此不疲,这种程序通常都以我们出去喝两杯酒告终。

对于为书打广告的效果究竟如何,意见众说纷纭。我总是引用斯克里伯纳出版社的资深老编辑麦克斯·珀金斯的话来阐述我的观点。他把为图书打广告比作一辆汽车被卡住的问题:"如果这辆车真的陷在泥淖里了,十个人推都推不动它。但如果它有一丝松动,那么只要一个人就能把它推上路。同样的道理,如果一本书绝对卖不动了,那满世界打广告都是白搭。如果还有一线生机,如果它可能就在一两个地方销量有点起色,那么只要推一把,销量就会带动起来。"

这个类比十分精彩,许多次面对一些不相信我解释的作者,我就跟他们打这个比方。事实也确实如此。你可以在《纽约时报》上为一本已经"死掉"的书打一整版的广告,销量不会增加五十本。这一点,我们已经证实——当某个咄咄逼人的经纪人抱怨我们对他代理的作者某本书没有采取任何营销行动任凭其自生自灭,而这个经纪人又非常重要时,我们就打一个大幅广告安抚他,维护好跟他的关系,尽管我们明知这笔广告费肯定是打水漂。广告见报后我们就留意这本书每天的销量。结果总是如此:整整一星期后,这本书在全国的销量不超过一百本,这就说明,那个广告毫无效果。

看广告的人都是为了找找那些他们没听说过的新书,或者是那些他们听到片言只语而别人推荐的书。但是如果这本书对他们毫无意义,他们就跳过广告页不看。连我这样的业内人士都这样,更别说普通读者了。面对一期《纽约时报书评》上的所有图书广告,你只会注意那些你感兴趣的书。

另一桩作者们最爱抱怨的事情是他们在书店里永远找不到自己的书。有时候,他们确实找不到,原因有很多——其中有些原因是我们无法控制的。通常都是由爱书人经营的书店业,在美国并不是最赚钱的行业。有些书店只卖畅销书不卖全品种,库存压力小,所以它们一味打折就伤害了小书店的利益。例如在纽约,科维特商店是一家打折店,它开在第五大街上,正对着布伦塔诺书店,和斯克里伯纳书店也仅隔一条街。结果,布伦塔诺和斯克里伯纳书店里畅销书的销量都大不如前,因为人们都跑到科维特商店去买了,那里有打折。打折店把书当作"亏本销售的廉价商品",吸引顾客进来购物,尽管那里的购物环境并不总令人舒适。

当然,好的书店都备有那些打折店里没有的图书品种,其中包括不赚钱的书,它们可能在书架上放了半年才有人来询问、购买一本——如果每个人都半年才去买一本这样的书——如果这些书店不卖畅销书,他们储备那些销售缓慢甚至根本卖不动的书要亏损更多钱,只能把书退给出版社。因此,他们越来越排斥我们的发行人员竭力向他们推荐的市场需求小的书——处女作小说、诗歌、散文、剧本都属此类。有些书店根本就不采购这些书,即使有采购,每个品种也只进一两本,这一两本卖掉了也不添货。

尽管有这些问题,作家们的收入较之以往仍然越来越高了,因为出版俱乐部版和平装版的机会大大增加,通过销售选集、课本、期刊连载权等附属版权的收入也增加了。《读者文摘》就是大大增加额外收入的一个丰厚来源。

回过头来说我写"业界风向""瑟夫看板"以及"欲罢不能"专栏的那阵子,我的这些瑟夫牌文字不时地在《读者文摘》上露脸。于是德威特·华莱士提出,与其每转载一次我的文章就付一笔稿费,还不如他们每年固定给我一笔钱,只要我授权他们随便转载我的文章。这可是相当慷慨的报酬,我很乐意地接受了,不过我告诉他:"你们不会采用那么多内容的。你们一篇一篇地付稿费随便怎么样都比现在你提出的方案付出少。"他说:"这你就不用管我们了。"他们给我付稿酬就这样付了多年。当"业界风向"和"瑟夫看板"专栏先后停了以后,这笔钱就多得过分了。于是,他们终于减少了金额。可他们给我的钱还是太多,我觉得一分钱都不必付了,他们却坚持要付。华利①总是说:"这个问题让我们考虑好了。"

德威特·华莱士是个了不起的人,《读者文摘》也许是我所知道最成功的出版物,完全是他的创意,早在第一次世界大战前他就在琢磨这个想法了。美国参战时他才二十来岁,志愿参军到法国服役,却在停战前的那个月受了重伤。在法国医院疗养的好几个月里,他的设想臻于完美:大多数杂志上的文章可以在压缩很大篇幅的同时,仍然保留内容的精髓。退伍后的一年内,他就做了一期《读者文摘》的试刊号,标明的日期为一九二

---

① 华利(Wally),华莱士的昵称。

○年一月。

迎接他的是失望,一家又一家出版社在听了他拿着样刊的介绍后对这个杂志缺乏兴趣,不愿意支持。但他依然固执己见不动摇。第二年他和丽拉·贝尔·阿奇森订婚后发现未婚妻居然与他志同道合,于是开始一起筹备创办《读者文摘》。一九二二年二月,新婚不久的华莱士夫妇作为联合主编和创始人,出版了第一卷第一号,首印五千册,印刷的钱还是借来的。接下来发生的事情已经载入史册:到一九四一年,杂志发行量已经达到四百万份,二战期间翻了一番,到一九六七年销量超过一千六百万份。

华利不仅是个意志坚定的人,也很直率。一天,他打电话给我说想见我。我心里纳闷,嘴上却说:"我这就去找你。"他说:"不,我过来。我想跟你说点儿私事。"我想不出到底是什么事。

丽拉·华莱士和德威特·华莱士夫妇

华利来了,我们像往常一样互相讲了几个笑话。他和我一样喜欢讲故事。终于转入正题,他说:"你知道过去六年来《读者文摘》付给兰登书屋的钱有多少吗?"我想,真正的目的说出来了。《读者文摘》精华图书俱乐部是我们一个巨大的利润来源,被他们选中一本书就好像赢了最大的赌注一样,我们获利有时比入选每月之书俱乐部书目还要多。我颤抖着嗓音说:"我不清楚,华利,不过肯定是笔吓人的大数目。"他说:"超过一百万元。"我说:"真的?"暗自担心他要谈的就是这个话题。

"现在,"他说,"我要请你做件事。我对远在圣保罗①的一所名叫麦卡勒斯特的学院很感兴趣,想请你今年秋天去那里做一次演讲。"哈,悬在我心里的石头落了下来,我说:"哦,华利,我很乐意。"他说:"不是请你去白干的,我可不是那么想的。不过每一个被我说服去演讲的人都只收一半的演讲费。"我说:"我愿意分文不取。"他说:"不不不,你到大学演讲一般收多少钱?"我说:"嗯——大学演讲的标准收费是一千元。"他说:"那好,我们付你五百元。我还不想让你专门跑一趟圣保罗。我正好发现十一月份你要在明尼苏达大学做一次演讲。如果你那天上午能来麦卡勒斯特学院,我会去跟明尼苏达大学的伦巴德教授说,请他同意你去。"

就这样,我那天上午去了麦卡勒斯特学院做了演讲,着实爱上了这个地方。这是一所优秀的文理学院。德威特·华莱士这么喜爱它的原因是他父亲担任过这所学院的院长,当时学院穷得两三年都发不出给院长的工资。华莱士家的孩子们只能出去卖报纸,尽可能贴补家用。

我去那儿的时候,麦卡勒斯特学院的院长刚刚上任,叫哈维·莱斯,是个非常能干的人。我的演讲结束后我们去了他的办公室,我说:"我不想要你们的钱,我想设立一个奖学金,就用我这笔小小的收入,每年春天奖励一个语文学得最好的毕业班学生吧。"哈维·莱斯说:"太好了,我马上告诉华利。"我知道这小小的表示必会让华利高兴,我也很乐意这么做。接到莱斯电话的华利说:"真是好消息。他贡献了多少? 五百元? 加到两千元。另外一千五百元我来出。"就这样,这个奖学金以两千元起步了。

---

① 圣保罗,位于明尼苏达州。

接下来的好几年里,我都从《读者文摘》每年给我的那笔我受之有愧的钱里面,抽出一大笔加到奖学金里去,华利也不断地加钱,今天,我估计这笔奖学金已经接近三万元,每年给学生的奖励超过一千元了。

《读者文摘》的同仁一直对我很好。我最早接触的是拉尔夫·亨德森和他现在已故的妻子克利芙——他们正是我心目中理想夫妻的样子。他们刚开始为杂志购买内容版权时,拉尔夫就来找我们了,那时候《读者文摘》精华图书俱乐部都还没有。他会和我一起看我们的新书预告,我俩成了好朋友。《读者文摘》精华图书俱乐部成立时,拉尔夫大约是这个项目的负责人。尽管有些出版人认为这样一个读书俱乐部可能会影响他们自己图书的销售,但我早在还没意识到它的成功前景之前,就对它很有热情。我认为这是又一种激发人们阅读兴趣的方式。

我上电视的目的同样如此。一天，有位古德森与托德曼公司的马克·古德曼打电话给我。我从没见过他。他说正在制作一档电视节目《我是干哪行的?》，每周日播出，有一位固定嘉宾这个星期天有事不能来，他想问问我当晚是否愿意替那位嘉宾出席节目。我马上抓住了这个好机会，虽然我们出版社内有些同事觉得一个体面的出版人参加电视综艺节目不太妥当。

《我是干哪行的?》已经播出了大约五个月，可我还没看过，只在一些报纸的专栏里看到有人谈论。在节目中，由四位嘉宾组成的评委团要通过向参赛者提问的方式判断他的职业，参赛者只能回答"是"或"不是"。这档节目的特别之处在于将出现一位"神秘嘉宾"——此人必定是个名人——评委团要在蒙住眼睛的情况下盘问出他的身份。一九五〇年十月十五日星期天，我第一次参加了《我是干哪行的?》，很快就发现有一些提问技巧可以缩小参赛者可能的职业范围。作为一个从未上过这档节目的人，我的表现很不错。

当时这档节目的赞助商是儒勒·蒙特尼埃博士，他的产品是一种去狐臭的喷雾剂"一喷灵"。《我是干哪行的?》刚开始只在哥伦比亚广播公司的少数几家电视台播出，谁都觉得这只是那种火一阵子以后就会消失的噱头节目，没想到它像野火一样迅速扩散。随着一座座城市的电视台相继播出，赞助费当然也一涨再涨；但蒙特尼埃博士坚持要出钱赞助，直到这档节目基本上在全国每一个城市播出，这时候赞助费可是笔大数目了。他卖再多的"一喷灵"也抵不上赞助费了，而那又是他唯一的产品，所以最终不得不放弃赞助。他心都碎了。他的广告词是"噗！汗出来啦"。有一期《哈佛讽刺》杂志登过一张蒙特尼埃博士在楼顶开枪射击的图片，图片说明写道："噗！蒙特尼埃博士出来啦。"

客串了几次嘉宾评委之后，一九五一年三月十八日，我正式成为这档节目的固定评委。我觉得这很好玩，也是让更多观众知道我们出版社和作者的好机会。当时一起做节目的其他常客有多档电视节目主持人、后来担任美国广播公司新闻节目负责人的 M.C.约翰·戴利，电影女明星阿琳·弗朗西斯、多萝西·奇尔加伦和节目主持人哈尔·布洛克。约翰和我一拍即合，马上开始互相开玩笑。我一直都很喜欢阿琳，她是世界上最迷人的女人之一。而多萝西在她讨论小道消息的专栏文章中的那种刁钻刻薄腔，在你当面见到她时可看不出来，我跟她也是一见如故。

不久哈尔·布洛克离开了节目，由喜剧演员斯蒂夫·艾伦代替。跟斯蒂夫合作很愉快，但他不时会请假去加利福尼亚主持一档他自己的节目。接着，令我们皆大欢喜的是演艺界的伟大人物弗雷德·艾伦加入了我们这个评委团，和我们一起做节目，直到他去世。他是多么出色啊！古

《我是干哪行的？》评委团和 M.C.约翰·戴利

德森与托德曼公司再也找不到能填补他空缺的人选了,后来只好邀请客座评委坐在第四个评委席上。

在这档节目中,我充分展现出自己的本色,我喜欢它。我更爱随之而来的个人知名度,对此我非常坦然。就连我们出版社对节目持质疑观点的人也不得不承认,我使"兰登书屋"的品牌家喻户晓。在《我是干哪行的?》做节目的经历非常精彩。我们像家人般亲密:嘉宾、制片人、演职人员都成了好朋友。十七年来,我们几乎每个星期天晚上都在一起。

在这期间,只有一个星期天不是在纽约摄制节目。那次是在芝加哥,有好几个理由。当时民主党全国代表大会正在那里举行,约翰·戴利要为美国广播公司做报道;多萝西要写关于这次大会的特写报道——她既是专栏作家,也是顶尖的记者——所以她也得在那里。那年我们节目的赞助商是雷明顿·兰德和海伦·科蒂斯两家公司。科蒂斯说,如果我们肯到芝加哥做一期节目,他们愿意支付所有额外费用,因为他们估计这种额外的宣传是值得的。节目做完后,科蒂斯举行了一个酒会,规模很大。我们还搞了场舞会。

那晚节目的"神秘嘉宾"是珀尔·梅斯塔。节目结束后我问约翰·戴利:"天知道,为什么请珀尔·梅斯塔?我们四五个月前刚刚请过她。"约翰说:"你不知道我们请到珀尔·梅斯塔有多高兴。你肯定无法相信当时发生的事情。我们原本想请——一旦请到将是我们多么轰动的绝招——前美国总统哈里·杜鲁门。"约翰说,前来参加民主党大会的杜鲁门本来已经答应参加节目,但是后来制片人按照惯例给赞助商雷明顿·兰德公司打电话通报。雷明顿·兰德的董事长是道格拉斯·麦克阿瑟将军,正是杜鲁门在一九五一年四月十日(朝鲜战争期间)将他撤了职。此事我记得这么清楚是因为那天我和菲丽丝正在华盛顿与助理国防部长安娜·罗森伯格共进午餐,所以在撤职的消息公开之前就知晓了。显然,当麦克阿瑟得知节目邀请的"神秘嘉宾"居然是杜鲁门时,电话线都要烧起来了。他说杜鲁门不能出现在任何与他有关的节目里。制片人们不敢违抗麦克

贝内特、菲丽丝和"神秘嘉宾"
杰克·本尼

阿瑟,而是慌里慌张地告诉杜鲁门总统,请他上《我是干哪行的?》的安排取消了。

这下节目就在芝加哥陷入僵局了,没有了"神秘嘉宾",再找一个的时间也所剩无几。虽然满城都是民主党的精英人物,可大部分人都有事。而且当时广播电视中要求对不同政党平均分配时间的规定已经生效,如果电视台不给其他政治竞选人相当的出镜时间,没有一个想竞选的民主党人能参加《我是干哪行的?》。所以他们请出珀尔·梅斯塔救场,她欣然答应。

好几年以后，一九六〇年六月，我才有机会见到杜鲁门。这次还是在芝加哥，美国书商协会大会在那里召开，其间伯纳德·盖斯举行晚宴庆祝杜鲁门的新书《公民先生》出版。这本书由盖斯公司出版，兰登书屋发行。我提起很遗憾当年他没能参加《我是干哪行的？》，他哈哈一笑，说："也好，那样你就能明白我们在朝鲜打仗的时候我不得不对付的人事问题。"

我相信哈里·杜鲁门将作为美国最优秀的总统之一而载入史册，他是一个经得起考验的人。我很感谢伯纳德·盖斯让我有机会见到他——虽然我对盖斯交给我们发行的有些书不知说什么好。

我初次见到盖斯是一九四五年他刚加入格罗塞与邓拉普出版社时。后来，他自己创业，灵机一动想出了一种异花授粉式的跨行业商业模式，跟他合伙的有《观看》杂志的加德纳·考尔斯，《时尚先生》杂志的发行人，餐饮俱乐部，格鲁乔·麦克斯，古德森与托德曼公司，阿特·林克莱特。这种模式就是所有合伙人互相帮助。《观看》或《时尚先生》一有空的版面就刊登伯纳德·盖斯公司的图书广告，格鲁乔·麦克斯、阿特·林克莱特和古德森与托德曼则时不时在各自的电视节目中提到盖斯的书。他创业不久，这套做法就因为电视智力问答节目的丑闻和过度的交叉宣传而闹得满城风雨。连政府和电视公司头头们都开始严厉指责了。

盖斯生意经的主要手段就这样完结了,但是通过高额版税和特殊交易,他还是抓到了一些赚钱的书。他很擅长公关,在争抢大多数出版社得不到的图书版权方面也很有手段。他经常能因为得到图书电影改编权版税的百分之二十五或者图书再版权版税一半以上而活跃一阵。能谈成条件这么好的交易,是因为跟他打交道的都是没有经验的新作家。

　　他提出请我们发行他的书,我们答应了,因为在他的出版计划中,除了杜鲁门总统的书,还有格鲁乔·麦克斯和阿特·林克莱特的书——真是一个阵容强大的三人组合。他跟杜鲁门签了一本后来从未写出来的书稿:一本写给青少年看的美国历史书。的确,盖斯出版了《美国公民》,可这不是写给孩子看的书,要是的话,就跟一百万元存在银行里一样。就这样,我们跟盖斯展开了合作,坦率地说,我们赚了许多钱。因为这种合作只涉及发行;无论他出版什么,我们不承担编辑责任。

　　在一段时间内,合作很顺利:盖斯做出了好几本畅销书,阿特·林克莱特的书、格鲁乔的书,还有海伦·格利·布朗的《性与单身姑娘》。《迷魂谷》的书稿拿来的时候没什么人真正注意到它——我就没读过——但是当作者杰奎琳·苏珊来参加兰登书屋的发行大会介绍她的这本书时,我们所有人都对她留下了深刻的印象。我们每年召开两次发行会议,将分布全国各地的发行员召集起来,向他们介绍下一季的新书情况。在会上,盖斯的书总是会议休息的间歇人们讨论的有趣话题。我们的编辑大致介绍完新书后,盖斯亮出他的那些花样:填字游戏书、异想天开的窍门书等等。然后他向大家介绍漂亮的杰奎琳·苏珊。发行员们都被她亲自参与营销《迷魂谷》的详细计划说得很振奋——她果然说到做到!她居然上了几乎每家电视台、电台的节目,还一个接一个成为各地闲话专栏的话题。她的书成了一本超级畅销书,推出平装版时,又是一阵热销。接着,根据小说改编的电影也破了票房纪录。《综艺》杂志把它评为十年来最差的电影之一,但这并不影响它的票房,因为电影票都被预售一空。据《综艺》报道,在某些城镇,历史上从没有一部电影连映超过三天,而这部电影已经放映到第四个星期了！

　　我们躲闪盖斯是从他找人写在世名人的丑闻书开始的。它们名为小说，这样遭到诋毁的人无法反驳；作者把主人公描绘得任何人一看就知道实际上是谁，又添加了许多下流恶俗的小说情节，但因为书中的那些真实、可以辨别的部分，读者会相信所有内容都是真的。如果遭到诋毁的人站出来驳斥，出版社可以说："你怎么知道书里写的是你？"所以他如果驳斥，似乎就是在承认书里所有恶俗的事确实发生过。

弗兰克·辛纳屈和贝内特

　　随着盖斯出的书品质越来越低劣，我们日益担忧起来，而且我们的发行人员要承担大量我们自己图书的发行工作，这一切促使我们自问，是否还值得花精力为他的书做发行。于是我们警告了盖斯，不久他就以一部书稿提前结束了跟我们的合作。他希望我们最好看看这本书，书名叫《国王》，一看即知主人公的原型是弗兰克·辛纳屈①。盖斯知道弗兰克·辛纳屈是我和菲丽丝非常非常好的朋友。我读了《国王》的书稿，越读越来气，因为它的影射非常明显，还在这本纯粹（或者说不纯粹）的小说中塞进了垃圾。我说："我不想发行这本书。"盖斯料到了我的反应。实际上，我想他已经跟另外一家出版社谈过代替我们发行的事。果然，他请新美国文库出版社来发行。令我很高兴的是，这本书销售得一塌糊涂。弗兰克·辛纳屈听取了我的建议，对它没有采取任何行动。我说："他想要的就是你发声——你越高调反驳，他越求之不得。"我已经了解盖斯的意图，他想通过诋毁弗兰克来吸引电影公司购买书的电影版权。但我相信弗兰克不用动一根手指，没有电影公司会碰这本书。

接着的一本书稿《露阴癖》令我们的关系更糟糕。我极其厌恶地读了这本书稿，虽然我得说，这本书写得比那本《国王》好很多。作者戴维·斯拉维特是有写作才能的，从文学价值上说，这本书毫无疑问也可以出版。但是它又是一本影射真实人物的小说。我们不想继续这种合作了，所以，我们告诉伯纳德·盖斯，请他另找发行商。

---

① 弗兰克·辛纳屈(1915—1998)，美国集爵士乐歌手、演员、电台、电视节目主持人、唱片公司老板等多重身份的全能娱乐家。

在兰登书屋早期，我和唐纳德都有足够的时间决定任何事情，从接受什么书稿，到如何介绍、推广图书，还决定如何编辑。但随着书目的增长，我们必须逐渐增加人手，授权他们处理一些事务。和其他出版社一样，我们的主要问题之一是找到合适的编辑，他们对书稿的品味和判断力都要值得我们信任。

我认为，优秀的编辑就像优秀的作家一样，必须天生就有某些不可或缺的才能，譬如良好的记忆力和想象力。但他也应当拥有广泛的兴趣、流畅的语言应用能力，还要对综合知识有一定的储备——越多越好——这样他才能理解作者的写作意图，帮助他实现。编辑得广泛阅读，才能在看到书稿时鉴别、欣赏写作的好坏，但他也必须有一定的市场感觉，知道大众可能买什么样的书，因为即使书写得再好，如果没有市场需求，任何一家出版社都无法生存。

编辑的最重要职责之一就是努力在维护作者利益和出版社利益之间获得平衡。这些利益通常都是保密的，但也不尽然，一旦被彼此知道，夹在中间的编辑就得向双方使用相当高明的外交手腕，还得有耐心——这也是不可或缺的品质。

编辑还要能和作者融洽相处——这并不总是易事。关系好的时候，编辑可能对作家的写作非常有帮助，他可以跟作家讨论写作设想和意图，也可以提出建议使作家的想法更敏锐清晰。编辑的价值还在于指出书稿中可以删掉的重复、冗长或不必要的部分。

对于需要、想要还有愿意接受编辑多大程度的帮助,作家们的情况大不相同。因为哪怕是好的建议,有些作家也拒绝接受,很多书实际上非常需要编辑加工,但因为作者不允许出版社编辑改动而就这样出版了。当我在书评中读到"为什么出版社没有尽责"之类的质疑时我非常愤怒。通常,编辑尽最大努力请作者修改书稿而遭到拒绝时,心里都在流血。一本书稿卖掉电影或者电视剧版权时,编剧随便怎样改编书稿内容都会被理解,可是在出版业中,作者才具有最终决定权。唯一可以不按他的意思做的法子是说:"这本书我不出了。"

如果编辑提供的帮助太少或对作者和他的作品兴趣不大,或者与此相反,编辑做得过头,把自己的意见强加于作品,那么在这两种情况下,编辑和作者的关系都会出问题。当然,任何优秀的作家都会告诉编辑他的权限在哪里。有时候他会要求换编辑。

在我看来,干得过头的编辑往往本人就是受过挫折的作家,他们总是忍不住想改写作品,因为他们自认为能写得更好。对此我们必须提防。萨克斯·康明斯是一位优秀的编辑,却是个不成功的作家。他自己写的东西堆砌辞藻,华而不实,如果别人拿这样的文字给他看,是要遭到他嘲笑的。他向约翰·奥哈拉提出的书稿修改意见气得奥哈拉拒绝再与他合作。另一方面,因为萨克斯的缘故转到兰登书屋来的作家詹姆斯·米契纳与他合作的麻烦则是另一种情况。吉姆①拿来一本书稿,他认为这只是还没写完的初稿,想在动手修改定稿前先跟责任编辑讨论讨论。当他得知萨克斯已经编好书稿要发排付印的时候,就要求换编辑。虽然事实证明萨克斯不适合当奥哈拉和米契纳的编辑,却受到了尤金·奥尼尔、威廉·福克纳这样的文学巨匠的敬重和信任。而且从巴德·舒尔伯格和欧

---

① 吉姆(Jim)是詹姆斯的昵称。

文·肖的第一本书起,萨克斯就鼓励他们,担任他们的责任编辑。

实际上,对于一个愿意听意见的年轻作家来说,出版人或者编辑可能非常有帮助。比如说,有一位名叫麦克·海曼的不知名作家曾经给我们投来一本已经遭三四家出版社拒绝的书稿,书是写朝鲜战争的。我带回家读,阅读中我不得不中断三四次,因为笑得接不上气。这本书写得非常滑稽,但是篇幅太长。我们当然要下了这本书,并说服作者把整个后半部分内容删掉,我给它取了个好书名:《中士没时间了》。它成了我们最成功的畅销书之一。年轻的麦克·海曼靠它赚了大钱!先是每月之书俱乐部选中,然后一连几个月在畅销书排行榜排名第一;接着又被改编成非常成功的话剧,再被拍成大型电视连续剧和热门电影。

由于《中士没时间了》的成功,我们开始物色其他关于军人的喜剧小说,一九五五年,我们收到一组关于海军公关军官的短篇小说。我在前往克利夫兰的飞机上读了书稿。在机场我往出版社办公室打电话说:"这些东西写得很有意思。马上把书签下来。我一回来就想尽快见到作者。"作者是威廉·布林克利,在《生活》杂志工作,是位出色的作家。他很快就对我们的论点表示理解:我们认为通常短篇小说集销路不如长篇小说。所以在我们的帮助下,他把这些短篇小说拿回去,用一个其实没多少意义的情节把故事都串起来,就好像用线把珍珠连成一串。书名还是我取的,叫《别走近水边》。于是我们又多了一本排行榜第一名的畅销书,又一本入选每月之书俱乐部书目的书。

如果《中士没时间了》和《别走近水边》都是作者在第一本书成功以后写的第二本书,我们再努力告诉怎么安排书的结构,他们多半会怒气冲冲地冲出我们办公室。好在他们都还年轻,迫切地按照我们的建议修改。

在兰登书屋,我们有一个规矩,高级编辑可以自主决定他看中的书稿选题,除非涉及高额预付金。碰到这种情况,我们就得讨论。这种讨论在兰登书屋有两种方式,一种就是正式的会议,编委会会议,我讨厌这种会议,经常缺席。

另一种方式是在我想开会的时候,才召集我需要的人一起谈话——我认为这才是经营出版之道。举个例子,一九六九年,尤多拉·韦尔蒂[①]的经纪人戴阿穆德·罗素请我们和另外两家出版社竞标争夺韦尔蒂接下来四本新书的版权。预付金要求很高,但由于是竞标,没人知道到底有多高。于是唐纳德和两个编辑分别读了罗素提交的第一本书稿《战败》,我跟他们开会一起讨论问题。毫无疑问,我们很想出版韦尔蒂的书,但决定的预付金报价必须高得足以超过我们的竞争者,又能保证赚得回来。很快我们就做出了正确的决定,第二年出版的《战败》好评如潮,销售喜人。

当然,编辑的另一个重要职责是为出版社增添新的作者。做到这一点有各种途径,但一个在文学、学术界朋友众多、人缘很好的编辑,显然比一个虽然具备许多才能但不喜交际的编辑机会多得多。有些非常成功的编辑把大部分精力花在寻找新书书稿上,拿来后由其他编辑去编。

(左起)编辑们:杰斯·斯泰恩、罗伯特·林斯科特、萨克斯·康明斯、哈利·莫尔、戴维·麦克道威尔

266

做案头的编辑与经常外出四处物色书稿、与作家、经纪人吃饭喝酒的编辑是有很大区别的,虽然有些编辑两方面都能胜任。不断冒出新书"点子"的编辑通常更受人瞩目,最终可能也赚大钱,而埋头处理书稿、干着出版中最脏最苦工作的编辑则要逊色许多。他就像握着铲子往轮船锅炉里添煤的可怜家伙,而船长正坐在顶板追求船上最漂亮的姑娘。今天人们的生活结构就是这样,没有几个人有时间干或者愿意干辛苦活,不像过去人们习惯于自己动手制作精美家具,并以自己的手艺为荣。

在二十世纪三十年代,唐纳德和我以及后来的鲍勃·哈斯都会带来新的作者,尽管出版社年年都在发展,大多数案头编辑工作仍然可以由萨克斯·康明斯和贝尔·贝克处理。贝尔于一九三〇年来到兰登书屋当前台接待员,通过萨克斯的帮助和自身的天赋,她自学成为优秀的编辑,帮助过许多作家。昆丁·雷诺兹和山姆·亚当斯在兰登书屋出书时,贝尔就担任他们的责任编辑,成了他们的好朋友。

由于我们在"二战"中仍然持续发展,编辑部规模显然得扩大了。虽然我们已经增加了哈利·莫尔,但他的精力得全部放在随他转到兰登书屋来的许多作家身上。一九四四年,我终于把罗伯特·林斯科特挖到纽约来了。他长期在霍顿与米弗林出版社担任高级编辑,当年我还在波士顿跑图书发行的时候就认识他了。

正是鲍勃·林斯科特请我注意杜鲁门·卡波特。一天，不知是他自己看到还是别人告诉他，他得知《小姐》杂志上刊登了一个不知名作者杜鲁门·卡波特的短篇小说《米丽安》。那是我第一次看到卡波特的作品。写得真好！既有深度又令人回味。我们约杜鲁门·卡波特来见面。

啊，杜鲁门到兰登书屋的日子终于来了！当这年轻的神童翩然而至时，谁都不敢相信他就是卡波特。他前额还有刘海，看上去只有十八岁。他开朗，欢快，信心十足。我们说愿意出版他写的任何东西。他就说正在写一部长篇小说，于是我们赶紧起草了合约。那就是我们一九四八年出版的一炮走红的《别的声音，别的房间》。人人都知道——尤其是杜鲁门自己知道——文坛出现一位重要作家了！菲丽丝马上认他做干儿子。他已经散发出令人难以抵挡的魅力，很快就成了社交圈的宠儿。

《别的声音，别的房间》出版时，我们使用了他那张现在已非常著名的照片，额头留着刘海，穿着方格马甲，斜躺在椅子上。此举宣传效果很好。不过对杜鲁门来说，要做媒体宣传实在太容易了。举个例子吧，在《别的声音，别的房间》出版前大约一星期，我的朋友理查德·西蒙给我打电话说："《生活》杂志居然用整版篇幅刊登了一个作家的照片，而他的第一本书都还没出版，你到底是怎么办到的？"我说："你以为我会告诉你吗？梅西百货会把生意经告诉金宝百货吗？"迪克说："说吧，你是怎么做到的？"

杜鲁门·卡波特

我说："迪克，我可不想告诉你。"他气得挂了电话。我也挂了电话，叫道："老天爷，快给我弄一份《生活》杂志来。"我也是头一次听说这码事！那张整版照片是杜鲁门自己安排的，我至今都不知道他到底是怎么办到的。

《别的声音，别的房间》出版后的一天，杜鲁门轻飘飘地来到我们办公室对我说，《时尚》杂志请他去好莱坞待两个星期，以一个从未去过好莱坞的年轻作家的角度写写对那里的印象。他们开出的价是两千元，而且两星期之内的费用全包，杜鲁门要求他们马上付现金——两千一百元。他大概从没一下子见过这么多钱，把钱都卷起来用一根橡皮筋箍好，带来给我看。就这样，他平生第一次去了好莱坞，而我则迫不及待地等他回来听他讲此行的经历。

两星期后，他回来了，跑来向我汇报："我和葛丽泰·嘉宝待了第一个星期，和查理·卓别林待了第二个星期。"这都是真的。到好莱坞的第一天晚上，他带着介绍信去找一个当晚举行酒会的人。葛丽泰·嘉宝在那里见到杜鲁门，就直接把他带回家了。她说："你别去宾馆了，就住我那儿吧。"一星期后，在另一个酒会上，查理·卓别林把他从嘉宝手里抢过来，

杜鲁门·卡波特

带他回去住了一星期。

　　杜鲁门越来越受欢迎，认识的名流也越来越多，他频繁出入酒会，是全城最受欢迎的特别嘉宾，以致我们不得不紧盯着他写作。他才华横溢，是天生的写作之材，但他用词讲究完美，常常为此推敲一整天。我知道他就是这么做的，每部完成的作品就像一颗磨光的宝石，几乎不用再编辑。他以《受倾听的缪斯》证明他不仅是优秀的小说家，也是出色的记者。这又是一本畅销书，写的是苏联排演乔治·格什温《乞丐与荡妇》的热闹场景。两年后出版的小说《蒂凡尼的早餐》成了真正的超级畅销书。

杜鲁门出名不仅仅是因为他的书,还因为他的两篇短篇小说《圣诞节的记忆》和《感恩节的访客》,他和弗兰克·佩里夫妇①把它们改编成电视剧,还得了奖。杜鲁门的个性使得他老是成为闲话专栏作家最喜欢谈论的话题。他总会干出一些令人津津乐道的事情。一九六七年他举行的酒会是那十年社交圈的一大盛事。《纽约时报》刊登了酒会全部嘉宾名单,凡受邀者即被视为成功人士。没有受到邀请的人都非常失望。客人们特意从意大利、法国、好莱坞等世界各地赶来,盛况空前,杜鲁门兴奋极了。酒会花了他一大笔钱,但他不在乎。

出于一次奇怪的巧合,我在杜鲁门伟大的作品《冷血》诞生的过程中起了点小小的作用。有一次我到位于堪萨斯州曼哈顿市的堪萨斯州立大学演讲,待了两天。演讲之外,我还跟英语系的学生们待了一天——就像我有时候在其他大学演讲那样。我和詹姆斯·麦凯恩校长成了好朋友。他是将堪萨斯州立大学发展成美国一所顶尖大学的弥尔顿·艾森豪威尔校长的继任者。在那两天里,我交了许多朋友。离开时,吉姆·麦凯恩说:"您在这里的两天我们都很开心,如果我能为您做点什么,请告诉我,别客气。"我哈哈笑道:"在这里,堪萨斯的曼哈顿,您能为我做什么呢?"我就这样高高兴兴地走了。

之后不久就发生了克拉特一家的灭门惨案——在堪萨斯州的花园城,克拉特夫妇和他们的两个孩子被人残忍地杀害,此案震动全国。当地警察找不到任何线索,束手无策。凶手似乎对克拉特家很熟悉,知道在哪里隐蔽汽车,如何进入克拉特家,还知道墙上保险箱的具体位置。所以警方断定凶手肯定是花园城的居民。全城人都有嫌疑。

一天,杜鲁门走进我的办公室说:"《纽约客》杂志派我去写这桩谋杀

---

① 弗兰克·佩里(1930—1995)、埃莉诺·佩里(1914—1981)是六十年代美国电影界活跃的夫妻搭档,弗兰克是导演,埃莉诺是编剧,两人合作拍摄的《戴维和丽莎》是美国独立电影史上的里程碑。两人于一九七〇年离婚。

案。"我说："你？去堪萨斯的乡下？"这是每个人的第一反应——优雅的卡波特先生要去堪萨斯的一个小镇。他对我惊讶的反应很是愤愤不平，说："我在堪萨斯州一个人都不认识。你得给我介绍几个当地人。"

出版社就是派这用场的，我猜，不过这次我还顶用。我马上想起了我的朋友，堪萨斯州立大学的麦凯恩博士。我打电话问他是否知道花园城的克拉特一家。吉姆说："克拉特夫妇是我的好朋友。堪萨斯花园城的每个人我都认识。"我说："我们有个作者要来为《纽约客》杂志写系列报道。我希望以后可以出书。他能中途下来去找你吗？"他问："这个作者是谁？"我说："杜鲁门·卡波特。"吉姆·麦凯恩答道："杜鲁门·卡波特？到堪萨斯来？"我说："是的。"他想了片刻，然后问："我要跟他做个交易。如果他肯抽出一个晚上跟我们英语系的师生谈话，我就帮他给花园城一半的居民写介绍信。"我说："我现在就替杜鲁门答应下来。太好了！他会带一个年轻女助手一起来，我没见过她，不过我知道她可能是杜鲁门的远房亲戚。"那个姑娘就是哈珀·李，《杀死一只知更鸟》的作者。

杜鲁门和哈珀·李去了堪萨斯，两天后，吉姆的电话来了。他说："我要向你汇报一下卡波特先生和跟他来的姑娘的情况。他们都很好。杜鲁门穿着一件粉红色天鹅绒大衣，得意洋洋地走来，宣布说：'我敢打赌，我是第一个穿着迪奥①服装来堪萨斯州曼哈顿市的人。'我说：'让我说得更确切些吧，卡波特先生。您可能是第一个穿着迪奥来到堪萨斯州曼哈顿市的人，不管是男人还是女人。'"

麦凯恩接着说："我带他见了全体教员，第二天早晨六点半，杜鲁门和李小姐动身搭圣塔菲火车去花园城的时候，全体教员都起床为他们送行，我和我太太也去了。"

他们赶到花园城，负责调查的堪萨斯州调查局探员艾尔文·杜威快发疯了。他正一筹莫展呢，人们对他越来越不满。突然，杜鲁门·卡波特

---

① 克利斯汀·迪奥，法国高级时装品牌。

272

又来给他添乱。但是两个星期后，杜鲁门已经住到了杜威家里，杜威一家和花园城里的每个人都喜欢他。

在两名凶手落网的那一刻，谁是他们世界上最好的朋友？杜鲁门·卡波特。凶手佩里以前是个诗人，他在上绞刑架前把自己所有藏书和诗歌都送给了杜鲁门。每个死刑犯可以选一个人目击行刑过程，佩里坚持选杜鲁门。所以，杜鲁门不得不再赶回西部旁观两名凶手双双伏法，与他同行的是乔·福克斯；林斯科特退休后，乔就接替他担任杜鲁门的责任编辑，两人也成了好朋友。就在即将走进行刑室时，佩里请求杜鲁门走过来道别，他伸出双臂抱住杜鲁门，吻了他的脸颊说："我很抱歉。"杜鲁门再也控制不住自己，痛哭失声，换了任何人都会如此。

从出版的那一天起，《冷血》就是一本超级畅销书，并获得每月之书俱乐部的推荐，出版第一个月内每星期销量高达五万册左右。我们从未见过一本书卖得这么火爆。《冷血》出版不久，杜鲁门就把他在花园城结识的所有朋友都请到纽约来。身为杜鲁门，他为他们举办了一系列酒会，看得花园城的居民们眼花缭乱。他要让他们见到包括美国总统在内的每一个人。在华盛顿，《新闻周刊》和《华盛顿邮报》的老板凯瑟琳·格雷厄姆为他们举办了一个盛大的酒会，在那里，他们见到了天底下每一个重要人物。

每当杜鲁门来出版社，我总是很乐于见到他，虽然有时候他一把抱住我，"白老爹""大亨"什么的一通乱叫令我着恼，我说："行行好，这一套就免了吧。"不知怎么的，卡波特真这么做我也不介意。

一九四五年,伊利诺伊州有个姑娘寄给兰登书屋一本书稿。这部处女作小说写得非常好——但写的是乱伦,她的写作技巧还不足以驾驭如此复杂的主题。在那个年代——离现在也不很远——乱伦是出版的一大禁忌主题,除非处理得非常巧妙。我想是鲍勃·林斯科特给她回了一封长信,详细告诉她书稿哪些部分写得好,哪些写得不好,并建议她先从简单安全一些的主题着手,这个先放一放,留待日后再写,很多地方写得还是很好的。

她回了一封信,显然是写了不少时间。她说,没想到会收到一家纽约著名出版社写得这么详细的回信,更何况谈论的是一部退稿。她永远也不会忘记这封信,它改变了她对出版业的整体看法。她还说要表达她的感激之情,接着又说:"事实上,我现在就可能帮你们一个忙。在我们这幢楼里(她住在芝加哥的一个郊区埃文斯顿),有个姑娘写了一本书,我认为写得非同寻常。这本书已经被一家出版社拒绝了,经纪人告诉她,把书稿寄到其他地方也没用,没人会出,她大受打击。但我被这本书迷住了。如果您想看看,我就寄给您。"

玛丽·简·沃德的《蛇坑》就这样来了。我们第二年就出版了这本书,我记得校样上的改动只有十处——写得近乎完美。我总是以这本书为例说明出版令人兴奋之处。把约翰·奥哈拉或詹姆斯·米契纳的书做成畅销书并不算天才。但出版的许多乐趣在于发现完全陌生的新人,出版他的书,然后加以适当的宣传推广,等着它有可能被每月之书俱乐部和《读者文摘》精华图书俱乐部选中,再卖出电影版权,看着他一夜成名。当然,这时候这个作家很可能就去了好莱坞,你从此再也看不到他了。但即使如此,整个过程还是十分刺激。

《蛇坑》写的是一个出身中产阶级的聪明姑娘忽然精神分裂,只能送进精神病院——作者本人就有这样的遭遇。我给正在埃文斯顿的玛丽·简·沃德打电话,告诉她我们想出她的书。我告诉她的语气非常平缓,因为我担心她情绪太激动;我还请她来纽约,费用由我们出。她是个非常可爱的姑娘。我花了大约一个半小时劝她改书名。我说:"买长篇小说看的读者很大一部分是女人。女人都讨厌蛇。如果你的书叫《蛇坑》,你就可能仅仅因为起错书名而失去很大一部分读者。女人碰都不会碰它。"还好,感谢上帝,玛丽·简根本不听我的。这个书名绝对棒。直到今天,精神病院仍然像过去一样,被称作"蛇坑"。过去那里很可怕,纽约、芝加哥和其他地方都对精神病院做过颇有成效的改革,但是这些地方仍然可怕。

这本书刚出版,一系列事情跟着来了。首先,它入选了每月之书俱乐部;其次,每家电影公司都对它有兴趣。许多询问过《蛇坑》电影版权的制片人在最后一刻都缩回去了,因为有两幕大场景牵涉到电击疗法,而且他们觉得整个电影以精神病院为背景太可怕了。但我最终还是把电影改编权卖给了我们的好朋友,魅力十足的阿纳托勒·利瓦克。绰号"托拉"的利瓦克因执导了外国电影《梅尔林》而一夜成名,这部电影讲述的是奥匈帝国王储鲁道夫大公和他的情人在其狩猎别墅梅尔林神秘被杀的著名历史事件。电影轰动一时,托拉立即就被请到好莱坞,从而成为好莱坞一线的导演和制片人,拍摄了《同志》《化身大盗》《高于一切》《抱歉,拨错号了》等成功影片。

我是在一天晚上和托拉在瑞吉饭店吃饭的时候把《蛇坑》的电影版权卖给他的。他以自己的名义买下,但最后还得找二十世纪福克斯公司投资。这部由他制作的电影很卖座，得了一连串奖。我还记得授权费：四万五千元，这在当时是一大笔钱，尤其对于玛丽·简·沃德而言。

自从我们出版了莎莉·本森的《少女》以后，对于如何把卖出高额版权交易这种事情告诉作者，我就非常谨慎了。她真是个难打交道的人！这本书是她在《纽约客》发表的短篇小说集，写的都是十七八岁的少男少女第一次约会的故事，写得很有趣。我们于一九四一年出版了该书，但做梦也没想到它会被每月之书俱乐部看中。

莎莉一直都是个穷光蛋，当我打电话告诉她俱乐部版的时候，她长长地尖叫一声，问："那意味着我能得到多少钱？"我说："我想你大概可以多得两万到两万五千元。"过了二十分钟，别克汽车经销商给我打来电话说，有位叫莎莉·本森的小姐在他们那里买车，说我是担保人——十分钟不到她就给自己买了一顶帽子、一件大衣，又去买汽车。我欣然同意当她的担保人。

第二年，莎莉又写了一组关于她在圣路易斯的童年时代的短篇小说，她起的书名叫《肯辛斯顿街三十五号》。我说服她模仿一首老歌《邂逅我在圣路易斯，路易斯》把书名改成《在圣路易斯遇见我》，并再增加一篇与书名相配的小说。她照办了，这本书也成了畅销书；一九四四年，它被搬上银幕，是朱迪·加兰主演的最成功的电影之一。它至今仍在深夜电视里播放，每次我都看——真是一部感人的电影！

导致我们出版《美国大学词典》的一系列事件，是在我一生奉行做事深思熟虑的原则下开始的。有一天，我来到办公室，兴高采烈地宣布："我们出本词典吧。"看看我对词典的了解多么贫瘠吧：我们有两位博学的编辑萨克斯·康明斯和鲍勃·林斯科特，我就说他们可以利用业余时间编纂一本全新的词典。那就是我最初美妙的计划！

开始讨论这个项目时，我才意识到自己有多蠢！我发现，编一本词典，就得找到各个专业领域的专家集中撰写各种条目，而且词典规模越大，目标越高，条目也就越多。但我对这个想法的兴趣也越来越浓。不久我们得知，被视为美国顶尖词典编纂家的克拉伦斯·巴恩哈特刚刚编完索恩代克-巴恩哈特词典，正有空呢，我们运气真好。我派人去请他来，说我觉得编一本新的大学词典——可以放在案头使用而不是大部头的那种词典——会很有用。他说这确实有需求，而且市场上已经多年没有新版的大学词典了，他愿意为我们编一本。我问他做这样一本词典需要多少投入，他说可能需要十万元——我一听差点翻下台去。我可没这么高投入的思想准备！

我们开始核算投入，发现巴恩哈特所言并非夸张。这个项目肯定得有许多人花上两年时间编纂。不过这时我已经决心要做这本词典。我们觉得钱不是问题，因为我们在银行没有一分钱贷款。保守的股东鲍勃·

哈斯却反对;他说我们还不够强大,也不应该借款,但无论如何,我们还是执意投入了。

接着开始了一段非常沮丧的时期,原来巴恩哈特是个空想家,每次他来到我们办公室,我就对自己说:"天哪,他又要来追加五万元了。"每次我都猜对了——要么就是他要得更多。而且,时间匆匆流逝,而我们发现,这对一部词典或一本大参考书来说只不过是正常的过程。有一度,看着开支日增的状况我们就泄气,仅仅从 A 到 M 的词条看,它就已经是规模最大的大学词典了。最后我们发现巴恩哈特对时间和金钱投入的估计不着边际,这个项目几乎花了一百万元,历时三年才完成。

由于出版是一个季节性很强的行业,出入银行是常事。我们经常贷款熬过秋季——因为书店、发行商通常要到年底才会结账——第二年二月债又总能还清。但是一九四七年词典编完时,我们还欠着银行的债。

不过做词典的好处是,只要词典编得好,总能赚钱。一旦编完,它就是出版社的资产,销量一大,成本很快就会收回来,因为不用支付版税。《美国大学词典》赢得了广泛好评,获得巨大成功。经过很长一段时间终于有了一本全新的词典。以前的瑟夫式运气再次垂青,我们很快就摆脱了困境。不过那也不能算困境:我们干的事情,其他行业的企业十之八九都会干,那就是向银行贷款,过去我们不习惯贷款,但有些人说,好的生意都是靠银行贷款才能做大的。大多数大公司的银行贷款都是几百万元计呢,而我们只贷了五十万,鲍勃·哈斯就担心得要命,认为我们该把整个项目卖给西蒙与舒斯特。

做这个项目的一大收获是杰斯·斯泰恩。他过去师从《牛津英语词典》杰出的主编威廉·克雷吉爵士,也曾和巴恩哈特共事。我们非常推崇杰斯,请他负责我们参考书编辑部,后来进而负责我们整个大学教材编辑部,成为兰登书屋最重要的人物之一。

奇妙的是,我们的《美国大学词典》最好的顾客中还有银行,他们用词典当奖励品送给新开账号或往老账号存新款的客户。我们最初想到争取让他们用词典当奖励品时,遇到了一些困难:由于成本越来越高,很难和银行达成一个他们愿意支付而我们依然能赚钱的价格。但我们还是发现这里可以省一点,那里可以省一点,如果一批印量足够大而全部同时发到一个地址的话,就可以降低物流成本,那么按照银行的报价,我们在每本词典上还可以多赚五角钱。

于是我们四处出动,向大银行推销我们的词典当他们的奖励品。如果他们下一个量够大的订单——五千本,最好是一万本——我一天之内就能赚一大笔钱。这是我个人出面谈下的交易,出版社得付我报酬。我很乐意为兰登书屋工作,但我也不愿意在银行里坐了一整天一无所得!

去明尼阿波利斯、孟菲斯、休斯敦或丹佛这样的地方,我通常得提前一个晚上抵达。他们几乎总是在前一个晚上举行一场宴会。他们会来机场接我,然后宴请银行董事、他们的妻子和银行一些重要客户。宴会很好玩,我是贵宾。然后,第二天一早,或者甚至就在当晚,当地每一家电台、电视台就要做报道。

早上的电视节目经常是在七点半播出,所以天蒙蒙亮我就得起床,先去做电视采访,然后和媒体共进早餐,这样就能赶得上当天的晚报发稿,晨报是赶不上了,但他们会刊登整版的广告,上面有词典和我的大照片。我是个蹩脚演员,可我喜欢这些曝光。在休斯敦,他们还做了巨幅室外广告牌,上面写着:贝内特·瑟夫亲临本市。我停下来欣赏一下,我很喜欢整版广告——喜欢当名人。在和媒体的早餐上,有时候他们会邀请大学生,如果有州长和参议员刚巧在该市,也会来参加。

我们吃完早饭,偶尔可能塞进另一个电台节目,然后我就在银行待上一整天,在词典上签名。我觉得在明尼阿波利斯的推广是最成功的,因为是和著名的第一国民银行合作,他们订了三万多本词典,作为他们当年秋季推广活动的主打特色。他们的招数是:凡是在该行新开一个账户,存入一百元以上的顾客,就可以获赠一本词典给即将开学的孩子用。

午餐我通常是和银行的管理层一起吃,傍晚银行关门后他们还伺机安排我和银行全体员工见面。所以等一切忙完,我已经工作二十四小时了——我们卖了几千本词典,还得到了价值数千元的免费广告。

词典的一大妙处是没人会嫌词典多。换了其他书,一家人买一本就行了,可是有的家庭备十本词典都可以——每间房间放一本。每个孩子都有自己的案头词典,更何况这本词典是他们的父母免费得来的呢!有些人走出银行的时候怀里抱着多达四五本词典,因为用一百元开一个账户就可以得到一本词典,所以他们为每个亲爱的孩子都开一个账户。看着你的书到顾客手里,是多么美妙的事情!能够在电视、广播和报纸上统统出现,是《美国大学词典》多大的广告呀。

一开始,书店对我们怨声载道,但突然,他们发现在声势那么浩大的广告宣传下,他们店里的《美国大学词典》销量竟然是过去的十倍,也就不出声了。毕竟,还是有许多人并不会专程去银行。他们看到广告,有时候跑进银行来就为了瞧瞧我的样子,然后跑到他们最喜欢的书店去买一本词典。

《美国大学词典》出版后,我们开始考虑更雄心勃勃的计划:出版一本完整的大型美语词典。我们主要的竞争对手是强大的梅里亚姆-韦伯斯特公司和他们一九六一年推出的《韦氏词典》第三版,这个版本遭到了评论界许多批评。事实上,许多大学师生宁可选择第二版。所以,我们估计这个市场前景广阔。

当然,这是一个庞大的项目。为这部完整版《兰登书屋英语词典》,一度有近四百人参与编纂,每一个都是各自领域的权威学者。而且每个科目我们都聘请了一位重要人士担任顾问编辑,力求完美。杰斯·斯泰恩担任主编。我可以说,总投入在三四百万元之间,历时大约四年;不过我们可以放手大干,还因为得到了两方面的大力支持。每月之书俱乐部在出版前一年就以不菲的预付金买下俱乐部版版权。我们还与时代-生活杂志集团达成协议，他们可以低于我们定价的价格向他们的读者提供邮购预售服务，所以在我们的词典正式上市前，他们已经预售出近二十万本。这两笔费用加起来使我们在词典还没出版的时候就收回了很大一部分投入。

鲍勃·林斯科特加入我们编辑部没过几年,编辑部又增加人手了,虽然当时我们并没有急迫的需要和计划。那是因为两个年轻人——弗兰克·泰勒和阿尔伯特·厄斯金,他们都是雷诺尔与希区柯克出版社的资深编辑和高级职员——由于对出版社不满而辞职了。泰勒来找我,表示愿意加盟兰登书屋;由于两人合作得很好,他们希望能作为一个团队一起来工作。

　　一下子聘请两位高级编辑非同小可,我们颇为踌躇。我原本就认识泰勒,对他印象也很好,觉得他的加盟很有价值,但我根本不认识厄斯金。于是,泰勒带着他来我们家见我,当天夜谈结束后,我就知道我们也需要厄斯金,就这样,他们俩于一九四七年来到兰登书屋。很快就带来了新的作者,最早带来的就有两位跟雷诺尔与希区柯克签约、也在我们这里出过书的作者——普利策诗歌奖获得者卡尔·沙皮洛和拉尔夫·艾里森,后者的小说《看不见的人》后来于一九五三年获得国家图书奖,并成为一部经典作品,不断加印。

　　泰勒来了大约一年之后,米高梅电影公司聘请他担任制片人,他就去好莱坞发展了;而厄斯金非常适合兰登书屋的风格,他留了下来,成了我最好的朋友之一。我爱阿尔伯特·厄斯金。阿尔伯特是南方人,不喜欢加班。他觉得自己工作太辛苦的时候,别人并不觉得,但他有自己的工作节奏。谁也别想告诉他该干什么。我想请他担任总编,但他嫌麻烦,不愿意牵扯各种细节；包括我们一些最著名的作家在内的一长串作者的书，已经把他的工作时间占满了。

罗伯特·佩恩·沃伦是这些作家中的一个，阿尔伯特几乎在加盟兰登书屋的同时就与他签约了。当时，沃伦的《国王的人马》已经获得普利策小说奖。他在兰登书屋出版的第一本书是小说《世界够大，时间够长》，入选文学公会俱乐部书目，随后出版的《群群天使》《荒野》和《洪水》也都入选了。这些都是大畅销书，我相信他还能写出更多书，因为他的才华充沛而丰富。沃伦是美国最重要的诗人之一，我们出版了他的许多诗集，其中包括先后夺得普利策奖和国家图书奖的《诺言：一九五四至一九五六年诗集》。他是唯一一位既获得普利策小说奖，又获得诗歌奖的作家。他还是出色的评论家和教师，编写的教科书具有广泛的影响。身为自由派南方人，他写过两本重要的关于种族关系的书，其中《谁来为黑人说话？》是一部出色的畅销书。

绰号"红脸蛋"的沃伦来到兰登书屋时，他和阿尔伯特已经是多年的好友，情同手足。很快他也成了我的好友。要说与哪个作家打交道最愉快，他是最伟大、最善良、最随和、最愿意听取意见的作家。如果你想见识南方人的魅力，他就是令人难以抗拒的典范。他自知高明，却深藏不露，从不在别人面前招摇。每当他来我们出版社，人人都欢迎他。所以，在耶鲁大学，学生们都对他佩服得五体投地也就不足为奇了。

菲丽丝和我都为"红脸蛋"与才华横溢的女作家埃莉诺·克拉克成婚而感到高兴。阿尔伯特和我说服她由已经并入兰登书屋的万神殿出版社出版她的书。我们多么有远见啊！她在那里出版的第一本书《洛克马尔凯牡蛎》①就赢得了国家图书奖，五年后出版的小说《博德之门》也入选每月之书俱乐部。她写作很慢也很细致，而成果都很漂亮。

"红脸蛋"婚礼上的男傧相就是阿尔伯特·厄斯金，几年后，两人又换

---

① 洛克马尔凯是法国西部布列塔尼大区穆尔比昂省一处村庄和海滨胜地，盛产牡蛎。

罗伯特·佩恩·沃伦

了一下身份。在二十世纪五十年代的大部分时间里,阿尔伯特一直单身,所以在我们举行的宴会上,他是菲丽丝最喜欢邀请的单身客人之一,可以与其他落单的女宾配对。后来他遇见并爱上了一位意大利女伯爵玛丽莎·毕西,她是世上少有的大美人。他们决定结婚后搬到康涅狄格州,这令他的一些作者很是失望,因为今后有事再也无法马上找到他了,而菲丽丝呢,虽然我们的宴会又增添了一对迷人的夫妇,但她又得寻找一个单身客人。厄斯金的婚礼在我们家举行,沃伦夫妇自荐充当新人的男女傧相。

玛丽莎和阿尔伯特很晚才生了一个女儿,名叫西尔维娅,是个漂亮的迷人小姑娘。孩子年幼时,你看着夫妇二人和孩子在一起的情景会感动得落

284

"红脸蛋"和妻子埃莉诺·沃伦

泪。那是狂喜加宠爱。孩子跨门槛,他们担心她伤着自己;孩子咳嗽,他们急得发疯。一开始,她似乎要被他们宠坏了,但她还是出落成一个好姑娘。

我能理解他们对她的爱——她是他们的宝贝。身为两个好儿子的父亲,我很骄傲,也很高兴,但我总希望我们也能有个小女儿,所以老喜欢认朋友们的女儿当干女儿。鲍勃·哈斯夫妇的女儿普莉西拉特别受我宠爱,约翰·赫西夫妇的女儿布露克、莫斯·哈特夫妇的女儿凯茜、罗丝·斯泰伦夫妇的女儿苏珊娜,以及夏洛特·福特的女儿埃丽娜·尼尔科斯也都是我心爱的女孩儿。

还有一个了不起的小姑娘甚至成了兰登书屋的作者——沃伦夫妇的女儿罗珊娜,她才十岁的时候就写了一个我认为可能很受欢迎的故事。我们出版社许多人读了原稿也都很高兴,但也有些人,包括阿尔伯特,担心给十岁的小女孩出书会把她宠坏。"红脸蛋"和埃莉诺也这么担心,所以我们讨论了一番。我说那么,我们也许不该出这本书,可罗珊娜听说有可能出书,高兴坏了,她父母只好让步。我们都很高兴,虽然我对书出版以后卖得不好非常失望。我仍然认为它应该畅销。顺便说一下,罗珊娜一点都没有被宠坏——即使我为她在"二十一号酒吧"举行了新书首发午餐会。

大约是在"红脸蛋"沃伦成为兰登书屋作者的同时,我们也与詹姆斯·米契纳签了约——我们的一大成功之举。与他签约是一次令我们高兴的意外,每当人们说我是多么杰出的出版家时,我必须承认我的运气实在太好。当时米契纳是麦克米伦出版社的教材编辑,刚从海军退伍回来,写了一部相互有关联的短篇小说集,悄无声息地由他自己的出版社于一九四七年出版了。当然,不能指望这样的书会有多么好的表现——短篇小说集,又是没名气的作家写的。与此同时,米契纳还提交了他的第二本书稿,于是,麦克米伦的总裁乔治·布雷特把他叫进办公室,开诚布公地谈话。他的观点是吉姆当作家实在没什么前途,还是专心做好编辑工作,别再把时间和精力浪费在写作上了。麦克米伦可以出版他的第二本书,但显然没有多少热情。

　　于是,已经跟我们的编辑萨克斯·康明斯一见如故的米契纳就跑来见我,一拍即合。我们立刻同意出版他的第二本书,也就是他的第一部长篇小说《春天的火》。与他签约后大约十一天,他的那本没什么人关注的短篇小说集荣获普利策奖,那就是《南太平洋的故事》。过了一阵子,罗杰斯和汉默斯坦根据书中的几个短篇小说写出了音乐剧本《南太平洋》,一夜之间,吉姆·米契纳成了冉冉升起的文学新星。后来,每次我碰见乔治·布雷特,他都要嘟囔:"你这撞了大运的家伙。"是啊,这是运气。不过是布雷特自己放走他的！

米契纳的书已经成为全世界的伟大文学财产。他的两本小说《夏威夷》和《来源》赚的钱多得惊人。我们把《来源》的平装版版权卖给"福赛特世界文库"所得到的预付金在当时可能是有史以来最高的。《夏威夷》和《来源》持续畅销；事实上，虽然米契纳的平装版已经出了很长时间，我们出的精装版销路仍然很好。

吉姆·米契纳不仅写作手法高超，也善于和编辑紧密合作。他与阿尔伯特·厄斯金相处非常融洽。每当吉姆写完一本书，就与阿尔伯特一页一页地打磨，并接受合理的建议。然后就由我们不可或缺的、在兰登书屋工作多年的助理执行编辑贝尔莎·克兰茨最后统改一遍全文。对于任何一位作者及其责任编辑来说，得知贝尔莎将参与修改书稿都是一件大喜事。

詹姆斯·A.米契纳、阿尔伯特·厄斯金和贝尔莎·克兰茨在印刷厂检查书稿清样

吉姆是位一丝不苟的作家。在动笔写《夏威夷》之前，他做了十五本笔记。为了写《来源》，他在海法等几个以色列城市和叙利亚住了一年多，搜集历史资料和民间故事，了解这些民族的生活方式。写《伊比利亚》的时候，尽管他从大学时代起就去过西班牙多次，他还是再去了一次，住了

几个月做广泛的研究,才动笔写出这部精彩的游记,和他的许多其他书一样,这又是一本畅销书,入选每月之书俱乐部。

米契纳的一个有趣之处是他每写一本新书就换一个故事发生地。他似乎具有准确预知大众将要感兴趣的话题的天赋。

虽然拥有了众多荣誉,米契纳还是和获得普利策奖之前一样,没什么变化。他很谦虚,也很自信——他确实有自信的资本。他的妻子玛丽出身于日本移民家庭,是一位迷人、出色的女子,她随他周游世界,无论到哪里,都把他照顾得舒舒服服。

从出版社的角度来说,吉姆·米契纳是最理想的作者,和福克纳一样,他任由我们做广告宣传,也信任我们,我们则为他竭尽全力。他认为出版社和作者应该各行其责,这是对的。真正的好作家会对你说:"如果

贝内特和吉姆·米契纳在珍珠港

288

我认为你们不是一家好出版社，我就不会在你们这里出书。"出版社眼中的"梦幻"作者会对广告宣传、封面版式设计感兴趣，并且乐意发表自己的意见，但他尊重出版社的判断，并且理解我们对书的感情和他一样投入，都是希望尽可能让书卖得越多越好。有些作者似乎认为出版社故意要毁掉他们的书，这显然是荒唐可笑的。

戴维·麦克道威尔是于一九四九年来到兰登书屋当编辑的。一天，我的老朋友、著名书评人、作家斯特林·诺斯打电话给我说，他认为戴夫①很适合我们。于是，我们跟他见了面——他是一个风度优雅的南方小伙儿，非常聪明。我们都喜欢他，就请他来当编辑。

一天，政治立场相当保守的戴夫走进我的办公室说，惠特克·钱伯斯②

---

① 戴夫是戴维的昵称。

② 惠特克·钱伯斯，冷战时代美国影响最大的希斯间谍案主角之一，二十世纪美国保守主义思想的开创者之一。一九四八年八月三日，《时代》周刊资深编辑惠特克·钱伯斯在国会非美活动调查委员会（HUAC）的听证会上，提交一份名单，上面载有自一九三〇年代至一九四〇年代于美国政府内暗中活动的共产党员，其中有阿尔杰·希斯（1904—1996）。阿尔杰·希斯当时是在美国政坛极有影响的政府高官，外貌英俊，毕业于名牌大学，曾经工作于许多政府部门，并在雅尔塔会议期间担任罗斯福总统顾问，一九四五年联合国创始会议秘书长，当时担任卡内基国际和平促进会会长。阿尔杰·希斯矢口否认钱伯斯的指控，并于八月五日出席非美活动调查委员会的听证会，发誓自己绝非共产党员，也从没见过钱伯斯。但在委员会调查和两相对证后，希斯承认在三十年代就认识钱伯斯，但对那段过程的描述，两人说法大相径庭。钱伯斯进一步指控，希斯是苏联间谍。于是，希斯向法院起诉钱伯斯诽谤他的名誉。钱伯斯在法庭上出示希斯亲笔写的笔记和数十页希斯夫妇打字的国务院密件。钱伯斯带联邦探员至其马里兰州老家的农庄，挖出一个被挖空的大南瓜，里面藏有五卷底片，底片所拍摄的全是国务院和海军密件。这些胶卷和钱伯斯上交的希斯笔记、打字文件并称"南瓜密档"。希斯否认把密件交给过钱伯斯，又称自一九三七年一月以后即未与钱碰面。由于间谍罪名的追诉时效已过，陪审团最终控告希斯做伪证（指希斯撒谎不认识钱氏）。希斯在一九五〇年一月被判五年徒刑，但他出狱后至死都宣称自己的清白。希斯案对美国政治产生了深远的影响，当时没有名气的参议员约瑟夫·麦卡锡利用这个机会宣称"美国国务院已经被共产党渗透"，掀起了反共狂潮；年轻的众议员尼克松是非美活动调查委员会委员，在此案中出尽风头，从此成为政治明星；钱伯斯在此案中的表现也激励了共和党内的草根保守主义思想，影响至今。

在楼下，想和我谈谈他的书。我的第一反应是"让他离开这儿"。当时，离阿尔杰·希斯在那场由钱伯斯举证的著名伪证案审判中被判有罪的时间并不长。于是，戴夫使用了跟唐纳德一样的策略来刺激我。他说："好吧，你是位出色的自由派出版人——一个只想看到所有人写的内容符合你想法的自由主义者；可是如果有人拿出一些与你观点相反的东西，你就连话都不想跟他说。"听了他的话，我很羞愧，于是问："他想谈什么？"戴夫说："他刚写完书稿的前两章，觉得他的书由兰登书屋来出最合适。他不想把书交给右翼的出版社，希望让一家自由派出版社出版。经过慎重考虑，他选择兰登书屋。"我说："带他上来吧。"戴夫就下楼去叫他。

这是我第一次见到钱伯斯。他矮矮胖胖，不修边幅，其貌不扬。交谈开始后，我发现他也是哥伦比亚大学毕业生，我们有许多共同朋友——比如克利弗顿·法迪曼。我渐渐对他产生了兴趣。但我对他还是有一些敌意，因为在我的意识中，希斯依然是英雄，钱伯斯是坏人。不管怎样，我还是把他的这本书稿《作证》头两章带回家读了，发现写得非常好。《时代》周刊的老板亨利·卢斯曾说钱伯斯是《时代》和《生活》杂志历史上在他手下最出色的作家，法迪曼也告诉我，他具备一个真正的大诗人的素质。

我不知道该怎么办。因为我自认是一个自由主义者，出版惠特克·钱伯斯的书首先就令我自己吓了一跳。我把这两章内容给罗伯特·舍伍德、莫斯·哈特、劳拉·霍布森等好几个跟我政治立场相同的朋友看，我通常都很尊重他们的意见，甚至还给一个我知道是左派的朋友看。我想看看他们的反应如何。结果他们每个人都说写得好，我应该出这本书，让读者自己去评判。于是，我们签下了这本书，它又是一本大畅销书，入选每月之书俱乐部。

《作证》出版时，有些自由派朋友跟我一开始的反应一样，连书都不愿意读。他们说我们应该为出版这种书而感到羞耻，于是我决定在我们家举行一场晚宴，邀请那些想对惠特克·钱伯斯提出质疑的人来参加。他愿意接受这种当面质询。

那天晚上之前,我从未见过钱伯斯的太太埃丝特,不过根据钱伯斯在我办公室跟我说的许多故事,我就知道她肯定是个不一般的女人。他们最早是在新泽西州帕特森市的一次罢工中认识的,她和他并肩战斗,后来就结婚了。她知道我们请了许多人,所以对是否参加这次大型晚宴很犹豫。我把她的座位安排在莫斯·哈特和我之间。我已经关照过莫斯多帮忙。我们两人轮番施展魅力,让她放松下来。吃完饭,她已经不再紧张了,说十年来她从来没有像今天笑得这么多。她经历过许多艰难日子。

晚饭后,钱伯斯在一张舒适的大躺椅坐下,大家在他周围围坐成半圆形,轮番向他提问,每个问题他都不假思索地回答了。这个人——我相信——说的是实话。他告诉我们的好几件事后来证明都是真的。譬如他说,有个在一家大公司工作的人(他不愿透露名字)将被逮捕,因为他也参与了希斯案。天哪,不到一年他果然被捕了。这人在通用电气公司工作,复制了一些希斯带回家的文件。我相信钱伯斯说的是对的。他总结说:"你知道这个案子的问题在哪里吗?我们被分配的角色颠倒了。我看上去就像个懒汉,所以我应该是坏人。希斯呢,长相英俊,又出入社交圈,天生就是英雄的料。这种角色分配真糟糕。如果换一种分配方式呢,就没人会对这个故事感兴趣了;可是就因为我们的长相,你们所有人都认为他说的肯定是实话。这就是他在另一派人眼中是那么可贵的地方。"

希斯偷出的文件毫无价值。这些文档叫"南瓜密档"是因为钱伯斯把它们藏在距离够远的一个南瓜里,要让马里兰州威斯敏斯特市的地方检察官去取。据钱伯斯称,它们只是用来说明希斯偷出来的真正有价值的文件日后也可以这样藏匿。

有意思的是,正是在钱伯斯生活过的马里兰州威斯敏斯特市,我们后来建造了兰登书屋的物流仓库。我去视察新仓库库房的时候,才想起这事儿。我心想:"这地方我以前来过。"突然看见大街,我才想起以前曾来过这里看望钱伯斯。

钱伯斯夫妇曾邀请我们去那里住了一个晚上。出发前的那种惶恐我还记得很清楚:去了以后聊些什么呢？呃,反正到了以后,我就和懒汉惠特①一起舒服地平躺在后廊上。埃丝特包办了一切。她做饭,打扫家务,照顾两个儿子。我们渐渐一起对哥伦比亚大学的橄榄球队发泄不满——我估计这是我们俩还能继续聊的最后一个话题了。哥大橄榄球队每场比赛都输,我们都很不满,认为教练不够格。突然我哈哈大笑,说:"如果有人听到我们聊天的录音⋯⋯真不知道他会说什么⋯⋯我们居然在这里嘀咕橄榄球队和哥大的各个教授!"

钱伯斯真是一个奇怪的人!我本以为自己不会喜欢他,但我得重申,我相信他说的话。我从没听过希斯那一方的说法。多年以后我才见到希斯,那是在一个餐厅里别人介绍认识的,毫无疑问,他见到我很冷淡,这也难怪。有趣的是,克瑙夫出版社出了一本为希斯辩护的书,作者阿利斯泰尔·库克也是我的朋友。我愿意什么时候可以和阿尔杰·希斯坐下来好好谈谈,听听他的说法。我不知道会不会有这样的机会,很可能没有。我想他永远都不会原谅我出版《作证》。

如果不是因为戴维·麦克道威尔,我可能拒绝与钱伯斯见面,那样我就犯了一个大错。

《作证》出版几年后,我遇到一件跟出版惠特克·钱伯斯的时候情形有点相关的事。我在哥大念书的时候有一个同学,比我大几岁,是校园里的左翼活跃分子,他就是乔治·索克思。他来上课经常穿得像个叫花子。天知道他怎么上得起哥伦比亚大学。我挺可怜他的,因为他总是一副没吃饱的样子,所以有时候我带他回家吃午饭、晚饭,只是请他免费吃一顿。每次我把他领回家,我爸爸和舅舅就很生气。他穿的衣服不常洗,不过请他吃饭也值得,因为他很有意思,有说不完的好玩事可以说给我听。

大学毕业后,索克思去了中国,回来以后就从一个狂热的激进分子变成了狂热的极端保守分子。他成了美国最有影响的专栏作家之一,赫斯

---

① 惠特(Whit)是惠特克的昵称。

特报系把他的专栏当作一大招牌。第二次世界大战爆发后,他在美国的影响力更大了。

我们偶尔见次面,主要是在出版人之类的人士经常见面的纽约"荷兰大餐俱乐部"。乔治一直都没有忘记我在大学对他的好意,连连向我感谢,令人有点不好意思。他总是提起那些事,但也有点跟我开玩笑的意思。每当我走进餐厅,他有时候称"红色出版家贝内特来啦"。我不喜欢这种称呼,更何况这么说不对。于是有一天我就跟他直说:"你看过我们的书目吗,乔治?如果看过,你就会知道我们出许多有些人可能认为是法西斯主义的书。"乔治马上说:"哦,我只是跟你开开玩笑。"我说:"别,我给你寄本书目吧。"我就寄了一本给他。

索克思给我打来电话,说:"我道歉。真是一个令人难忘的书目。我忘了你出过《作证》。你的那些'红色'朋友说了些什么?"我说:"说了许多。"然后哈哈大笑。乔治提议我们一起吃顿午饭,聊聊往事。我们约在鹳鸟夜总会见面。我预订了夜总会里面的一间包房。索克思比我早到。我到的时候,他的脸上挂着一种嘲讽的微笑。他说:"我知道你为何选里面的房间。你害怕你的朋友们看到你在跟我吃饭。"我说:"乔治,你太聪明了。完全正确。如果别人看见我们一起吃饭,他们会说:'见鬼,瑟夫怎么在跟那个狗娘养的索克思打交道?'"自由主义者对索克思都是又恨又怕,认为他是危险人物,和臭名昭著的反共参议员约瑟夫·麦卡锡联系密切。他还与向政府提供的一份演员、作家的黑名单脱不了干系。不过他也帮过一两个受到怀疑的人摆脱困境。如果我能让乔治相信某某人不是共产党员,他就会竭尽全力帮助他们,他确实有这方面的关系和影响力。

我们在一起吃午饭,回忆在哥大的日子。乔治说:"你知道吗,我讨厌你这种自由主义者。自由主义者应该是中立的,他的一边是共产主义者,另一边是像我这样的极端保守主义者,你是站在当中的人。你这样的人我见得多啦。如果靠边,你们永远不会向右靠,而总是向左。我认识的每个自由主义者都是中间靠左,从来不会中间靠右。"我说:"你胡说八道。"

但是我必须承认,他说的话很有几分道理。

我们相处得很融洽,因为他还是个很有魅力的人。他说:"你说你可以出版持右翼观点的书。如果我拿着一本右翼的书来找你,写得又足够好的话,你会出版吗?"我说:"我当然会出啦。"我激动得有点发抖,心想他会拿出什么书来。我们有点惺惺相惜地告别了。根本上,我们有许多相同点,我喜欢他。

那年晚秋,乔治给我打电话说:"你还记得我们的谈话吗?假如我带本书给你,是关于联邦调查局的故事,是从正面写的,得到了调查局认可,由J.埃德加·胡佛作序,你要吗?"我说:"乔治,你在跟我开玩笑吗?这样的书,每家美国出版社都会伸手要的。况且我们一直在争取得到一本官方认可的关于联邦调查局的书。"他说:"好,既然你想要,它就是你的了。"我说:"你肯定是在开玩笑,这可不是那种需要等你来介绍给我的东西,而是我会永远都会感激你的东西呀。"他说:"明天下午我们在莲花俱乐部一起吃午饭,你,联邦调查局的路易斯·尼克尔斯和我自己。"我哀叹一声,说:"明天下午有世界职业棒球联赛第二场比赛呢。我还买了票。"他问:"你还想要联邦调查局的书吗?"我说:"当然要。"他说:"那就把票子送人。"于是,我心疼地把票子给了别人。

我以前从未见过路①·尼克尔斯。他是联邦调查局的三号人物——仅次于胡佛和克莱德·托尔森。后来他辞职了,担任申利酒业公司副总裁,因为和许多联邦调查局职员一样,他收入太低,待不下去了。尼克尔斯很不错,我们一见面就谈得来。

他说这本书《联邦调查局故事》交给我们出,我当然很高兴:"现在我们得找个人来写了。"尼克尔斯说:"你去找吧,不过得让我们批准,因为我们要给他看各种秘密档案,还要给他一张联邦调查局的临时通行证,让他在调查局总部畅行无阻,所以这个人我们必须完全信得过。我不想干涉

---

① 路是路易斯的昵称。

你们,不过我可以推荐一个人。"我问:"谁?"他说:"好吧,是唐·怀特海,他刚刚第二次荣获普利策新闻奖。"我说:"那太好了,不过他是美联社华盛顿分社社长。我们请不到他。"尼克尔斯说:"试试看吧,你又不会损失什么。"

回到办公室,我就给大学时就认识的美联社副总裁艾伦·古尔德打电话,看看他们能否让怀特海抽身来写书。我觉得这不太可能。艾伦立刻说:"我听说我们必须把唐·怀特海交给你。"原来他们已经安排好了!我说:"我们只想借用他一阵子。"他说:"好,虽然我们不太乐意,可还是得让他帮你们工作六个月!"我说:"你知道,这本来不是我的意思。"他说:"你不必说了,我知道。"就这样,他们放了怀特海的长假,让他来写《联邦调查局故事》。

我成了路·尼克尔斯的好友,我曾去他位于亚历山大市的家和他们一家过了一个晚上。他来华盛顿机场接我。在开车去亚历山大市的路上,我告诉他虽然书还没上市,我们已经收到了数量巨大的预售订单,肯定是本超级畅销书。我说:"你知道,路——我特别高兴的是,你把这本书交给我也就意味着我在联邦调查局的纪录相当良好。我的纪录肯定很干净吧。"路·尼克尔斯说:"很好,我的伙计,很好。"不知道他这话是不是开玩笑。

我们于一九五六年十一月二十八日正式出版《联邦调查局故事》;事实上,怀特海交稿时,已经赶不上我们的秋季书目了,但我们还是把书赶了出来,成为轰动一时的畅销书。上市两个星期销量就超过五万本,连加印都几乎来不及。

圣诞节前几天,我收到海伦·雷德也就是奥格顿·雷德太太的一个电话,她的家族拥有纽约《先驱论坛报》。她说找遍纽约的书店也找不到《联邦调查局故事》,可她已经答应送朋友一本,所以只好找我要一本。我只好告诉她,我们已经翻遍办公室的每一个书架,一本都不剩了,不过我们准备再过几天就加印一批。她说:"贝内特,我知道哪儿还有一本。如

克莱德·托尔森、乔纳森·贝内特、J.埃德加·胡佛、菲丽丝、克里斯托弗，在联邦调查局总部

果我告诉你的话，你能不能答应把这本送给我？"我说当然可以，她就说："就是在你们办公室临麦迪逊街那一边的小橱窗里。""海伦，"我说，"很抱歉，我们上个星期把那本拿掉了，你现在看到的只是包了《联邦调查局故事》封面的另外一本书。"

圣诞节过了，新年来临了，《联邦调查局故事》还是热销。一月的一天早晨，我刚到办公室电话铃就响了，是路·尼克尔斯从华盛顿打来了。"贝内特，"他问，"书出了什么问题？"我说："什么意思？出了什么问题？我们印的速度都快跟不上卖的速度了。"于是他说："我必须告诉你，从今天上午起，布伦塔诺书店里没有了，斯克里伯纳书店里没有了，道布尔戴书店里也没有了，这么说吧，曼哈顿中心地段的所有书店、百货店都没有了，宾州火车站①里没有了，华尔街地区也没有了。所以我要问你，出了

---

① 宾州火车站，位于纽约第七大道、第八大道和第三十一街、三十三街之间，是美国最繁忙的火车站。

什么问题?"我尽力跟他解释这不是坏事,他的书卖得太快,书店都来不及添货,或者我们来不及送货,估计他还是相信了我的解释。

　　他没有像惯常那样说他阿姨跑遍斯克奈塔第①的书店也没找到一本他的书,而是用了这种新说法,我感到好笑死了,迫不及待要找个人说。我跑到隔壁办公室,吉姆·米契纳刚好从奥地利、匈牙利边境回来,正在最后看一遍《昂道大桥》清样,我们要赶出来在三月份就出版,虽然他在我们的春季书目付印以后才交稿。当我把刚才电话里的谈话告诉他时,他说:"好嘛,那些调查局探员都去检查书店了,今天谁要在纽约抢银行,真是一个好日子。"

---

① 斯克奈塔第,纽约州中东部小城市。

通常而言,编辑在找到一家能让他和他的作者称心满意的出版社后,就会在那里安心工作直到退休。海勒姆·海登是一个例外。一九五五年初,海勒姆来到兰登书屋出任总编辑。他曾在皇冠出版社工作,之后担任印第安纳波利斯的鲍伯斯与梅瑞尔出版社驻纽约编辑,我逐渐听说他的专业声誉。我知道他是 ϕβκ 协会刊物《美国学者》的主编,正在新学院①教授一门写作课程,培养了一大批新人,其中包括威廉·斯泰伦。他自己也写过好几本书。当我听说他在鲍伯斯-梅瑞尔出版社不太开心时,我们就与他接触,正式聘请他。

我很敬重海勒姆——他是个很好的人,但在某些方面又令人很受不了。他对许多别人认为糟糕的处女作小说有着强烈的兴趣。你根本没法让他意识到自己是错的,因为他爱帮助年轻作者——特别是女作者。他在那些写的书注定只能卖九百十八本的年轻女人身上不知浪费了多少时间!我们拿他一点办法都没有,真被他害苦了!

海勒姆来到兰登书屋大约四年后,我们就开始商谈签订新的工作合同——这在兰登书屋可不寻常,但他坚持要签。大约就在那段时期——

---

① 全名"社会研究新学院"(New School of Social Research),由两位曾任教于哥伦比亚大学的教授创立于第一次世界大战期间的一所私立大学,因为在第二次世界大战期间接纳了无数逃离德国纳粹恐怖统治的学者及教育人士,许多欧洲著名的流亡学者均在此授课,因此学术风格与其他美国学校极为不同,以激进著称。后改名"新学院大学"。

一九五九年二月,我和莫斯·哈特夫妇去牙买加度假。回来后唐纳德就告诉我,海勒姆想毁约。我说:"你说什么?"他说:"帕特·克瑙夫和他父亲大吵了一场,他、迈克·贝西和海勒姆想合伙新创一家出版社。"海勒姆来和我谈这件事的时候,说得还很符合逻辑:"你能理解吧,贝内特。我离开你不是为了投奔另一家出版社,而是因为我想自己创业。你也是这么过来的,也是因为想自己创业才有了兰登书屋。"我们别无选择,只好不情愿地和他解约,说不情愿,是因为他在兰登书屋的四年期间,为我们带来了许多令我们高兴的作家。但这些作家在他离开之后仍然愿意在兰登书屋出书。

其中之一就是安·兰德,她的《源泉》一书是他在鲍伯斯与梅瑞尔出版社时出版的。我以前从没见过安·兰德,但听说过她那些在我看来惊世骇俗的哲学理论。但《源泉》仍不失为一部吸引人的小说。她对海勒姆说过,她很怀疑兰登书屋会出版她的书,因为有些奉承她的人告诉她,我们是站在左派一边的,她和我们并不在同一战线。但这反而激起她的兴趣——她想试试在一家自由派出版社出书而不是别人通常料想她会选择的出版社。何况她也知道我——这就是出名的好处之一。她和海勒姆、唐纳德和我在大使宾馆吃了顿午餐,可惜那里现在已经拆了。她问了我们许多问题。出乎我的意料,我发现自己开始喜欢她了。

她的眼神犀利,仿佛一眼就能看穿你,还有一种驳得你无话可说的神奇本事。你可不能对安·兰德随便说话。她会抓住你的破绽,说:"我们来检验一下你的前提。"我偶尔会说漏嘴,发表一些无法自圆其说的言论,而安一次次都把我逮个正着。我们彼此欣赏,事情就是这样。她问过我无数问题。后来与兰登书屋签约后,她拿出一张表格给我看。原来,她访问过十五位出版人,每次回到家就根据当天那个出版人对她说的话打分。我当然想不到她会对我来这一套测验手段,不过我的得分很高,因为我对她说的都是大实话。我曾跟她说:"我认为你的政治哲学观是不正常的。"没人胆敢像我这样说她。我还说:"兰德小姐,如果我们出版您的书,请放

300

心,没人会审查您。请放手写吧,至少写写小说,我们都会出版,不管我们是不是赞同书的内容。"

她即将完成下一本书《阿特拉斯耸耸肩》,到我们正式出版时,预订量已经非常庞大。这是她自《源泉》之后的第一部长篇小说,我们知道它必然引起强烈反响,所以首印即达到十万册。很快,评论就来了,批评家们一如既往对安·兰德充满敌意,书的销售一度严重受挫。我们以为这本书要做砸了,可事实是:这本书一直卖一直卖,一印再印,平装版出了以后精装版还是畅销。顺便说一句,平装版还创了历史纪录。《阿特拉斯耸耸肩》篇幅很长,而要安删减是不可能的事。所以,出这本书平装版的新美国文库出版社破天荒胆敢把一本大众市场平装版图书的定价从五角抬高到九角五分钱。

安·兰德

不管怎么样,安和我成了好朋友。我就爱得意洋洋地带她见那些讥笑我们出版她书的人。她毫无例外让他们倾倒。比如一开始就对我们出版安著作的想法嗤之以鼻的克利弗顿·法迪曼,竟坐着和她聊天聊到凌晨三点。有一天在安家,已经很晚很晚了,《七年之痒》的编剧乔治·埃克斯尔罗德跟着她消失在另一间房间里,我们拉都拉不走他。后来,他说:"她跟我在一起五分钟,就比跟我一起五年的性格分析师还了解我。"

安是个非凡的女人。不过在我看来,她的那些奉承追捧者并无助于她。她就像被侍从簇拥着的电影女王,一群跟班追随的拳击冠军,被歌迷包围的歌手。这些人都需要奉承,拍她马屁的人都说她是天才,她说什么就是什么,于是她越来越固执己见。你辩论不过安·兰德。她精于此道,受嘲弄的总是你。每次我刚开始跟她争论,总是上她的当,说出一些荒唐的观点,然后被她驳倒。

不过出于种种原因,安还是喜欢我的。她说她在《阿特拉斯耸耸肩》结尾处安排的一个角色就是受了我的启发。按照她的说法,她一定要拯救我,因为我是一个脑子好使的好人,却把精力都浪费在那些我所相信但毫无意义的事业上。她竭力要我皈依她的思想;当然,她没有什么祷告词,不过我确实爱听她阐述她那一套歪理。

我们认识不久发生了一件怪事——那是她来我们家做客,菲丽丝第一次见到她,她对菲丽丝说的第一句话是:"我们以前见过。"菲丽丝说:"哦,兰德小姐,你肯定记错了。"安·兰德说:"我们见过面的。"菲丽丝说:"不可能吧。如果我见过你,我一定记得。"安说:"不,你不会记得的。你还记得你还在雷电华电影公司当电影小童星的时候吗?"菲丽丝说:"我记得。"安说:"我那时在雷电华的服装部工作,每星期工资二十五元,我给你递过好几件衣服。"真不可思议,但她说的没错。

安是个很单纯、谦虚的女人。有一次我们在去无线电城音乐厅的路上经过一家摆满各种雕像等小玩意儿的旧货店,她看见橱窗里有一只蓝色小手镯。她像一个十二岁的小姑娘那样说:"那个手镯真漂亮,是吧?"

于是我走进店里买了送给她。手镯只要一块钱,但她高兴得像个孩子。

她把自己的理论阐述得真精彩!强尼·卡森请她上《今晚秀》节目的时候,本想请她只出现一小会儿,但最后他把节目的其他内容全部剪掉了,只保留她的部分,甚至请她以后回来再做节目。他说那次节目他收到大量来信。人们对她惊世骇俗的言论反应强烈。她彻底反对任何宗教,认为只有强有力的、彻底自私的人才能成功,而现实中,百分之二的人口养活了其余百分之九十八。她说:"这种现象是错的。那百分之二的人实在应该被当作神一样对待,而不是被依靠他们生活的人咒骂。所谓慈善事业和公共福利都是胡扯。"《阿特拉斯耸耸肩》讲述的就是资本家们最后罢工的故事。他们放下自己的产业去当工人,并且说:"那好吧,你们来经营吧。"在安看来,结果自然是所有事情都立刻乱成一团。她的话许多确实有道理。

安相信那些评论家一心要把她往死里整,他们还真把她的书骂得一无是处。她要我别让他们写书评,或者去《纽约时报》抱怨他们写得不好。我说:"我办不到。就算报社把你的书给另一个书评人评,结果都是一样的,安。不管你爱不爱听,大多数人都不同意你的观点,他们批评的是你的观点而不是你个人。"

她开始在她和一个信徒创办的杂志《客观主义者》上写专栏。安要把这些专栏文章结集出版,我说我们很乐意出她的新书,但是兰登书屋的某位同事读了书稿——我可不要读这些——发现其中一篇文章把约翰·肯尼迪比作希特勒,说他们的言论和目标基本相同,我拿来看了这篇文章以后大怒。我打电话给她说我们不会出任何有这种观点的书。安反驳我,提醒我说当初她来到兰登书屋时我说过愿意出版她写的任何东西。我也提醒她,我说的是小说。我说:"你在小说里可以随便说什么。但我可想不到会有这样的文章。我们只要把这篇文章拿掉就行了。"

安很生气。但正如我说的,跟她争论就像拿头撞石墙。我记得《阿特拉斯耸耸肩》还在由海勒姆·海登编辑的时候,书中的主人公约翰·盖尔特发表了一篇长达三十八页的演讲。他在演讲里说的所有观点在全书中已经一再重复,但海勒姆就是无法说服她删一个字。我气呼呼地对他说:"你也是个资深编辑了。叫她来见我。我马上把问题解决掉。"安进来坐下,用犀利的眼光看着我,我说:"安,没人愿意读那些。你在前面已经重复三四遍了,而且这个演讲占了三十多页。你必须删短。"她不动声色地看着我,说:"你会删《圣经》吗?"于是我投降了。

反正在我们最后一次谈这本文集的时候,她还在滔滔不绝高声地说,我不断提醒她:"安,我必须赶回家了。"当时已近六点,我要和菲丽丝参加一个宴会。我们走出大楼的时候,安还在反复说我答应过不改动她的书稿。最后我上了出租车,她还站在人行道上说个不停。她终于下了最后通牒:"你必须一字不改——不然我就不让你出版这本书。"我说:"那就这样。你自己去找别的出版社吧。"对这本书我的态度很坚决。想想这种书上怎能出现兰登书屋的标记! 反正还是有一家出版社要了这本书。我必须说,我相信没人读这些文章,没听说一句评论,也没见过一篇书评。那年秋天肯尼迪遇刺身亡的时候,我写信给安,问她现在是不是发觉自己错了。她根本不同意我的说法。她说肯尼迪遇刺和她写的没有任何关系。这事一点都改变不了她的观点。

我过去喜欢她,现在仍然如此。我想念她。我认为她是兰登书屋最有趣的作者之一。许多不喜欢我们所出版图书的人崇拜安·兰德;无论我去哪里演讲,总会有人跳出来,充满敬意地说:"跟我说说安·兰德的事吧。"她有一次去哈佛大学演讲的时候,演讲厅里挤满了学生,他们原本要来驳斥她,结果听着听着都为她喝彩了。他们并不是被她改变了观点,而是被她的真诚打动了。这是一位了不起的女人。

海勒姆·海登还为兰登书屋带来了杰罗姆·魏德曼,一九五八年一月,我们出版了他在兰登书屋的第一本书《敌营》。杰里①是个非常有意

---

① 杰里是杰罗姆的昵称。

304

思的人,他和他妻子佩吉——一个有趣的女人——都是我们亲爱的朋友。杰里是个多产的小说家,写了许多畅销书,但也草草写过一些不怎么样的书。他的第一部长篇小说《我不能无缘无故为你得到它》创造了一九三七年的畅销纪录。

贝内特、杰罗姆·魏德曼、菲丽丝

《敌营》是充分说明作家跟好莱坞打交道时眼光太高的典型例子。他收到了一家电影公司购买电影版权的报价:十万元——我们出版社的人都觉得这个价格很不错了,但他和他的经纪人觉得还不够,最后,这本书没有卖掉电影改编权。有时候,作家会弄巧成拙。不过,《敌营》入选了每月之书俱乐部。第二年,杰里写的热门音乐剧《费奥雷洛!》上演,并获得一九六〇年普利策戏剧奖。《行动中心》则是根据他自己在出版业的工作经历写的。杰里曾在西蒙与舒斯特出版社当编辑,了解西蒙与舒斯特内部历史的人都会觉得这部小说中的几个人物很眼熟。它没有多加掩饰,任何知道迪克·西蒙和麦克斯·舒斯特个性的人都能在书中认出他们。

一九六〇年六月,我们出版了威廉·斯泰伦的《烧了这幢房子》——

兰登书屋的书目中又多了一部至今让我们骄傲的杰作。比尔也是跟着海勒姆·海登来到兰登书屋的,他的第一本小说《在黑暗中躺下》就是海勒姆在鲍伯斯与梅瑞尔出版社出版的。《烧了这幢房子》并没有博得《在黑暗中躺下》那样的好评。它是有缺陷的,但仍不失为一本好书。当编辑跳槽时,他的作者经常会跟编辑到新的出版社去,所以海勒姆离开后比尔决定留在兰登书屋,令我们十分高兴。我和菲丽丝都很喜欢比尔和他的太太罗丝,我们时常来往。

不过,比尔留下来的主要原因是我们有两位编辑:罗伯特·卢米斯和贝尔莎·克兰茨——他俩都是海勒姆介绍来的优秀人才,而海勒姆本以为贝尔莎会随他去新的出版社。罗伯特和斯泰伦早在杜克大学读书时就是朋友,斯泰伦认为鲍勃·卢米斯是担任他责任编辑的合适人选——事实证明他是对的;他对贝尔莎·克兰茨在《烧了这幢房子》中的编辑工作也非常满意。鲍勃属于那种沿袭老派传统非常勤奋的编辑,为各种虚构和非虚构作品的作者都提供过许多帮助,其中包括两位普利策奖得主:写《旭日》的约翰·托兰和写《马莱村》①的西摩·赫什。他还在编谢尔比·富特那部即将完成的美国内战史里程碑式著作,还有杰尔兹·柯辛斯基的书,他的《阶梯》获得一九六八年度国家图书奖小说奖。

比尔·斯泰伦花了七年时间研究、写作,才完成《纳特·特纳的自白》,我认为这是过去二十年来最好的长篇小说之一,它入选了每月之书俱乐部书目,跃居畅销书排行榜榜首,逗留了很长时间,也获得一九六八年普利策小说奖。我相信这本书将在未来许多年中成为学校历史、文学课程的必读书。

有时候作者也会把其他作者介绍到一家出版社来。正是比尔·斯泰

---

① 一九六八年三月十六日,在越南作战的美军"查理连"进入越南北部的马莱村,因怀疑村民藏匿北越军人而对手无寸铁的村民大开杀戒,杀死村民三百多人。一九六九年,美联社记者西摩·赫什采访了包括参与马莱村大屠杀的战士在内的一些退伍老兵,详细披露了这一震动全美的罪行,获得普利策新闻奖。报道于一九七〇年结集《马莱村:大屠杀及其后果的调查报道》由兰登书屋出版。

威廉·斯泰伦

伦告诉鲍勃·卢米斯,他有一个朋友正在写一些很精彩的短篇小说,兰登书屋也许有兴趣出版。鲍勃跟进联系这个作者菲利普·罗斯,才得知他已经和另一家出版社签约。我们只能充满遗憾地错过了这本令作者一举成名的书《再见,哥伦布》。不过这事儿并没有到此为止。鲍勃听说当时正在罗马美国学院的罗斯对出版社并不太满意。而唐纳德正打算去罗马度几天假,他就和罗斯约好见了一面,告诉他我们非常有兴趣出版他的书。这次会面的结果是罗斯回国后就来见我们,商谈出版事宜,于是我们就成了他的出版社。我们出版的第一本罗斯的书是一九六二年的小说《放手》,接着是五年后的《当年她正灿烂时》。我们相信他将成为极受欢迎的年轻作家,这一点在一九六九年《波特诺伊的抱怨》出版时得到了证实。这本书立刻引起轰动,成为兰登书屋有史以来销售速度最快的小说之一。与大多数在兰登书屋出书的年轻作家不同,菲利普·罗斯始终没有让我感觉亲近;他似乎永远那么孤僻,不愿和别人建立密切关系。

我喜欢的人有不少,真正爱的只有寥寥几位。莫斯·哈特是其中之一。从许多方面来看,他都是我所认识的最出色的人。对我来说,莫斯就代表戏剧,他做的每一件事都叫我高兴。他的戏让我高兴,他的幽默让我高兴。和他在一起真开心。

就在一九六一年圣诞节前夕,莫斯突然在加利福尼亚去世,东部悲痛的朋友们很快为他组织了一场追悼会。追悼会于一九六二年一月九日在纽约"音乐盒"剧院举行,三十二年前他第一个获得成功的戏在这里首演。霍华德·林赛担任主持人,继布鲁克斯·阿特金森、多尔·查利、埃德娜·菲尔伯、艾伦·勒尔纳之后,我由衷地做了以下的讲话:

提到莫斯·哈特这个名字,人们想起的字眼都是美好的,在我们今天的世界里,这些字眼尤其重要:快乐、温暖、默契、欢笑、热忱、忠诚、正直、喜悦。

无论做什么,莫斯总是全心全意地投入。他关心你的问题,就像关心自己的。在莫斯看来,每一件事都是制作的问题。他能把听来的最世俗的家庭琐事变成一出能反映民族性格的戏剧。他能赋予最单调最沉闷的人物角色以尊严与激情,把他们变成充满魅力的淑女和绅士。而且,这些人物立刻就能贯彻莫斯的理念,并在莫斯重塑他们时始终如一。

莫斯·哈特一生都忍受着周期性发作的、几乎难以忍受的抑郁。精神分析只能治疗一部分，但是，据我所知，他从未让自己的问题影响他全身心地执行他承担的任务，或拨个电话向他随便哪个好友求助。

莫斯是女主人最理想的客人。他在宴会上一出现，就自动承担起主人的角色。而且，屋里的每个人兴致都会更高一点，心里更踏实一点，就因为莫斯也在。还有什么更温暖的致意方式吗？

莫斯从不存侥幸心理。每当我们为他取得一些特别成功的成就而表示祝贺的时候，他就会吃吃笑着提醒我们："你知道我父亲当初没给我留什么钱。"要是有人把他的成功归因于幸运，莫斯就反驳说："没有人会成天坐在那里说，'今天我们能为莫斯·哈特做些什么？'幸运都是你创造的。"他甚至还对我们今天正在举行的追悼会做了安排。"如果你们想为我举行追悼会，"他对妻子基蒂说，"记住，到时候我可没法安排这个会了——所以你们很可能会把追悼会放在我的演员朋友们无法出席的时段。"果真如此，我们最初选的日子是明天——白天有演出的日子。是莫斯的老朋友乔·海曼帮我们改了时间。

莫斯也许是戏剧界最理解金钱真正用途的人。对他来说，金钱不是用来存在银行、投资股市，看着记账本上的数字越来越大，而是用来花的。花钱给他带来多少快乐！他买东西不是一件一件买的，一买就是六件，不管是睡衣、门廊秋千、书桌文具、宠物还是宠物窝。

他的妻子基蒂令他的人生多么完美！她不仅给了他一个令他依赖的家庭：一个迷人的妻子和两个可爱的孩子——这是他非常珍惜的人生蓝图——还会对他大手大脚地乱花钱提出恰如其分的抗议，然后又体贴地承认："你做得绝对正确，莫斯。有了那个六百元买来的花瓶放在角落里，这个房间的格局就是不一样。"这样的话总是能让莫斯添购东西的快感得到彻底的满足。

　　我投身出版业三十八年来，从没见过一位作家像莫斯·哈特对他的《第一幕》那样从一本畅销书上获得那么纯粹的快乐。只要听一听每天早上他在电话里津津有味地向我读读者来信的劲头，就会明白一个懂得生活的人能从生活中获得多大的乐趣。对莫斯来说，写信的人不管是参议员阿德莱·斯蒂文森①来信，还是威奇托福尔斯市②的某个家庭主妇，并没有什么区别，他都一样高兴。一天，他在麦迪逊大街看到一个小老头儿在慢悠悠地走路，胳肢窝里夹着一本《第一幕》，就叫住他说："我是莫斯·哈特，就是这本书的作者。"然后在书上签了名，小老头儿笑呵呵。莫斯的梦想是让《第一幕》入选"现代文库"。今年，我们即将把它收入"现代文库"。我还记得他以前对我说："你总算及时把我从道布尔戴出版社救出来啦。"

　　有了莫斯的导向，灾难也能变得像开车兜风般快乐。有一年冬天，比尔·帕利在牙买加的游泳池满是沙子，却不是海水，原来是因为游泳池的过滤管道坏了。莫斯就把这事儿写成一首欢快的卡利普索小调。有一出戏在百老汇演砸了，散戏后剧组在瑞吉酒店聚会，气氛活像是在停尸房。莫斯马上组织了一场即兴表演，没等聚会散场，连那愁眉苦脸的编剧和制片人都被逗得自嘲起来。又譬如，我们打算举行一次规模适中的酒会庆祝《第一幕》的成功，莫斯自己把这事儿揽了过去，结果，在哈罗德·罗姆、阿瑟·史华茨、霍华德·迪茨、菲尔·西尔弗斯等一帮朋友的帮助下，这个酒会成了每一位来宾一生难忘的夜晚。

　　那些来宾今天大多数都在场，我想，与其说我们是来悼念莫斯，不如说是他的去世使我们的生活丧失了那种纯粹的快乐和激情，我

---

① 阿德莱·斯蒂文森(1900—1965)，美国著名参议员，外交官，曾担任美国副总统，其演说水平当时被公认为仅次于丘吉尔，两次代表民主党竞选总统。
② 威奇托福尔斯市，德克萨斯州北部的一个小城。

们为此而痛苦。

　　他给我们大家带来了多少欢乐啊！感谢上帝让我们有幸结识他。

　　莫斯是以一种最不可思议的方式突然闯进纽约戏剧圈的。他生于布鲁克林，家里一贫如洗；他很小的时候全家搬到了布朗克斯。他父亲是英国人，一辈子说话都有英国口音；他在雪茄厂工作。莫斯有一个未婚的姑姑，非常热爱戏剧，每个星期六下午就带着她的小侄子去看戏。他们买两毛五分的票子坐在剧院最后一排，莫斯也爱上了戏剧。为此，他跑去给一个戏剧制作人打杂，后来证明，这段经历对他非常重要。好处之一是他可以免费拿到百老汇每一场戏的票子，他把戏看了个遍，无论好坏。老板把不到十八岁的莫斯写的一个剧本搬上了舞台，莫斯因此而丢了饭碗——演出惨败，但对莫斯是一次很好的锻炼。当时莫斯已经认识了爱德华·乔杜罗夫，他把莫斯介绍给一个小剧团，其中包括多尔·查利等刚出道的年轻人，他们当时毫无名气，后来都出名了。在那里，他学到了许多后来他运用的技巧。

　　莫斯在避暑游乐区——也就是著名的"罗宋汤"游乐区①——当了几年社交主任，干得非常好，接着就写了一个关于好莱坞的喜剧剧本，而他还从没去过好莱坞呢。经过许多挫折，他终于说服乔治·考夫曼读了剧本，乔治对他的印象大好，同意与莫斯合作把这个现成的剧本《一生一次》搬上舞台。该剧于一九三〇年九月二十四日——莫斯二十六岁生日前一个月——首演，一举成功。观众哈哈大笑，他一夜成名了。

　　我是经考夫曼夫妇介绍认识莫斯的。毕翠丝就像多年前对待我一样，一开始就主动指点他，带他认识她所有的名人朋友，他们都喜欢他。莫斯在宾夕法尼亚州巴克斯县的考夫曼家旁边买下一大块房产。他老是

①　"罗宋汤"游乐区，美国纽约州卡茨基尔山区犹太人避暑胜地，以供应犹太膳食及罗宋汤出名，设有宾馆、戏院、夜总会等。

311

受骗上当，因为他以为别人卖东西给他是对他好，所以从不讨价还价。毕翠丝尽量帮他提防着，我们都尽量帮他，可一点也不顶用——他赚钱赚得这么快。他开始种植新的树木和灌木丛，把老的树木挪走，改善周围景致。当时已经是他好友的亚历山大·伍尔考特，在见识了莫斯所做的事

"二战"期间，莫斯·哈特在去南太平洋慰问军人的途中

情后，说出了他那句名言："这正是上帝要干的事，假如他也这么有钱。"

　　莫斯一辈子都挥霍无度。随着一个接一个戏剧的巨大成功，他成了整个戏剧界最受欢迎、最成功也最出名的人之一。他的事业巅峰之一是一九四一年他制作《黑衣女郎》并发现丹尼·凯尔的时候。另一次是他在百老汇执导艾伦·勒尔纳和弗雷德里克·罗伊写的《我漂亮的姑娘》，当然此剧已成为现代戏剧最成功的作品之一。不过莫斯总是不厌其烦地提起以前穷困潦倒的日子。我们所有人不断哀求他把他讲的这些故事写下来出书，最后他终于投降，开始写作《第一幕》，这本书将涉及他在成名以前的早年经历。他喜欢把一些片断读给我们听，当然，我们很爱听。不过，我可忘不了他写完大约四个章节的那一天，当时他开始情绪低落，要把写好的稿子都撕了。为了阻止他这么做，我几乎动手跟他抢。类似折

《第一幕》封面

313

磨人的过程在他快写完全书的时候重演了一遍。

《第一幕》到底还是写完了——他写得引人入胜，几乎是有史以来关于戏剧最好的一本书。从我们收到书稿到正式出版的几个月时间里，莫斯充分展现出一个要求苛刻、处处不满的作者形象。他给《去曼达莱的路上》这首歌编了几句新歌词，一边大步走进我的办公室，一边唱着"在去道布尔戴的路上，他们要给我高额预付金……"诸如此类的话；从内容编辑、装帧设计到制定营销计划，他也以假装挑剔我们所有工作环节为乐。他还给我写纸条，暗讽他的责任编辑阿尔伯特·厄斯金，然后又给厄斯金写暗讽我的纸条。我们则回敬一些刻薄话，总是用炭笔写明对方姓名。当然，其实他对我们所做的一切工作都很满意，我们工作的过程就是一场狂欢；在那个时代我们还有时间能这样玩闹。实际上，莫斯是最肯配合、最乐于助人的作者，他对制作的每一个阶段都有兴趣参与，喜欢提出好建议，但不会干涉。我写了封面勒口上的文案后就交给莫斯看。他绞尽脑汁修改一遍后还给我说，写文案比写书还要难啊。他所修改的就是把我写的内容重新分段，加了几句他的想法。之后阿尔伯特再做些修改，然后莫斯和我做更多修改，最后达成一致，确定文案——一个令我们所有人都满意的合作结晶。

印刷厂送来第一批样书时，我们一致同意这是兰登书屋出版的最漂亮的书之一。只有一个缺陷：校对员水平虽然很高，但是被书中的故事深深吸引，竟然漏改了好多排字错误，只能在下一次印刷前改正了。不过莫斯对一百个排字错误比一些作家对三个排字错误还要不在意，这就是莫斯的典型风格。

就在《第一幕》上市前，莫斯要我估计一下他能从这本书上赚到多少钱。我告诉他，关于戏剧的书从来都不会很畅销，但我估计他可能赚到两万五千元，这已经很多了。于是他决定把这本书的所有收入送给他的孩子——克里斯和凯西平分所有版税收入，他们当时还很小。

这本书一出版就引起轰动，连续几个月位居非虚构类畅销书排行榜

莫斯·哈特

冠军。除了书的各种版税收入，他还得到二十五万元电影版权费，当然这笔钱也得归克里斯和凯西。为此，莫斯嘴上大发牢骚很心疼的样子，实际上打心眼里高兴。不过这已经成他习惯了。他叫他们"李尔王的孩子"。他常抱怨说："李尔王的孩子把钞票都拿走啦。"然后冲我嚷嚷："你这只狗！都是你跟我说它不会畅销！"

　　一九五九年十月二十三日，我们在里翁饭店举行盛大宴会，庆祝《第一幕》的成功。莫斯就是莫斯，他居然马上就唱起了宴会的主角，导演了一场盛大的表演秀。他命令我们参加演出的人穿上戏服，一直排练到滚瓜烂熟为止。结果这场宴会变成了一场娱乐盛会。纽约每一个明星都来了——如果那天晚上这家饭店出什么事，纽约的戏剧就完蛋了。

　　宴会上一个热闹开心的节目是阿道夫·格林、马丁·盖博、莫斯和我的四重唱，我们穿戴化妆一番，分别扮演在道布尔戴、兰登书屋、西蒙与舒斯特、利特尔与布朗四家出版社工作的清洁女工。我们拿着扫把和水桶，唱着莫斯专门写的歌出场，每个人唱完都有一段重唱，歌词内容就是我们晚上在垃圾筒里发现的东西——书稿和私人信件。这个节目滑稽得要命。接着，阿琳·弗朗西斯、弗洛伦丝·罗姆、基蒂和菲丽丝登场，唱起一首以莫斯为主题的歌,这首歌也是他自己写的,其中运用了一些戏仿柯尔·波特《你是最棒的》[1]的歌词(实际上他在任何场合都玩这套)。我只记得其中几句歌词:"他是最棒的!他是林迪餐厅[2]的招待。他是最棒的!他是罗宋汤里的土豆!"诸如此类。

莫斯·哈特、贝内特、阿道夫·格林和马丁·盖博

贝蒂·考姆登与阿道夫·格林合写了一首歌,哈罗德·罗姆也写了一首。这场表演秀最精彩的节目是霍华德·迪茨和阿瑟·史华茨专为这个晚会创作的小型独幕音乐剧《〈第一幕〉的故事》。谢天谢地,我们录了音(其他节目的录音恐怕现在都没了)。剧中有一首可爱的歌儿《一生只有一次》,由基蒂演唱。

莫斯于一九六〇年与勒尔纳和罗伊再度携手创作了《卡米洛》[3]。该剧在多伦多首演时,不幸降临了——莫斯心脏病发作。那是他第一次心

---

① 柯尔·波特(1891—1964),美国著名作曲家,《你是最棒的》是其代表作之一。

② 林迪餐厅是纽约百老汇著名餐厅,是许多明星、运动员和帮派分子经常出没的地方。

③ 卡米洛是传说中英国亚瑟王宫殿所在地。

基蒂·卡里斯尔、菲丽丝、弗洛伦丝·罗姆和阿琳·弗朗西斯

脏病发作,后来又发作了一次。虽然医生警告过他一定要当心,他还是继续参加各种酒会,率性地生活。一九六一年,他和基蒂在棕榈泉①买了一幢房子。菲丽丝和我正打算接下来的二月去做客,没想到圣诞节前几天,我一接起电话就知道接线员要说:"哈特先生电话。"然而是基蒂打来的。她说:"莫斯刚刚摔倒,去世了。"我一辈子都不会忘记那一刻。第二天,我们就坐飞机赶去加州。

莫斯的死在我们生活中留下一个巨大的黑洞。只要有可能,我们都和莫斯夫妻俩一起度每一个假期——七月四日国庆日、劳动节、冬天的假期——只要和莫斯在一起,永远过得很开心。这些时候,阿瑟·霍恩布娄和他妻子莱昂诺拉也经常加入我们的行列,我们都非常喜欢对方,所以在一起总能尽兴。

莱昂诺拉·霍恩布娄是我们的好朋友,本人也是作家,写过两部长篇小说,都是兰登书屋出版的,那就是《记忆与欲望》和《寻找爱的人》,还写

① 棕榈泉是加利福尼亚州南部沙漠中的一座绿洲城市,度假胜地。

莱昂诺拉·霍恩布娄与阿瑟·霍恩布娄，贝内特与

过"里程碑"丛书中的一种。她真是无书不读，是我见过的读书最多的女人。许多作家都是她的朋友，会下意识地求助于她——正如我决定编一本大部头的文选《随身宝典》的时候去找她帮忙。看标题就知道了，这本书是针对那些可以带着它旅行或度假的人。我觉得她会给我非常宝贵的帮助，事实果然如此。我们共同挑选了许多篇一流的文章，有些是知名作

菲丽丝,基蒂·哈特与莫斯·哈特在牙买加的圆山欢度时光

家写的,还有许多是还没出名的新人。道布尔戴于一九六三年出版了我们这本书,我永远都为它自豪。

阿瑟·霍恩布娄是我长期的好友,当年他追莱昂诺拉的时候,我和菲丽丝都很关心,兴致勃勃关注着他的进展。最终他从众多追求者中脱颖而出,赢取了莱昂诺拉的心,他俩就是在我家结婚的。当时阿瑟已在好莱坞打拼多年，成绩斐然，是许多名片、票房大片的制片人，其中有《煤气灯下》《夜阑人未静》《俄克拉荷马！》和《控方证人》。

一九六〇年代阿瑟逐渐淡出电影业之后，他们夫妻俩发现一种可以找到共同乐趣的新工作——为菲丽丝的"提高"丛书写作经过认真研究的童书。他们合写的第一本是《行为奇异的动物》，后来还写过关于鸟、鱼、爬行动物类似主题的书。

我们与阿瑟、莱昂诺拉的友谊为我们与一位作者的交往略微带来一些不便。阿瑟制作了根据我们出版的辛克莱尔·刘易斯小说《海棠春怨》改编的电影，由斯宾塞·特雷西主演。这个项目导致了阿瑟与约翰·奥哈拉的不和。当时约翰四十岁刚出头——一年之后他才成为兰登书屋的作者——阿瑟请他把《海棠春怨》改编成电影剧本，但约翰写了几个月以后，阿瑟对他写的不满意，就弃用了。不消说，这事发生之后，我们只能非常当心，不能邀请霍恩布娄夫妇和奥哈拉夫妇出席同一个酒会。

我与约翰·奥哈拉签约那天是我一生中值得纪念的好日子。之前我通过菲丽丝认识了他，并偶尔在酒会上见到他，我们还有许多共同的朋友——哈罗德·罗斯、沃尔考特·吉布斯以及整个《纽约客》编辑部。他与当时他的出版社发生矛盾时——我不记得是为了什么事——他向我们明确表示：只要我们条件合适，他愿意成为兰登书屋的作者。自一九三八年以来，他没有出过一本长篇小说，又酗酒，许多人说他完了。对这种说法他很生气，可是除了几本短篇小说集，他已经有多年没出新书。他远在好莱坞，但在那里又很烦躁，喝酒比在纽约时还要凶。他是个作家，想要重新写出严肃的作品。

　　我们在一个叫做"酒馆"的地方敲定合约，那地方现在已经拆了，但当时却是个"图茨·肖"①般红火的酒吧和烤肉店。事实上，图茨·肖确实在那儿当过保镖。我记得我当时说："约翰，这是我一生中重要的一天，因为我认为你是美国最伟大的作家之一。"约翰说："之一？还有谁？"我说："呃，海明威和福克纳。"他说："哦，福克纳的书我会买。"

　　约翰·奥哈拉来到兰登书屋，就一直待了下去，直到他去世——也就是二十三年，其间他写出了二十三本书。第一本是一九四七年的《废铅字

---

　　① 二十世纪三四十年代纽约十分红火的酒吧，由伯纳德·图茨·肖创办，是纽约棒球明星、政客、百老汇演员出没之地。

箱》——他的第四部短篇小说集,这之后很长一段时间里他没有再出版短篇集。正如以前的几本那样,这本短篇集中的大部分篇章都在《纽约客》上首先发表。到一九四九年,约翰已经为《纽约客》撰稿二十年,是他们最忠实、最多产的撰稿人之一;但也是在那一年,我们出版了他十一年来的第一部长篇小说《爱的激情》,正巧赶上他与《纽约客》发生矛盾而停止了合作。

《爱的激情》的巨大成功并非《纽约客》刊发的书评所致,那篇文章对此书提出了猛烈的批评。约翰对杂志这么对待他感到很伤心。他无法理解为何他与《纽约客》有这么长期的联系,编辑们却似乎很迫切地要在过去不惜篇幅刊登他短篇小说的版面上,批评他的长篇小说(这已经是第二次了)。当然,他们之间还有其他方面的摩擦,但这篇书评真正激怒了他;他不仅与《纽约客》关系破裂,甚至从此不再写短篇小说。

事实上,这之后大约五年,他几乎什么都不写——除了一本《农夫旅馆》。最初他是想写一个剧本,后来改写成一个小长篇。我们于一九五一年秋天出版了该书,就在我们刚刚公布出版日期前,发生了一件事情充分说明有时候约翰是多么孩子气。一天他来找我说,他想给书起的书名叫《一家小旅馆》,这是迪克·罗杰斯的一首歌。他说:“你觉得迪克会介意吗?”迪克和约翰从合写音乐剧《葆·乔伊》之后就成了好朋友,但我说约翰至少应该去和迪克打个招呼,于是他就去找迪克。过了大约半小时,他回来了,气得脸色发青,那是当时约翰·奥哈拉最生气的状态。他说:“现在我要叫它《农夫旅馆》。”然后大步走了。他一走,我就打电话到迪克·罗杰斯的办公室。迪克说:“他走进来说,想用我的一首歌《一家小旅馆》作为他的书名。我说:‘那很好,约翰。不过准确地说,这首歌的名字叫《有一家小旅馆》。’奥哈拉说:‘什么时候我需要你给我的书起名字,会告诉你的。’然后二话不说就走了。”

在决定《农夫旅馆》确切出版日期时,约翰记住的不仅仅是《纽约客》对《爱的激情》有恶评,他还知道《纽约时报》的奥维尔·普雷斯考特也持

约翰·奥哈拉

否定观点。所以约翰写信给唐纳德,指明如果我们在星期四出版《农夫旅馆》,就可以避开普雷斯考特(他在星期一、三、五发表书评),而可以由负责星期四书评的查尔斯·普尔莱评论,他比较欣赏约翰·奥哈拉的作品。就这样,《农夫旅馆》于十一月八日星期四出版了,从此开始形成约翰·奥哈拉的作品定在星期四出版的个人惯例,奥哈拉的下一本大书《弗雷德里克北路十号》就是在一九五五年感恩节那个星期四出版的。

作家们早把好评忘记以后,仍然会对恶评念念不忘。对于好评,他们总是认为理所当然,是他们应得的。可是如果有人抨击他们——哦,他们的记性就不知道有多好了。我永远忘不了我们邀请阿莉西娅·帕特森和辛克莱尔·刘易斯来我们家参加宴会的那天晚上。我们安排阿莉西娅和"赤色分子"坐在一起。落座以后,她说:"您知道吗,刘易斯先生,我盼望见到您的这一天已经很久了。"他说:"是吗?那你为什么在《每日新闻报》上写那篇糟糕的文章批评《这里不可能发生》?"《每日新闻报》是她父亲的报纸,她有一度为他们写书讯。阿莉西娅说:"我不知道您说的是什么。"辛克莱尔说的那本书是道布尔戴出版社多年以前出版的,她早已忘得一干二净,可书的作者还没有忘。

不单单是作家们不会忘!一天晚上,菲丽丝和我要去约翰·梅森·布朗家参加专为大都会美术馆馆长弗兰西丝·泰勒举行的宴会。这是相当正式的场合。大约六点,丹尼·凯尔来找我们,他刚坐飞机来纽约,正无事可干。于是我打电话问约翰·布朗:"我们能带丹尼·凯尔来吗?"布朗狂喜!在布朗家里,丹尼的状态好极了。他是世界上最会模仿的人!他惟妙惟肖地模仿泰勒和每一个客人,所有人都哈哈大笑。丹尼、菲丽丝和我是最后离开的客人。约翰很热心亲切,他说:"有你在我们家真让人高兴。"丹尼说:"你在我《黑衣女郎》首演时可不是这么认为的,真令人不快。"然后他念念有词,把约翰当时在评论中对他的批评都复述出来。布朗说:"太荒唐了!从我第一次见到你的那一刻起,我就认定你绝对优秀!事实上,我把我所有评论文章都放在剪贴本里的。我拿给你看看就知道你记错了。"

他拿出一把梯子,爬上壁橱,抽出索引为一九四一年《黑衣女郎》上演那一年的资料,查到了那篇评论。丹尼是对的。过了十一年,他还能一字不差地记得这篇文章!而约翰·奥哈拉对这类事情的记性比他还要好!

工作时的奥哈拉非常职业,他总能掌控自己的写作进度。每次动笔之前,他都已做好写作计划,清楚自己要写什么;他可以搁下写了一半的句子马上睡觉,第二天起来再坐到打字机前把剩下的句子写完。每天他至少工作六小时,而且通常都是不间断工作。他从晚上开始写作,一直写到凌晨两三点,这段时间没人打搅他,然后一觉睡到中午(所以实际上你休想在上午打电话找到奥哈拉)。他对自己能够严格按照承诺的时间、有时甚至提前几个月交稿非常得意,例如他可能在四月份告诉我会在八月一日带来某本书的完稿给我们看;然后就像钟表一样精准,他会在七月底给我打电话,约好在八月一日见面的具体时间。这很让人佩服,不过我后来得知,事情并不总是看上去那么了不起。在二十世纪六十年代,他写书速度之快,令我们都来不及出版,有时候我想,他在宣布一本新书的交稿日期前实际上已经写好了。

二十世纪五十年代初发生了好几件对约翰·奥哈拉的生活和作品都产生深远影响的事情。《爱的激情》刚出版,约翰就和妻子贝拉决定搬到普林斯顿生活——既因为他们觉得那里有益于他们四岁的宝贝女儿怀莉的成长,也为了让他远离纽约的酒吧。搬家是个好主意,但这并没有令他把酒戒了,一九五三年,他因胃出血被送进医院。医生让他选择:如果还想活下去,就必须戒酒。于是他戒酒了。几个月后,他深爱的贝拉突然去世——要是在过去,这样的打击会使他重新借酒浇愁,但他始终没有开戒,到死都滴酒不沾。贝拉去世第二年,约翰与凯瑟琳·巴恩斯·布莱恩结婚——人人都叫她"姐妹"——她对他非常合适。

在其一生中的最后十五年,约翰写的书比他之前酗酒的那二十年多得多。在这段创作力惊人旺盛的时间里,他写的第一本书是长篇小说代表作《弗雷德里克北路十号》,紧接着是《露台春潮》《我们自己明白》(这一直都是我最爱读的书之一)和《布道和苏打水》。接下来的二十世纪六十年代迎来了他最多产的时期;当时他已经和《纽约客》重归于好,除了六部长篇小说,他还写了六本精彩的短篇小说集。

当时斯佩尔曼主教和我是邻居,他向我多次抱怨过约翰·奥哈拉的书。奥哈拉在性描写和使用那四个字母的下流词①等方面确实很出格。

---

① 四个字母的下流词指的是"fuck"。英文出版物中一般不直接出现这个脏话,故作者未明说。

劳斯莱斯车、阿尔伯特·厄斯金、约翰·奥哈拉和贝内特

与现在的出版物相比,他写的那些东西并不过分,但在当时看来,还是相当大胆的。《爱的激情》被视为很出格,因为书中绘声绘色地详细描写了一个诱奸的场景。最后我对斯佩尔曼说:"他也是您的'孩子'。何不与他谈谈呢?我可以带约翰来吃午饭。您愿意和他一起吃吗?"主教说:"我愿意见见他。"我把这事儿告诉了约翰,看看他会有什么反应。他很高兴,开着他崭新的劳斯莱斯汽车来了,把车停在院子里,他专用的停车位已经为他预留好——之后的几年里,这种停车仪式还出现过多次。我说:"现在,约翰,你可别控制不住情绪啊。"我记得当时约翰答道:"我们俩谁是天主教徒?你不用告诉我该怎么做。"

通常,无论我何时去主教的住所,总会有一个女佣来开门,我在小接待室等着他从楼上下来。但这次主教大人到我们的院子来和我们见面。他对这次见面也有点紧张。我说:"大人,这是约翰·奥哈拉先生。"奥哈拉弯下身亲吻主教的戒指,然后从口袋里掏出一个信封说:"我母亲一直都很关注您最重视的慈善项目'弃婴之家',我要向'弃婴之家'捐款。"主

斯佩尔曼大主教、约翰·奥哈拉和贝内特

教的脸上充满了根本没料到奥哈拉会有此举的神情，我也没料到。他惊
呆了。

我们三人步行去吃午饭，他俩马上热络起来了。我们一起聊得很开
心。他们当我不存在一样。午饭后，主教一定要我们到大主教辖区去看
看他收藏的钱币。这些东西我大概已经看过四遍了，所以就插话说："你
们两个显然没什么事情，但我得去处理工作了。"说完我就走了，让他俩
开开心心继续谈。

约翰很珍惜象征荣誉的纪念品，尤其是铭刻着纪念某个场合或某种
成功的纪念品，多年积累下来，他的书房里堆满了这些东西。《爱的激情》
销量达到十万册的时候，我们送给约翰一个银质烟盒，上面刻着"衷心感
谢您的出版者和头十万册的购买者敬赠……"后来，《露台春潮》销量达到
十万册、几本平装版小说销量达到一百万册时，我们还是这么做。他最珍
爱的礼物之一是他喜爱的作家约翰·斯坦贝克送的烟盒，上面刻着："一
个人的孤独心灵是世界上唯一的创作源泉，任何干预它自由运转的力量

327

都是敌人。"约翰·奥哈拉从不允许任何人干预他的孤独心灵。

　　另一次这样的馈赠却引出一段颇为尴尬的插曲。一九五〇年十二月,比尔·福克纳在去斯德哥尔摩接受诺贝尔文学奖的途中经过纽约,所以菲丽丝和我就在他启程前夕安排了一个小型晚宴,就请了从未见过福克纳的约翰和贝拉。诺贝尔奖可能是这世上约翰最渴望得到的东西,他研究得很透。所以两人刚见面几分钟,他就对比尔说,他即将领到的诺贝尔奖奖金是免税的——这事儿我们其他人都不知道。吃完饭,比尔抽烟要火,约翰就隔着桌子身体前倾把他的打火机递过去,这是他的老朋友、剧作家菲利普·巴里送给他的,上面还刻了字。比尔表示喜欢这只打火机,约翰就表示愿意送给比尔,以纪念比尔获奖这件大事。比尔只说了一句"谢谢",就把打火机放进了自己的口袋,并没有顺势表示出更大的谢意。显而易见,奥哈拉对此很不愉快,鉴于当时他还是个大酒鬼,有时喝醉了还会跟人打架,我真担心他会干出什么事来;所幸,贝拉也察觉到了这种危险,特意在一切还没发生之前就告辞了。

　　当然,戒酒并不会彻底消除奥哈拉的火暴脾气,不过确实令他温和了些。他仍然会荒唐地发发小脾气,如果你了解他,会觉得这些脾气发得很滑稽,但如果你是他发脾气的对象,那可能就不会那么高兴了。他极其自信,这是对的。约翰·奥哈拉的价值被许多文学评论家和学者大大低估了。他有时态度傲慢,完全不合群,也不墨守成规,这些都触怒了他们。他怎么想就怎么说,还经常把人大骂一通——有时也骂我——但我想我们都了解对方。他叫我"瑟夫儿",只要听他跟我电话里打招呼的语调,我就能马上判断出他的心情怎样。

　　菲丽丝和我都真心热爱他。他是一个忠诚的朋友,有一件事情令我感到特别亲切:他是兰登书屋的名作家中唯一特别留意我个人活动的人。即使我在俄亥俄州的哥伦布市做演讲,约翰都知道。即使我在演讲中没有提起他,他好像也知道。他怎能这么了解我的行踪,真是不可思议。那些年我在做《我是干哪行的?》的时候,他一次不漏地看,通常还会嘲讽一通，跟我开玩笑。他打电话说："小伙子，你昨晚表现很不错吧?"——实际上他一直在看。有天晚上我在《今晚秀》节目上说："约翰·奥哈拉不仅是一位伟大的作家，人也很好;我这么说，并不是因为我知道他正在看这个节目。"说的时候我看着摄像机镜头。第二天一早约翰就来电话了，听上去很高兴。他说："你昨晚在看我。"我说："一点没错。"那就是我们的友谊!

我七十岁生日的时候，请了少数几位朋友吃饭——都是我们基梭山别墅附近的邻居。约翰对我没有邀请他很伤心，不过我向他解释我不想让他在炎热的夏日，在星期六下午拥堵的交通中从普林斯顿长途赶到基梭山来，尤其是我知道他的背在犯病。听了我的解释，他原谅了我，第二天，我意外收到一大束"美国丽人"玫瑰花——正好七十支。像这样的一些偶尔举动，弥补了所有他那些荒唐滑稽的发脾气所引起的可能影响我们关系的不愉快。

一九七〇年四月，我担任莫斯·哈特纪念晚餐会的主席，宴会是由"南加州大学图书馆之友"主办的。几天后，我还在西部做几场演讲时，得知约翰在睡梦中去世了。就这样，我几乎还沉浸在对一位已逝好友的怀念中时又失去了另一位好友;五月，我在兰登书屋为约翰·奥哈拉举行了一场追悼会。

从一九三六年鲍勃·哈斯加盟兰登书屋起,唐纳德·克劳弗尔、哈斯和我各拥有三分之一兰登书屋的股份,直到一九五六年鲍勃决定退休,把余生献给慈善事业。于是我们购回他的那部分股份。唐纳德的继子、后来担任我们执行总编辑的托尼·温菲米尔持一部分股,但唐纳德和我绝对控股,实际上拥有整个出版社。

　　我们一直担心,一旦我们两人中有一人去世,兰登书屋被估算的资产价值。在一家私人企业,遗产税的问题通常都很麻烦。如果市场上没有同类的股票可以参照估算出企业的市值,你就只能等着政府来估算,天知道他们会算出什么样的价格。我们一直都把盈利再投入公司的运营。从一开始我们就拿很低的薪水,多年以后还比我们出版社的一些编辑和发行员低,因为我们宁愿把所有钱都再投入运营,让出版社持续发展。

　　但不管怎么样,唐纳德和我都知道公司的真正价值每年都在增长,只是谁都不知道到底有多少。如果价值太高,那我们俩一人去世后,活着的那个人怎么买得起另一半股份,去世者的妻子怎么拿得出那么多现金支付遗产税呢? 如果政府对我们出版社的估值是实际价值的五倍怎么办? 既然我们也不知道自己的价值,我们就起草了一个协议,规定活着的那个人可以用五十万元购买另一半股份,我们希望这样可以避免被迫出售股份——这是一个困扰许多合伙人制私有企业的问题。

我们也希望我们所定的价值可以影响政府对出版业的正确估价。接着，一九五七年的某一天，我们和某家正在扩张的出版社的几个朋友吃饭。他们不想花太多精力发展自己的大众图书业务，所以就问我们有没有兴趣谈谈合并的可能性。唐纳德和我对此提议都非常吃惊，因为从未想过这种做法。但我们还是做了一番调查，只想知道他们认为我们的价值有多少。谈判只是初步的，但谈得很愉快，原来他们对我们的估价在两百万元左右。大家只开了一两次会，但他们的想法给了我们启发。

第二拨与我们接触的是霍尔特与莱因哈特出版社。尽管我们从未去找他们商谈具体的价格，他们说："告诉我们，你们想要多少，我们就给你们多少。"他们的计划是收购兰登书屋，然后请我们入股，负责他们经营得不如教科书部门的大众图书出版部门（大众图书是指在常规的大众书店里销售的书）。

接着，天底下随便什么公司都要上市发行股票的喧嚣时代开始了。这里又有一个例子说明我人生中的每一件事情好像都能联系在一起。查尔斯·艾伦——我在华尔街工作时紧挨着我交易柜台的同事——在一九五七年已经是华尔街的成功人士，是庞大的投资银行机构艾伦公司的老板。他过去就很有魄力，现在还是如此；他投资的项目在一些传统银行看来过于投机，但许多项目都让他赚了几百万，比如投资辛泰克斯公司。

一天，我就找我这位老朋友查理咨询，他说："当然行，我们帮你发行股票吧。"兰登书屋就这样突然开始了融资、扩张之路。这标志着一个重要变化，因为从你公开上市的那一刻起，外界任何人都可以拥有你的部分股份，你必须向他们定期提交财务报告。你要给投资者股息和红利。你不再是为自己工作，不能想干什么就干什么，也不能为了你想干的某件事情甘冒亏本的风险。如果你是一个诚实的人，你就会觉得要对你的股东们真正负起责任。所以这是一个非常重要的决定。

一九五九年十月二日，艾伦公司公开发售我们百分之三十的股票，自然，还得让我们拥有控股权。当我看到我收到的支票时，差点昏倒——超

PROSPECTUS

222,060 Shares

Random House, Inc.

COMMON STOCK
(Par Value $1.00 Per Share)

The shares offered by this Prospectus are being sold by certain stockholders named under "Selling Stockholders". The Company will receive none of the proceeds.

THESE SECURITIES HAVE NOT BEEN APPROVED OR DISAPPROVED BY THE SECURITIES AND EXCHANGE COMMISSION NOR HAS THE COMMISSION PASSED UPON THE ACCURACY OR ADEQUACY OF THIS PROSPECTUS. ANY REPRESENTATION TO THE CONTRARY IS A CRIMINAL OFFENSE.

	Price to Public	Underwriting Discounts and Commissions(1)	Proceeds to Selling Stockholders(2)
Per Share	$11.25	$1.25	$10.00
Total	$2,498,175	$277,575	$2,220,600

(1) Arrangements have been made for indemnification of the Underwriter against certain liabilities and to reimburse the Underwriter in the amount of $10,000. for its expenses. Of the 222,060 shares being offered, 25,000 shares are first being offered to certain employees of the Company by the Underwriter at a price of $10. per share plus applicable stamp taxes and costs not to exceed 50¢ per share (See "Underwriting" herein).

(2) Before deduction of expenses of the Selling Stockholders in the estimated amount of $58,000.

These shares are being offered by the Underwriter named herein, subject to the approval of certain legal matters by Messrs. Holtzmann, Wise & Shepard, Counsel for the Underwriter and by Messrs. Weil, Gotshal & Manges, Counsel for the Selling Stockholders and the Company. It is expected that delivery of the shares to the Underwriter will take place in New York City on or about October 7, 1959, against payment therefor in New York funds.

ALLEN & COMPANY

Dated: October 1, 1959

兰登书屋的招股说明书

过一百万元。唐纳德和我总是说,投身出版业,我们是为了做自己喜爱的事业才故意放弃了发财的机会。突然之间,我们就这么不由自主地发财了!

　　兰登书屋股票开盘发行价是每股十一元二角五分,一上市就开始上涨。第二天达到十四元。市场需求那么大,有两个原因。第一,我们出版的两本书——小说类有詹姆斯·米契纳的《夏威夷》,纪实类有莫斯·哈特的《第一幕》——迅速蹿上畅销书排行榜首位并持续排名前列,而且在这神奇的一年中,兰登书屋另外还有六七本书持续数月在《纽约时报》畅销书排行榜上。

　　其次,一个向所有出版业股票狂热投机的时期刚刚开始,而我们股票上市正碰上这个时候。从那时起,我们一面着眼于出版,一面盯着股票涨跌。接着,另外几家出版社也上市了,突然,我们这几支新股股价都开始上涨。这令人恐慌,因为这种上涨毫无规律和理由。比如有一个星期兰登书屋的股价上涨的幅度超过上市开盘价,达到每股四十五元——而发行价只有十一元二角五分。但这也令人振奋,在我们公开上市后不到六个月,我们开始了另一项冒险,并实现了一个我长久以来的梦想:与阿尔弗雷德·克瑙夫出版社合并。

当阿尔弗雷德·帕特·克瑙夫、海勒姆·海登和西蒙·迈克尔·贝西合资的雅典娜神殿出版社成立时,兰登书屋似乎没有受到什么影响,但后来却影响重大。帕特过去一直在克瑙夫出版社工作,他的离去令其父亲老克瑙夫不知何去何从。他一手创造并发展壮大的事业将走向何方呢? 一九六〇年一个春日,我们在鹳鸟夜总会吃午餐,我对阿尔弗雷德说,也许,兰登书屋和克瑙夫这两家拥有许多共同点的出版社考虑合并的时机成熟了。我说:"反正运营上的细节你总是嫌烦。你看这么办行不行? 你的出版社依然由你绝对掌控,所有运营上的问题你就不用操心了。"令我惊讶的是,阿尔弗雷德说他有兴趣。我说:"我会和唐纳德讨论一下,然后我们再来找你谈谈方案。"我回到办公室,兴奋极了。在世界上所有出版社中,克瑙夫永远是我最尊重的那一家。

　　唐纳德和我合计出一个我们认为公道的方案,涉及到交换股权。发行股票的一个好处就是可以不用现金完成收购。如果用现金出售企业,就得马上纳税,但如果可以交换股权,纳税义务就可以延期。所以用可兑现的股票来收购是件好事,对出售一方来说更有利。我们的方案是慷慨而公道的,但我们担心阿尔弗雷德也许不这么认为。

　　我和唐纳德一起去克瑙夫夫妇的办公室,向阿尔弗雷德和他妻子布兰奇交代合并的具体方案。阿尔弗雷德说:"你和唐纳德认为你们提出的

条件公道吗?"我说:"如果不公道,我们也不会拿出来跟你说了。"他说:
"如果你们认为公道,我就接受。"这事儿就这么定了!我们握了握手。

克瑙夫夫妇得到一大笔兰登书屋的股票,只要愿意,他们随时都可以
抛售。这会令他们一夜暴富。而且此时我们已是公开上市的公司,最好
与阿尔弗雷德、布兰奇和克瑙夫出版社的每一位重要职员签约,把合并后
各自的工作条件说明清楚。我们确保他们都能参与到这次交易中来,都
拥有股份。我们也向阿尔弗雷德保证绝对不干涉克瑙夫出版社的编辑方
针——我们一丝不苟地执行这个承诺是出于两个原因。一,我是一个言
出必行的人;二,我对阿尔弗雷德怕得要死。只要他冲我吼,我就逃!

当然,我非常崇敬阿尔弗雷德,也很喜欢布兰奇。和菲丽丝结婚以
前,我有时和布兰奇一起读书稿。阿尔弗雷德常去位于珀切斯的房子住
一段时间,可布兰奇像我一样不喜欢在乡下过冬,所以她就待在纽约的公
寓里。我们经常一起吃饭,然后阅读各自的书稿,隔一会儿就会停下来喝
口酒,争论。有一次很难忘,我一边读一本书稿,一边抱怨它快把我闷死
了。大约六个月后——她的记性好得像头大象——布兰奇给我打来电

一九六〇年四月十七日《纽约时报》的头版

335

午餐庆祝合并成功：阿尔弗雷德·克瑙夫、贝内特、布兰奇·克瑙夫和唐纳德

话，假装天真地说："亲爱的贝内特，每月之书俱乐部刚刚选中的书不就是你上次在我家里一边读一边抱怨的那本吗？"我说："你完全清楚就是那本。我就知道你会跟我说这事儿。"她开心地咯咯直笑。我们的关系就是这样，既彼此妒忌，又为彼此骄傲。

在某些方面，布兰奇是世界上最容易上当的女人，所以我爱跟她开玩笑。有一次我告诉她，我们要把给布伦塔诺书店的发货折扣提高到七折，反正他们总得采购。很快，阿尔弗雷德就给我来电话了，说："你能不能别再跟我老婆说那些见鬼的故事了……受害的人总是我。"我当然知道她听了我的话就会跑回去跟阿尔弗雷德说这事。提高折扣明显是荒唐事，布兰奇却会当真。逗逗她真有意思。

布兰奇的健康状况开始下降的时候，她竭尽全力与病魔作斗争。她是个了不起的女人，勇敢，有魄力。她于一九六六年去世，后来阿尔弗雷德又娶了海伦·海德里克，这个可爱的女子真是上天赐给他的。阿尔弗雷德每星期只来办公室一两天，但他对教育类和历史类图书依然极有兴趣，他的历史类书目在国内是最好的。他还对关于南美以及南美作家写的书很有兴趣，非常热衷于出版这类书，即使几乎没有一本盈利。他出版的有些精美的音乐书籍都亏本，但都是卓越的出版品。

最让阿尔弗雷德感到丢脸的是他最赚钱的那些书！他的书目上一度同时拥有欧文·华莱士和哈罗德·罗宾斯，当时的两位大畅销书作家。可是他非常真诚地说："我最开心的两件事就是把那两个蹩脚作家打发了。他们现在写出来的东西我不想出。"他是当真的。不过尽管他倾向有艺术价值的文学作品，他还是出过一些当代大畅销书的。纪伯伦的《先知》每年都能卖出十万到十五万册。一有人提起《先知》，阿尔弗雷德就只是嘟囔。沃尔特·本顿的诗集《这是我亲爱的》每年都在卖——可他还叹气。多年以前他出过一本沃维克·迪平的书《索雷尔父子》，他到现在还哇哇叫，尽管它曾是大畅销书。他还出过保罗·加里科的《雪鹅》、罗根·克兰登宁的《人体》，以及更新的达格·哈马舍尔德的《印记》。此外，他还拥有一长串重要作家，其中许多人的书不断加印，这个名单强大得令人简直难以相信：威拉·凯瑟、托马斯·曼、托马斯·比尔、约瑟夫·赫格斯海默、约翰·赫塞、约翰·厄普代克、阿尔贝·加缪、让-保尔·萨特、威廉·汉弗雷、朱丽娅·柴尔德。从兰登书屋发行部负责克瑙夫的可供图书销售的那一刻起，我们在一年之内就把它们的销量翻了一番。

与克瑙夫合并后的那一年，我们又收购了万神殿出版社，这家出版社由柯特·沃尔夫和他妻子海伦创办于一九四二年。第二年雅克·希弗兰加盟。柯特·沃尔夫本是柏林的大出版家，后来逃出纳粹统治来到这里。他的发行经理凯瑞尔·沙伯特不久也成了合伙人，其父亲曾担任耶鲁大学德文系主任。

他们开始扩展万神殿自己的图书品种，虽然并不很赚钱，但都是好书。但就在与我们合并前的那几年，万神殿突然涌现出一些畅销书，例如鲍里斯·帕斯捷尔纳克的《日瓦戈医生》、安妮·默罗·林德伯格的《来自大海的礼物》、乔伊·亚当森的《生而自由》、朱塞佩·迪·兰佩杜萨的《豹》和玛丽·雷诺的《国王必须死》。

成功常常滋生纠纷。当万神殿还是个艰苦创业的小出版社，没钱可争的时候，一切太平，可当他们突然发现万神殿也拥有几本坚挺的畅销书时，争端就开始了。谁该得到什么？谁来掌管什么？沙伯特和沃尔夫开始相互找茬儿。沃尔夫得到了罗森瓦尔德家族的支持，而罗森瓦尔德的资本又来自西尔斯-罗布克公司，他们的业务代表对这些内部冲突感到厌烦。他们对出版业一无所知，所以决定把他们的那部分股份卖掉。现在的股份价格无疑比他们当初投入的多。因为他们投资万神殿只是为了帮助柯特·沃尔夫创业，可突然之间他们的股份还值一大笔钱。

到一九六一年六月，罗森瓦尔德家族的某些成员在柯特·沃尔夫怒气冲冲去瑞士以后，同意买下柯特·沃尔夫的股份。沃尔夫最终与哈考特出版社合作，至今哈考特出版社旗下还有一个品牌叫"沃尔夫夫妇书系"。他去世后，他了不起的妻子海伦继续经营。有许多万神殿的重要作者都跟着沃尔夫夫妇走了。

我们买下万神殿出版社，沙伯特和宝拉·范·多伦（她是卡尔·范·多伦夫妇的侄女）和安德列·希弗兰（沃尔夫早期合伙人雅克·希弗兰的儿子）也一起来了。我们重组万神殿，让他们成为兰登书屋的一部分，同时像克瑙夫一样，在编辑决策上仍然保持完全独立。但沙伯特发现要留住对柯特·沃尔夫忠心耿耿的那些作者非常困难，万神殿的运营开始摇摇摆摆。沙伯特成功留住的一位大作家是玛丽·雷诺，我们收购万神殿之后，她有两本书被每月之书俱乐部选中。

我们挑了一个理想人选来经营万神殿，他就是安德列·希弗兰。安德列有重要的国外关系，也具备一流的判断力。我们希望万神殿出精品书，并不要求他们一定要出畅销书，虽然他们时不时地弄出一本大书。他们干得很出色。

看看我的运气多好吧。我们收购万神殿后那阵子，似乎让人觉得我们出的价太高了。但接着《日瓦戈医生》就被米高梅电影公司拍成了电影，这是有史以来最成功的三四部电影之一，票房几乎和《暴君焚城录》《飘》《音乐之声》一样高。单单《日瓦戈医生》的现代文库"巨人"版和平装版就为我们收回了收购万神殿全部投入的一半。

从兰登书屋公开上市的那一刻起，我就雄心勃勃地想让我们的股票在纽约证券交易所上市。我希望我一手创办的出版社，兰登书屋，能与美国钢铁、杜邦这样的公司在股票市场同列。为了达到标准，我们必须把更多的股份交给大众投资人。所以我们进行拆股，把原来的三股拆成四股，价格因而从原来的每股十一元二角五分降低到每股八元五角。一九六一年九月二十日我们在纽约证券交易所上市时，第一天的开盘价是三十二元二角五分。这相当于原始股每股为四十元，因为把三股对四股的拆股。

　　后来到了秋天，股票下跌了。股市一泻千里。我们的股票，和其他出版社股票以及大多数新上市的股票一样，从飞涨一下子变成暴跌。兰登书屋的股票也跌落到每股九元左右的水平，也就是几乎跌到发行价了。我们发行股票时，这个价钱很适当；但是在上涨了这么多之后再眼睁睁看着它跌回到九元，我的自尊心受不了了。我开始害怕晚上出门，以为人们在说："那就是没用的瑟夫，他的股票完蛋啦。"

　　到一九六五年，我们的股价又开始一点一点地爬高，涨回到十七元左右。正是在这个时候，我们的业务发展足以引起那些希望扩展经营范围的大公司的兴趣。强大的计算机公司和商用机器公司都在通过教学设备进入教育领域，他们都看到旗下拥有一家出版社的潜在价值——尤其是我们这样的出版社，更何况我们还有"现代文库"、"佳酿"丛书，还拥有非

在纽约证券交易所:(左起)托尼·温菲米尔、刘易斯·米勒、阿尔伯特·厄斯金、贝内特、凯斯·芬斯顿(纽约证交所主席)、阿尔弗雷德·克瑙夫、贺拉斯·曼吉斯、唐纳德和罗伯特·哈斯

在兰登书屋的股票交易柜台前:阿尔弗雷德·克瑙夫、贝内特和唐纳德

常成功的平装书出版社"矮脚鸡"的部分股份——所以大公司们接二连三跟我们接触。每个人都在打听有什么动静,我们也在打听。

好些与我们接触的人我们根本没有考虑，但我们和时代-生活公司讨论过合并的可能性，因为当时我们有许多因素合并后会更有利。从某个方面看，这似乎是一次辉煌的联合，因为时代-生活公司已经建立起一个一流的邮购直销部门，而我们拥有在我看来世界上最优秀的青少年读物和一个稳健的可供书目。我们谈了两次，十分融洽。我们本来可以把邮购直销业务经营得非常出色。但是很快我们就发现，政府不会允许这一合并。我们和时代-生活公司的律师都到司法部打探消息。司法部说："绝对不行。"我们的谈判就此打住。

美国无线电公司（RCA）对我们表示出兴趣，我们当然回应，因为这是美国最大的公司之一。代理 RCA 公司的投资银行是拉扎德·弗瑞斯公司和雷曼兄弟公司。我们在这两家公司都有朋友。从他们那里，我们听说 RCA 开始考虑进军出版业，正在调查各家出版社的状况。在我们不知情的情况下，他们正在非常仔细地分析我们的出版数据、向不少人咨询我们的状况——大公司通常都这么做。他们对我们印象很好，理当如此。

于是我们开始谈判。我认识 RCA 的董事长戴维·沙诺夫将军，一个了不起的人。还没谈多少，他们就出价了，马上遭到我们拒绝。他们报出的条件是半股 RCA 股票换一股兰登书屋股票，我认为这还不够。所以又经过几个回合的讨价还价——当时是一九六五年十二月末——他们把报价提高到五分之三股 RCA 股票换一股兰登书屋股票，提高的幅度不小，也就是从百分之五十提高到百分之六十。兰登书屋不少人赞同接受。但我主意已定，要收购我们，非得拿出价值四千万元的 RCA 股票不可——这与以前我和唐纳德约定活着的那个人用五十万元买下另一半股份相比可是一次大飞跃！胃口张得好大啊。以当时 RCA 的股价，我为兰登书屋要求的换股比率不是百分之六十，而是百分之六十二——相差两个百分点。这听起来似乎没什么，实际上要多出一百多万元。

投资银行的人都对我咬牙切齿，说我要毁了这次交易。可我占据着优势,他们买不买我们都无所谓。我们并不需要他们。我说:"如果你们真想做成这次交易,就得完全满足我们的要求,不然就免谈!"

于是他们安排我和将军星期天见面谈一次,就在离我们出版社几个街区远的第七十一大街他家里。那是十二月一个寒冷的下午,那天电视里正在转播一场橄榄球联赛决定冠军的比赛,由"小马队"对"搬运工人队"。我很恼火,因为比赛还没看完就得赴这次至关重要的会谈。很凑巧,这场比赛是由哥伦比亚广播公司转播的,不是全国广播公司①。我发现将军正在等我。萨诺夫太太人很好,正在看电视转播的另一场无关紧要的橄榄球联赛,因为这场是全国广播公司转播的。我说:"你不该看这场比赛。"她说:"我不看哥伦比亚广播公司的节目的。"她说话带有很重的法语口音。她又说:"哥伦比亚广播公司的节目我只看《我是干哪行的?》。"所以,她从头到尾都站在我一边。

将军跟我讲完客套话,说:"你真是又犟又蠢,竟然异想天开多要两个百分点。我可不会再去找我的总监们商量了。为了你,我已经找他们说过两次,说你对条件还不满意。你要么接受百分之六十的条件,要么这笔买卖就算了。"我说:"这样很好,将军。让我们看完球赛。还能看到最后一节比赛。"他问:"你的意思是你不想做这笔交易了?"我说:"当然不想了。我跟你说过我要百分之六十二,忘了它吧。"他说:"你知道,我们收购另一家出版社的谈判谈得差不多了。"我知道他们正在考虑收购美国图书公司,就说:"好吧,将军。如果你们宁愿因为那两个百分点的股价而要美国图书公司,不要兰登书屋,那就祝您好运。我们还是做朋友吧。"

沙诺夫将军生气地对我说:"你大概没有意识到,贝内特,你是在跟一个非常傲慢、自负的人谈判。"我说:"将军,我和你一样是个傲慢、自负的人。我们还是看球赛吧。这么谈下去没什么意思。"于是他气冲冲把他儿子鲍比和一位投资银行家叫进来。原来他们正在侧厅,准备好了加冰的

---

① 全国广播公司(NBC)是美国无线电公司(RCA)的子公司。

香槟，等待谈判顺利结束。

　　将军气急败坏地说："我们还是明天再谈谈吧。"我说："那不可能，我明天要和我妻子去海边跟弗兰克·辛纳屈一起度假，我们还要去接他女朋友。"——那就是我们还没见过的米娅·法罗——"我们坐他的私人飞机出发。无论如何我都不会放弃这次旅行的。"将军问："你的意思是就算这次谈判火烧眉毛了，你都要去度假？"我说："说对了，是这样。我要去十一天。"他说："等你回来，我可能已经撤回报价了。"我说："我已经拒绝你的报价了。我的要求不变。等我回来还是要百分之六十二才能成交。你根本不用重新报价。你也没有什么义务。"

　　就这样，我回家了。我觉得所有的好牌都被我捏着。我知道他们很想收购我们，RCA不会为了那两个百分点而放弃我们的。这对他们来说微不足道，对我们却很重要。唐纳德对我有点不高兴。和我们的高级编辑们一样，他当时也已经决心做成这次交易。当雷曼兄弟公司的人从白硫磺泉镇给我打来电话说我真不讲道理时，我就断定我们的要求能实现。他对我们谈判的每一步都很清楚。他们想要我们！

　　第二天我们就和米娅一起飞往棕榈温泉，在那儿住了十天。一回来谈判又恢复了。将军气呼呼地说："好了，我们不会为了那两个百分点跟你争下去。"就这样，我们成交了，合约中还有一条非常重要的条款，写明我们对自己的业务拥有绝对控制权，RCA无权干涉我们的出版。我们以0.62股RCA公司股票对一股兰登书屋股票换股，使得兰登书屋值达到了我梦寐以求的真正价值。

布兰奇·克瑙夫去世不久,阿尔弗雷德开始逐渐淡出工作,显然,我们需要为克瑙夫出版社的前途做好打算。那些近年来为克瑙夫出版社不断带来好书的优秀编辑都还在,但年纪都不小了——像安格斯·卡梅隆、哈罗德·斯特劳斯、赫伯特·魏斯托克和目前担任总裁的比尔·科什兰等。断层出现了:每家出版社都面临后继乏人的问题。不久,奇迹降临在我们头上。我们听说西蒙与舒斯特出版社的三员大将罗伯特·戈特里布、安东尼·舒尔特和尼娜·伯尔对现状不满。他们三人本身几乎就是一家出版社。尼娜在西蒙与舒斯特当了二十八年的广告经理,在这一领域可以说是业内最出色的。

　　对于克瑙夫出版社来说,这三人真是及时雨。还有许多出版社在挖他们,但我们开出了他们难以拒绝的诱人条件。于是,他们于一九六八年三月一日来到克瑙夫出版社,先以一个独立团队的方式工作一段时间。鲍勃·戈特里布是一位非常强势、有魅力的出版人,熟悉自己的业务;托尼·舒尔特①是一位优秀的行政管理者,而尼娜在广告营销业务上无人能及。能请到他们中的任何一位都算得上是惊人之举,而一举请到三位,那只能说是奇迹了。我非常高兴,因为这样一来,克瑙夫出版社后继有

---

　　① 托尼是安东尼的昵称。

人了。

兰登书屋本身倒还没有出现这样的断层，虽然有不少编辑离开了。我提到过的三位编辑还在：阿尔伯特·厄斯金、罗伯特·卢米斯和杰生·爱泼斯坦。我们也在需要人手的时候增加了几位编辑。

与作者打交道极为细致的乔·福克斯从霍尔特出版社跳槽来到兰登书屋。除了负责杜鲁门·卡波特的书，他还担任彼得·马修森、菲利普·罗斯、雷纳塔·阿德勒、斯坦利·埃尔金、戴维·哈勃斯坦姆、阿里森·卢里、梅维斯·迦兰以及其他许多作家的责任编辑。除了其他成就之外，李·莱特已经是一位优秀的推理小说编辑，一九五八年她从西蒙与舒斯特来到兰登书屋，带来了艾勒里·奎因、斯坦利·艾林、阿尔弗雷德·希区柯克、米尔德雷德·戴维斯、哈罗德·马苏尔等许多顶尖作家。她是埃拉·雷文的编辑，编出了《罗斯玛丽的婴儿》这部一九六七年的大畅销书，后来还被改编成轰动一时的电影。

领导编辑部的是一九六三年加盟的詹姆斯·希尔伯曼。身为总编辑，他要负责管理其他编辑的复杂工作，还得控制与我们每一本成人大众图书出版相关的预算。除此以外，他还为我们带来了兰登书屋近年来最重要的几本书：亚当·史密斯的《金钱游戏》（一九六八年）、埃利·韦瑟尔的《耶路撒冷的乞丐》（一九六九年）、艾尔文·托夫勒的《未来的冲击》（一九七〇年）。令我高兴的是，这三本大畅销书的作者，还持续为我们贡献好书。一九七一年，希尔伯曼推出了一个新人：E.L.多克托罗。他的小说《但以理之书》深受评论界好评，销量虽然不大，但是多克托罗已经展现出巨大的潜力。

我想我们拥有美国最优秀的编辑团队，有一份漂亮的书目，也有一支出色的发行队伍。一手组建兰登书屋发行部的刘·米勒还在，虽然他和欧文·孟德尔森、詹姆斯·罗素、霍华德·特里格等老同事都接近退休年龄了，但还有一些聪明的年轻人——罗伯特·伯恩斯坦、理查德·克林斯利、理查德·利伯曼——当老人们退休时，他们都可以顶上。兰登书屋、克瑙夫、万神殿三家出版社加起来的可供书目是如此强大，我想就算今后二十年我们关门大吉，赚的钱也或许比现在还多，因为有了这些再版书，我们赚起钱来就好像在人行道上弯腰捡金子那样轻而易举。真是无与伦比。

刘易斯·米勒、唐纳德、罗伯特·伯恩斯坦和贝内特

就在我们把出版社卖给 RCA 前，我已经决定该从总裁一职上卸任了。我上年纪了；我六十七岁，唐纳德六十三岁。我的儿子们接班的时间还早——克里斯托弗才二十三岁，乔纳森十八岁。我们的出版社规模日益壮大，我们必须考虑管理层新老更替的问题。我相信你应该在自己精力还算充沛的时候就想好接班人。许多公司破产就是因为老板们认为自己可以永远干下去，而当他们退居幕后时，却没有人能担当重任。如果没有培养或物色适当人选，他们就会有麻烦。

我一直认为经营企业就像管理一支棒球队，以纽约扬基队为例吧。

346

他们年复一年蝉联联赛冠军是因为他们很聪明,注意新老更替。状态良好的冠军队员还能在球场上漂亮地打比赛时,替补人选已经开始选拔了。所以扬基队三大明星投手雷诺兹、拉奇和罗帕特的状态同时明显下降时,他们已经准备好福特等五名新的投手,马上就可上场。

我们也准备好了适当人选。他就是罗伯特·伯恩斯坦。几年前他离开西蒙与舒斯特出版社来到兰登书屋担任发行部经理,他的工作已经证明他具备整合我们各种业务的才能。所以,我们任命鲍勃出任总裁,我仍然担任董事长。接着,一九七〇年,我卸去董事长一职,由唐纳德接任,菲丽丝和我们的儿子克里斯托弗都辞去兰登书屋编辑的职务——克里斯托弗受聘担任热门电视节目《芝麻街》的重要职务,而菲丽丝则以自由职业者的身份承接兰登书屋的一些图书项目。

在一段时间内,兰登书屋没有发生什么变化。我依然在那里工作,唐纳德也在;我们可以提建议,维护与大作家的关系,让一切照常运转。

鲍勃·伯恩斯坦和我一样强势,我渐渐发现他接管的事情越来越多,做决策也不跟我商量。从某种程度上,我对此很感谢。现在,我可以对各种各样的烦心事和问题加以嘲笑,还跟鲍勃说:"好啦,是你要当总裁的。去解决吧。"然后就去度假啦。事情本当如此。不过我也得留意自己;每隔一阵子,我就意识到自己实际上对这样一个事实耿耿于怀:那就是他不仅在他自己的职权范围内做事,而且也主动做了原本是我要他做的事。

把工作放下是很艰难的,尤其是你完全还能胜任的时候。当你真的老了,开始衰退,你也就没精力工作了,但我还像少年般精神。我不服老,但是每个人都要衰老,你只能看开一点。我不害怕死亡,也不信仰有组织的宗教;我信仰为人应当正派。如果上帝存在,他会赞同你成为一个正派的人。这样的信仰不需要什么仪式,在我看来,这种仪式永远都是做作的。

我度过了快乐的一生。我的运气再好也没有了——有幸拥有唐纳德这样的搭档、菲丽丝这样的妻子,还有两个令我非常骄傲的儿子。我的身

克里斯托弗、贝内特、菲丽丝和乔纳森

体也很棒。我一辈子唯一一次住院治疗是一九六七年夏天做白内障手术。我在医院待了一个星期，医生对我说，等我出院的时候，他们要给我颁发一张证书，说我是圣卢克医院有史以来最不听话的病人。我得起床做事情啊！

有一点我说了许多次了，"一点点幽默就能让我们活得有滋味。这一直是我的信条。"有人曾经问我,"你希望自己的墓志铭上写什么?"我总是说,我希望这样写:"当他离开房间时,屋里的人们会因为刚才与他共度的这段时间而更加快乐。"

贝内特刚去世不久,他曾为之写了十五年"业界风向"专栏的《星期六评论》刊登了一篇讣告文章,结尾是这样一段贴切的话:

他立志当一名出版人,也确实成为了最卓越的出版家。为了这一事业,他全力以赴。每一个与图书世界有关的人都应感激他的恩惠。

译后记

　　两年多以前,我在上海外文书店原版书区域的历史传记书架最下一层意外发现 *At Random：The Reminiscences of Bennett Cerf* 这本书。抽出来翻看,猛然想起来,这不就是十多年前的那本《我与兰登书屋》吗?

　　一九九一年,三联书店出版美国兰登书屋创始人贝内特·瑟夫(当时译为贝内特·塞尔夫)的回忆录《我与兰登书屋》(陈瑞兰、杨淮生译),收入著名的"文化生活译丛"。它为尚未进入商业化时代的中国出版界打开了一扇了解美国现代出版业风云际会的窗户,为国内不少立志从事文学出版事业的出版人提供了全新的思路,也吸引了不少年轻人投身出版业。不过时至今日,当年首印三千册的《我与兰登书屋》已经很难寻觅。

　　当时我没有读过三联版《我与兰登书屋》,但是在一口气读了两遍英文版后,心头豁然开朗,从此告别工作近三年的报社,投身书业,并且着手联系《我与兰登书屋》的国际版权。

　　没想到落实这本书的版权还颇费周折。

　　《我与兰登书屋》精装版初版于一九七七年,在贝内特·瑟夫逝世六周年之际由兰登书屋出版,二〇〇二年兰登书屋成立七十五周年,出版社又请作者长子克里斯托弗·瑟夫作序,推出平装版。尽管该书版权为兰登书屋所有,但由于初版时间久远,独家代理兰登书屋翻译版权的版权代理公司数据库中并没有这本书的资料。幸运的是,不久我即随同黄育海先生参加了二〇〇四年法兰克福书展。我心有不甘,径直跑到兰登书屋的展台询问。可是一般的年轻工作人员怎会了解这样一本近三十年前老书的版权状况呢？这时，兰登书屋一位慈祥的老太太帮了我的忙。她颇为兴奋地说："这是一本好书！"并热情地介绍我在没有预约的情况下去找他们负责国际版权的一位小姐妮科尔谈。"书展结束后我会回公司查这本书，你回去等候版代公司的消息吧。"妮科尔把书名记下来，笑着对我说。接下来的事就十分简单了，一切如愿。

《文汇报》的陆灏兄获知我要翻译这本书，欣然将他收藏的三联版《我与兰登书屋》借给我作参考。我这才发现，这并不是全译本。译者特意说明："为使本书集中于塞尔夫发展兰登书屋的全过程，译者将本书原文中叙述他幼年生活的片断及个别与本书主题关系并不密切的章节有所删略。译者相信这些节略将不会影响读者对塞尔夫这位卓越的出版家的了解。"

也许两位译者自有他们的道理，但在我看来，这不能不说是一个遗憾！在被三联版译者删略的开头两万多字内容里，作者从自己童年的家庭生活说起，写到丰富多彩的大学生活、毕业后在华尔街的荒唐工作，乃至一脚踏进出版业、在利弗莱特出版社积累工作经验的过程。这些生活经历均与作者日后创立兰登书屋以及他的整个人生有着千丝万缕的联系，简单的删略只能令读者看不到作者性格、人生观的发展历程，难以理解他与许多朋友、事件之间的渊源和联系。而在作者创立兰登书屋之后的内容中，也有个别章节、段落被删略，最明显的是在某个章节中，作者讲述他身为自由派出版人，与两位极有争议的极端保守派惠特克·钱伯斯与乔治·索克思的交往以及出版《联邦调查局故事》的过程。这整个章节的删除影响了读者深入认识作者在政治立场、交友标准和商业利益之间的微妙关系。

可能是由于当时条件的限制或者无从查找资料（当时查找资料远没有今天便捷），旧的译本在涉及出版业专业背景的词汇翻译上很容易出错。譬如对出版社书目、图书发行、出版品牌、书系、图书俱乐部、图书附属版权、文学经纪人制度等许多出版专业背景知识的翻译和理解不够准确，可能会影响读者对作者行文和出版业的理解。此外，由于当时的译本并没有列出译名对照表，许多人名、书名、地名等专有名词与今天约定俗成的译名也相差甚远（书中提到的许多图书现已有中译本），这也令今天的读者很难对号入座，无法将自己所知道的知识与书中提到的相应内容一一对应起来。

距离一九九一年三联版《我与兰登书屋》的诞生已经超过十五年，中国出版业在这十五年中也发生了巨大的变化。版权贸易空前活跃，出版集团的裂变整合已不算新鲜事，图书俱乐部（书友会）也出现了。我重新翻译这部美国现代出版史上的经典作品，固然是出于自身对贝内特·瑟夫由衷的敬佩和对这本书的热爱，希望能尽量弥补过去译本中存在的一些遗憾，也希望它有助于国内出版同业在新的市场环境中获得新的启迪，对国际出版业有更深刻的认识。

新译本沿用旧译本《我与兰登书屋》的书名固然是因为它在国内读者中的影响巨大，也是因为原版中 At Random 这个极其精妙的双关语书名实难直译。在英语中，At random 一词本意为"率性，随意，偶然"，这一层意思体现出兰登书屋不拘一格的自由派出版风格主张，而 Random House 音译为"兰登书屋"，则 At Random 也意为"在兰登"。这样的双关正反映出作者贝内特·瑟夫生性幽默、爱好搜集双关语的特点。堪称不可译的绝妙书名。

感谢责任编辑赵萍小姐，还有陆灏先生、季晟康先生、王建梅女士以及所有喜爱《我与兰登书屋》的朋友，没有他们的鼎力支持，《我与兰登书屋》将不会以现在的面貌顺利呈现在读者诸君面前。感谢率先将《我与兰登书屋》介绍给中国读者的三联书店，是三联敏锐、超前的出版眼光使国内许多出版人和普通读者在二十世纪九十年代从这本书中获益匪浅，也感谢两位前辈译者，他们在某些译文上的精妙处理，使我在翻译过程中深受启发。

二○○七年是兰登书屋创立八十周年,也是《我与兰登书屋》问世三十周年。这一新版中译本,是对贝内特·瑟夫这位伟大的出版家一种最好的纪念。

　　　　　　　　　　　　　　译　者
　　　　　　　　　　　二○○六年十二月二十五日

译名对照

A

A.E.霍奇纳 A.E.Hotchner

《啊,荒野!》(尤金·奥尼尔) *Ah, Wilderness!*

《啊,凯》(音乐剧) *Oh, Kay*

阿德莱·斯蒂文森 Adlai Stevenson

阿道夫·希特勒 Adolf Hitler

阿黛尔·阿斯泰尔 Adele Astaire

阿道夫·格林 Adolph Green

阿第伦达克山脉 Adirondacks

阿尔伯特·厄斯金 Albert Erskine

阿尔贝·加缪 Albert Camus

阿尔弗雷德·A.克瑙夫 Alfred A.Knopf

阿尔弗雷德·A.克瑙夫出版社 Alfred A. Knopf, Inc.

阿尔弗雷德·克雷姆伯格 Alfred Kreymborg

阿尔弗雷德·麦肯泰尔 Alfred McIntyre

阿尔弗雷德·希区柯克 Alfred Hitchcock

阿尔贡森林 Argonne Forest

阿尔杰·希斯 Alger Hiss

"阿奎塔尼亚号"轮船 Aquitania

阿里·雷诺兹 Allie Reynolds

阿历克斯·格罗塞 Alex Grosset

阿里森·卢里 Alison Lurie

阿利斯泰尔·库克 Alistair Cooke

阿莉西娅·帕特森 Alicia Patterson

阿琳·弗朗西斯(马丁·盖博太太) Francis Arlene

《阿罗史密斯》(辛克莱尔·刘易斯) *Arrowsmith*

阿纳托尔·法朗士 Anatole France

阿纳托勒·利瓦克 Anatole Litvak

阿妮塔·鲁斯 Anita Loos

阿诺德·贝内特 Arnold Bennett

阿契鲍德·M.维拉德 Archibald M.Willard

阿瑟·霍恩布娄 Arthur Hornblow

阿瑟·格什温 Arthur Gershwin

阿瑟·加菲尔德·海斯 Arthur Garfield Hays

阿瑟·科伯 Arthur Kober

阿瑟·佩尔 Arthur Pell

阿瑟·史华茨 Arthur Schwartz

阿瑟·沃姆拉斯 Arthur Womrath

阿特·林克莱特 Art Linkletter

爱德·福克 Ed Falk

爱德华·G.罗宾逊 Edward G.Robinson

爱德华·乔杜罗夫 Edward Chodorov

爱德华·R.默罗 Edward R.Murrow

《爱的激情》(约翰·奥哈拉) *A Rage to Love*

埃德加·胡佛 J.Edgar Hoover

埃德加·斯诺 Snow, Edgar

埃德蒙·威尔逊 Edmund Wilson

埃德娜·菲尔伯 Edna Ferber

埃德娜·圣文森特·米蕾 Edna St.Vincent Millay

埃德温·阿林顿·罗宾逊 Edwin Arlington Robinson

埃德温·格拉霍恩 Edwin Grabhorn

埃德温·贾斯特斯·梅耶 Edwin Justus Mayer

艾迪·罗帕特 Eddie Lopat

《爱恩斯利》杂志 *Ainslee's*

艾尔文·杜威 Alvin Dewey

艾尔文·托夫勒 Alvin Toffler

埃尔默·阿德勒 Elmer Adler

《埃尔默·甘特利》(辛克莱尔·刘易斯) *Elmer Gantry*

矮脚鸡出版社 Bantam Books

埃拉·弗里曼和麦克·弗里曼 Ira and Mac Freeman

埃拉·洛根 Ella Logan

埃拉·格什温 Ira Gershwin

埃拉·列文 Ira Levin

埃利·韦瑟尔 Elie Wiesel

埃莉诺·梅迪尔·帕特森 Eleanor Medill Patterson

艾伦·萨斯曼 Aaron Sussman

艾伦公司 Allen & Company

艾伦·古尔德 Allan Gould

艾勒里·奎因 Ellery Queen
埃丽娜·尼尔科斯 Elena Niarchos
埃莉诺·霍奇曼·波特 Eleanor Hodgman Porter
埃莉诺·克拉克(罗伯特·佩恩·沃伦太太)Eleanor Clark
埃莉诺·罗斯福 Eleanor Roosevelt
爱丽丝·B.托克拉斯 Alice B.Toklas
《爱丽丝·B.托克拉斯自传》(格特鲁德·斯泰因)Autobiography of Alice B. Toklas
埃里希·莱恩斯朵夫 Erich Leinsdorf
艾略特·桑格 Elliot Sanger
艾伦·勒尔纳 Alan J.Lerner
艾伦·雷恩 Allen Lane
艾里塔·范·多伦 Irita Van Doren
埃塞尔·默曼 Ethel Merman
埃舍·钱伯斯(惠特克·钱伯斯太太)Esther Chambers
埃丝特儿·福克纳(威廉·福克纳太太)Estelle Faulkner
埃文河畔的斯特拉福德 Stratford-on-Avon
埃兹拉·庞德 Ezra Pound
安·兰德 Ayn Rand
安东·佩吉斯 Anton Pegis
安德烈·纪德 Andre Gide
安德烈·马尔罗 Andre Malraux
安德列·希弗兰 Andre Schiffrin
安东尼·舒尔特 Anthony Schulte
安格斯·卡梅隆 Angus Cameron
《安娜·克里斯蒂》(尤金·奥尼尔)Anna Christie
安娜·罗森伯格 Anna Rosenberg
安妮·莱恩斯朵夫(埃里希·莱恩斯朵夫太太)Anne Leinsdorf
安妮·默罗·林德伯格 Anne Morrow Lindbergh
《昂道大桥》(詹姆斯·米契纳)The Bridge at Andau
昂娜·特雷西 Honor Tracy
奥德邦公园 Audubon Park
奥尔巴尼市 Albany
《奥克斯福德鹰报》Oxford Eagle
奥斯古德·珀金斯 Osgood Perkins
奥古斯塔斯·汉德法官 Hand, Judge Augustus

奥斯卡·戴斯特尔 Oscar Dystel
奥斯卡·莱文特 Oscar Levant
奥斯瓦尔德·加里森·维拉德 Oswald Garrison Villard
奥托·卡恩 Otto Kahn
奥斯卡·汉默斯坦 Oscar Hammerstein
奥斯卡·汉默斯坦二世 Oscar Hammerstein II
"奥特格·J.施米尔凯斯奖""Outgo J. Schmierkase Award"
奥维尔·普雷斯考特 Orville Prescott

B

芭芭拉·爱泼斯坦(杰生·爱泼斯坦太太)Barbara Epstein
芭芭拉·赫西(约翰·赫西太太)Barbara Hersey
《巴比特》(辛克莱尔·刘易斯)Babbitt
巴德·舒尔伯格 Budd Schulberg
巴迪·德·席尔瓦 Buddy De Sylva
《拔尖》杂志 Top-notch
《白鲸》(梅尔维尔)Moby Dick
巴克·韦弗 Buck Weaver
巴克斯县 Bucks County
巴尼·格林格拉斯 Barney Greengrass
《把你的心献给鹰吧》(罗宾逊·杰弗斯)Give Your Heart to the Hawks
巴斯特·布朗 Buster Brown
巴兹尔·西德尼 Basil Sidney
白硫磺泉镇 White Sulphur Springs
拜伦·哈维 Byron Harvey
《班尼托·西兰诺》(梅尔维尔)Benito Cereno
《豹》(朱塞佩·迪·兰佩杜萨)The Leopard
《葆·乔伊》(音乐剧)Pal Joey
《宝贝娃娃》(电影)Baby Doll
鲍勃·霍普 Bob Hope
鲍勃·基迪克 bob Keedick
鲍伯斯-梅瑞尔出版社 Bobbs-Merrill Company, Inc.
保尔·查巴斯 Paul Chabas
保尔·雷昂 Paul Leon
《暴君焚城录》(电影)Quo Vadis
保拉·范·多伦 Paula Van Doren

格丽泰・嘉宝 Greta Garbo
格鲁乔・麦克斯 Croucho Marx
格罗塞与邓拉普出版社 Grosset and Dunlap, Inc.
《个人史》(文森特・希恩) Personal History
格瑞尔广场 Plaza Grill
格特鲁德・阿瑟顿 Gertrude Atherton
格特鲁德・劳伦斯 Gertrude Lawrence
格特鲁德・斯泰因 Gertrude Stein
《格特鲁德・斯泰因文集》Selected Writings of Gertrude Stein
《歌舞女郎》(音乐剧) Show Girl
《公民先生》(哈里・杜鲁门) Mr.Citizen
古德森-托德曼公司 Goodson-Tedman
《故事》杂志 Story
古斯塔夫・瑟夫 Gustave Cerf
《瓜岛日记》(理查德・特雷加斯奇斯) Guadalcanal Diary
《观看》杂志 Look
鹳鸟夜总会 Stork Club
无线电城音乐厅 Radio City
《光荣何价》(电影) What Price Glory?
《过河入林》(欧内斯特・海明威) Across the River and into the Trees
国际新闻社 International News Service
国家广播公司(NBC) National Broadcasting Company (NBC)
国家广播公司电台 NBC-Radio
国家图书奖 National Book Award
《国王》The King
《国王必须死》(玛丽・雷诺) The King Must die
《国王的高跷》(苏斯博士) The King's Stilts
《国王的人马》(罗伯特・佩恩・沃伦) All the King's Man
"关于一切"丛书 All About Books
《过分活泼的女孩儿》Excess Baggage

H

哈布雷斯书系 Harbrace Books
哈尔・布洛克 Hal Block
哈尔・史密斯 Hal Smith
哈佛大学 Harvard University
《哈佛讽刺》(杂志) Harvard Lampoon
哈夫洛克・霭理斯 Havelock Ellis

哈里・杜鲁门 Harry Truman
哈利・坎普 Harry Kemp
哈里・鲁比 Harry Ruby
哈利・莫尔 Harry Maule
哈利・谢尔曼 Harry Scherman
哈里森・史密斯 Harrison Smith
哈里森・斯蒂夫斯 Harrison Steeves
哈里斯・法内斯托克 Harris Fahnestock
哈罗德・金兹伯格 Harold Guinzburg
哈罗德・罗宾斯 Harold Robbins
哈罗德・罗姆 Harold Rome
哈罗德・罗斯 Harold Ross
哈罗德・马苏尔 Harold Masur
哈罗德・梅森 Harold Mason
哈罗德・斯特劳斯 Harold Strauss
哈罗德・威廉姆斯 Harold Williams
哈马赫-施莱默商店 Hammacher Schlemmer
《哈姆雷特》(莎士比亚) Hamlet
哈珀・李 Harper Lee
哈珀与罗出版社 Harper and Row, Publishers
哈特福德市 Hartford
哈维・莱斯 Harvey Rice
哈维女郎 Harvey Girls
《哈维女郎》(塞缪尔・霍普金斯・亚当斯) The Harvey Girls
《哈维女郎》(电影) The Harvey Girls
《海爸爸》(A.E.霍奇纳) Papa Hemingway
海岛 Sea Island
海勒姆・海登 Hiram Haydn
海伦・盖泽尔(西奥多・盖泽尔太太) Helen Geisel
海伦・格利・布朗 Helen Gurley Brown
海伦・海德里克 Helen Hedrick
海伦・科蒂斯公司 Helene Curtis Company
海伦・克瑙夫(阿尔弗雷德・A.克瑙夫太太) Helen Knopf
海伦・雷德(奥格顿・雷德太太) Helen Reid
海伦・乔伊斯(乔吉奥・乔伊斯太太) Helen Joyce
海伦・沃尔夫(柯特・沃尔夫太太) Helen Wolff
《海上不速之客》(威廉・麦克菲) Casuals of

359

the Sea

《海棠春怨》(辛克莱尔·刘易斯) *Cass Tim-berlane*

《好兵》(福特·麦多克斯·福特) *The Good Soldier*

《好管家》(杂志) *Good Housekeeping*

《好笑的脸》(音乐剧) *Funny Faces*

赫伯特·胡佛 Herbert Hoover

赫伯特·怀斯 Herbert Wise

赫伯特·梅耶斯 Mayes, Herbert

赫伯特·魏斯托克 Herbert Weinstock

赫尔穆特·莱曼-豪普特博士 Dr.Hellmut Lehmann-Haupt

赫伯特·巴亚·斯沃普 Herbert Bayard Swope

贺拉斯·格莱利 Horace Greeley

贺拉斯·利弗莱特 Horace Liveright

贺拉斯·利弗莱特出版社 Horace Liveri-ght Inc.

贺拉斯·曼吉斯 Horace Manges

荷兰大餐俱乐部 Dutch Treat Club

"呵呵勋爵" Lord Haw-Haw

赫曼·麦尔维尔 Herman Melville

赫斯特报系 Hearst newspapers

《黑牛》(格特鲁德·阿瑟顿) *Black Oxen*

《黑塔》(乔治·S.考夫曼、亚历山大·伍尔考特) *The Dark Tower*

《黑衣女子》(音乐剧) *Lady in the Dark*

亨德里克·房龙 Hendrik Van Loon

亨利·卢斯 Henry Luce

亨利·马蒂斯 Henri Matisse

亨利·塞尔 Henry Sell

亨利·塞德尔·坎比 Henry Seidel Canby

亨利·苏雷 Henri Soulé

亨利·维拉德 Henry Villard

亨利·沃兹沃恩·朗费罗 Henry Wad-sworth Longfellow

亨利·沃兹沃恩·朗费罗·达纳 Henry Wadsworth Longfellow Dana

亨利·西德诺·哈里森 Henry Sydnor Harison

《洪水》(罗伯特·佩恩·沃伦) *Flood*

《红书》杂志 *Redbook*

《红字》(霍桑) *The Scarlet Letter*

湖畔出版社 Lakeside Press

《呼吸》(威廉·萨洛扬) *Inhale and Exhale*

《话说得太多的人》(昆丁·雷诺兹) *The Man Who Talked too Much*

怀特劳·雷德 Whitelaw Reid

怀莉·奥哈拉 Wylie O'Hara

《幻灭者》(巴德·舒尔伯格) *The Disen-chanted*

《欢迎光临本市》(欧文·肖) *Welcome to the City*

皇冠出版社 Crown Publishers, Inc.

惠特·伯内特 Whit Burnett

惠特克·钱伯斯 Whittaker Chambers

《化身大盗》(电影) *The Amazing Dr.Clitte-rhouse*

《火把》(埃德温·贾斯特斯·梅耶) *The Firebrand*

霍顿—米弗林出版社 Houghton Mifflin Company

《霍尔登孵鸡蛋》(苏斯博士) *Horton Hat-ches the Egg*

霍尔特—莱因哈特出版社 Rinehart Holt

霍华德·迪茨 Howard Dietz

霍华德·林赛 Howard Lindsay

霍华德·特里格 Howard Treeger

华盛顿高地 Washington Heights

《华盛顿邮报》*Washington Post*

《华盛顿时代先驱报》*Washington Times-Herald*

J

纪伯伦 Kahlil Gibran

基蒂·卡里斯尔(莫斯·哈特太太) Kitty Carlisle

《吉迪恩·普兰尼什》(辛克莱尔·刘易斯) *Gideon Planish*

吉尔·福克纳 Jill Faulkner

吉尔伯特·瓦尔 Gilbert Vail

吉米·斯图尔特 Jimmy Stewart

《基姆》(吉卜林) *Kim*

基梭山 Mount Kisco

《记忆与欲望》(莱昂诺拉·霍恩布娄) *Memory and Desire*

加德纳·考尔斯 Gardner Cowles

《〈加勒比人的月亮〉及其他六个关于大海的剧本》(尤金·奥尼尔) *The Moon of*

the Caribbees and Six Other Plays of the Sea

伽利玛出版社 Gallimard's

《嘉莉妹妹》(西奥多·德莱塞) Sister Carrie

"佳酿"书系 Vintage Books

杰尔兹·柯辛斯基 Jerzy Kosinski

杰克·本尼 Jack Benny

杰克·克拉普 Jack Clapp

杰罗姆·雷米克 Jerome Remick

杰罗姆·魏德曼 Jerome Weidman

《揭幕》(昆丁·雷诺兹) The Curtain Rises

杰奎琳·苏珊 Jacqueline Susann

杰生·爱泼斯坦 Jason Esptein

杰斯·斯泰恩 Jess Stein

《阶梯》(杰尔兹·柯辛斯基) Steps

《进入黑夜的漫长旅程》(尤金·奥尼尔) Long Day's Journey into Night

金吉尔·罗杰斯 Ginger Rogers

《金钱游戏》(亚当·史密斯) The Money Game

金氏特写社 King Features

《今日此地》(乔治·奥本海默) Here Today

《今晚秀》(电视节目) The Tonight Show

《九月早晨》(绘画) "September Morn"

K

卡尔·W.阿克曼 Carl W.Ackerman

卡尔·范·多伦 Carl Van Doren

卡尔·范·维克滕 Carl Van Vechten

卡尔·沙皮洛 Karl Shapiro

《卡尔加里先驱报》Calgary Herald

《卡米罗》(音乐剧) Camelot

卡萝尔·贝克 Carroll Baker

卡罗塔·奥尼尔(尤金·奥尼尔太太) Carlotta O'Neill

卡罗塔·蒙特利,参见尤金·奥尼尔太太 Carlotta Monterey

卡斯·坎菲尔德 Cass Canfield

凯瑞尔·沙伯特 Kyrill Schabert

凯瑟琳·奥哈拉(约翰·奥哈拉太太) Katherine O'Hara

凯瑟琳·德林克·鲍温 Catherine Drinker Bowen

凯瑟琳·格雷厄姆 Katharine Graham

凯瑟琳·温瑟 Kathleen Winsor

凯斯·芬斯顿 keith Funston

凯茜·哈特 Cathy Hart

堪萨斯州调查局 Kansas Bureau of Investigation

堪萨斯州立大学 Kansas State University

《看不见的人》(拉尔夫·艾里森) Invisible Man

康拉德·艾肯 Conrad Aiken

《客观主义者》杂志 The Objectivist

克拉特一家 Clutter Family

克拉伦斯·巴恩哈特 Clarence Barnhart

克劳黛·科尔博特 Claudette Colbert

柯雷·福特 Corey Ford

《柯里尔》杂志 Colliers

克莱德·托尔森 Clyde Tolson

克利福德·奥德兹 Clifford Odets

克利弗顿·法迪曼 Clifton Fadiman

克里斯·哈特 Chris Hart

克里斯托弗·瑟夫 Christopher Cerf

克里斯托弗·莫利 Christopher Morley

克里伊顿 Croydon

克瑙夫出版社,参见阿尔弗雷德·A.克瑙夫 Knopf, Inc.

柯特·沃尔夫 Kurt Wolff

科维特商店 Korvette's

肯·麦考米克 Ken McCormick

《恐怖玄幻故事集》(赫伯特·怀特、菲丽丝·瑟夫编) Great Tales of Terror and the Supernatural

《控方证人》(电影) Witness for the Prosecution

口袋书出版社 Pocket Books

《快马邮递》(塞缪尔·霍普金斯·亚当斯) The Pony Express

寇斯顿·雷 Colston Leigh

夸利公司 Quarrie Corporation

《奎德》(亨利·西德诺·哈里森) Queed

昆丁·雷诺兹 Quentin Reynolds

《困扰的空气》(欧文·肖) The Troubled Air

L

拉尔夫·艾里森 Ralph Ellison

拉尔夫·巴顿 Ralph Barton

拉尔夫·亨利·巴博 Ralph Henry Barbour

拉尔夫·亨德森 Ralph Henderson

拉尔夫·亨德森太太 Mrs.Ralph Henderson

拉尔夫·普利策 Ralph Pulitzer

拉里·哈特 Larry Hart

拉娜·特纳 Lana Turner

拉扎德·弗瑞斯公司 Lazard freres

莱昂·辛姆金 Leon Shimkin

莱昂波德·格多斯基 Leopold Godowsky

莱昂诺拉·霍恩布娄(阿瑟·霍恩布娄太太)Leonora Hornblow

莱拉·罗杰斯 Lela Rogers

《来源》(詹姆斯·米契纳)The Source

《来自大海的礼物》(安妮·默罗·林德伯格)Gift from the Sea

兰登书屋"一号公告""Announcement Number One"(Random House)

兰登书屋"二号公告""Announcement Number Two"(Random House)

《兰登书屋英语词典》Random House Dictionary of the English Language

《蓝书》杂志 Bluebook

《老妇人的故事》(阿诺德·贝内特)Old Wives' Tale

劳拉·霍布森 Laura Hobson

劳伦斯·兰格纳 Lawrence Langner

《老实人》/《憨第德》(伏尔泰)Candide

《老鼠兄弟》(弗雷迪·芬克尔霍夫)Brother Rat

勒图盖 Le Touquet

"雷伯朗"票行 Leblang's

雷·弗雷曼 Ray Freiman

雷电华电影公司 RKO Pictures

雷明顿·兰德公司 Remington Rand Corporation

雷诺尔与希区柯克出版社 Reynal and Hitchcook

雷曼兄弟公司 Lehman Brothers

雷蒙·韦弗 Raymond Weaver

《冷血》(杜鲁门·卡波特)In Cold Blood

李·基迪克 Lee Keedick

李·基迪克经纪公司 Lee Keedick Agency

李·莱特 Lee Wright

利奥波德·斯托科夫斯基 Leopold Stokowski

理查德·克林斯利 Richard Krinsley

理查德·利伯曼 Richard Liebermann

理查德·马登 Richard Madden

理查德·罗杰斯 Richard Rodgers

理查德·特雷加斯奇斯 Richard Tregaskis

理查德·西蒙 Richard Simon

"里程碑"丛书 Landmark Books

利弗大厦 River House

利弗莱特出版社,参见贺拉斯·利弗莱特出版社 Liveright, Inc.

《离开不来梅的水手》(欧文·肖)Sailor off the Bremen

丽拉·贝尔·华莱士(德威特·华莱士太太)Lila Bell Wallace

丽莲·海尔曼 Lillian Hellman

丽莲·罗斯 Lillian Ross

丽莎·贝尔·阿奇森 Lisa Bell Acheson

利特尔与布朗出版社 Little, Brown & Company

联邦调查局(FBI)Federal Bureau of Investigation

《联邦调查局故事》(唐·怀特海)FBI Story

莲花俱乐部 Lotos Club

林顿·斯特拉奇 Lytton Strachey

《零号天花板》Ceiling Zero

刘·米勒 Lew Miller

《流动的盛宴》(海明威)A Moveable Feast

《流浪汉向东,流浪汉向西》(凯瑟琳·温瑟)Wanderers East, Wanderers West

《流行》杂志 Popular

刘易斯·加内特 Lewis Gannett

《洛克伍德事件》(约翰·奥哈拉)The Lockwood Concern

路德维格·列维松 Ludwig Lewisohn

《露台春潮》(约翰·奥哈拉)From the Terrace

《鲁西尔》(音乐剧)La La Lucille

路易斯·麦克尼斯 Louis MacNiece

路易丝·波尼诺 Louise Bonino

《露阴癖》(戴维·斯拉维特)The Exhibitionist

罗宾逊·杰弗斯 Robinson Jeffers

罗伯特·艾冯 Robert Avon

罗伯特·本奇利 Robert Benchley

罗伯特·伯恩斯坦 Robert Bernstein

罗伯特·德·格拉夫 Robert de Graff

索恩顿・怀尔德 Thornton Wilder
索克森特 Sauk Center
《索雷尔父子》(沃维克・迪平) Sorrell and
　　Son

T

塔露拉・班克海德 Tallulah Bankhead
泰德・W.劳森 Ted W.Lawson
泰德・威克斯 Ted Weeks
《泰晤士报》Times
《太阳照样升起》(海明威) The Sun Also Ri-
　　ses
《谈我自己》(西奥多・德莱塞) A Book About
　　Myself
唐・怀特海 Don Whitehead
唐纳德・格罗塞 Donald Grosset
唐纳德・克劳弗尔 Donald Klopfer
唐山德・哈里斯中学 Townsend Harris
　　High School
汤姆・金兹伯格 Tom Guinzburg
特里・赫尔本 Terry Helburn
"提高丛书"Step-Up Books
《天边外》(尤金・奥尼尔) Beyond the Hori-
　　zon
《跳舞好吗?》(电影) Shall We Dance?
"铁锚"书系 Anchor Books
通用电气公司 General Electric Company
《同志》(电影) Tovarich
托马斯・比尔 Thomas Beer
托马斯・曼 Thomas Mann
托马斯・R.史密斯 Thomas R.Smith
托马斯・赛尔策 Thomas Seltzer
托尼・珀金斯 Tony Perkins
托尼・温菲米尔 Tony Wimpfheimer
"投资忠告"专栏 Advice to Investors
图茨・肖 Toots Shor

V
《V.V.的眼睛》(亨利・西德诺・哈里森) V.
　　V.'s Eyes

W
W.C.费尔茨 W.C.Fields
W.H.奥登 W.H.Auden
W.H.赫逊 W.H.Hudson

WQXR 电台 WQXR
瓦尔特・司各特爵士 Sir Walter Scott
瓦萨尔学院 Vassar College
《我弥留之际》(威廉・福克纳) As I Lay
　　Dying
《伪币制造者》(安德烈・纪德) The Coun-
　　terfeiters
威尔・罗杰斯 Will Rogers
薇拉・凯瑟 Willa Cather
《晚安,警长》(哈里森・斯蒂夫斯) Good
　　Night , Sheriff
万神殿出版社 Pantheon Books, Inc.
《王室血统》(辛克莱尔・刘易斯) Kings-
　　blood Royal
《往这儿看,大兵哈格罗夫》See Here , Pri-
　　vate Hargrove
"威尔士亲王"号战舰 Prince of Wales
　　(Battleship)
维克・拉奇 Vic Raschi
维吉尔・汤姆森 Vigil Thomson
维京出版社 Viking Press
薇拉・梅内尔 Vera Meynell
《未来的冲击》(艾尔文・托夫勒) Future
　　Shock
《为了学校的荣誉》(拉尔夫・亨利・巴博)
　　For the Honor of the School
威廉・A.罗杰斯博士 Dr.William A.Rod-
　　gers
威廉・比比 William Beebe
威廉・布林克利 William Brinkley
威廉・福克纳 William Faulkner
威廉・汉弗雷 William Humphrey
威廉・L.谢勒 William L.Shirer
威廉・兰道夫・赫斯特 William Randolph
　　Hearst
威廉・罗丝・贝内 William Rose Benét
威廉・麦克菲 William McFee
威廉・尼克尔斯 William Nichols
威廉・萨洛扬 William Saroyan
威廉・斯泰伦 William Styron
威廉姆斯学院 Williams College
威斯特布鲁克・佩格勒 Westbrook Pegler
《为亚洲而战》(埃德加・斯诺) The Battle
　　for Asia
文森特・希恩 Vincent Sheean

温斯顿·丘吉尔爵士 Sir Winston Churchill

文学公会 Literary Guild

《我不能无缘无故为你得到它》(杰罗姆·魏德曼) I Can Get it for You Wholesale

沃德·格林 Ward Greene

沃尔夫夫妇书系 Kurt and Helen Wolff Books

沃尔考特·吉布斯 Wolcott Gibbs

沃尔特·本顿 Walter Benton

沃尔特·法利 Walter Farley

沃尔特·惠特曼 Walt Whitman

《我歌唱你》(音乐剧) Of Thee I Sing

《我们的人群》(斯蒂芬·伯明翰) Our Crowd

《我们自己明白》(约翰·奥哈拉) Ourselves to Know

沃纳·法比安,见"塞缪尔·霍普金斯·亚当斯" Warner Fabiran

《我宁愿是对的》(乔治·考夫曼、莫斯·哈特) I'd rather Be Right

《我漂亮的姑娘》My Fair Lady

《我是干哪行的?》(电视节目) What's My Line

《我所见到的战争》(格特鲁德·斯泰因) Wars I Have Seen

沃维克·迪平 Warwick Deeping

《我心在高原》(威廉·萨洛扬) My Heart's in the Highlands

伍德米尔 Woodmere

乌娜·奥尼尔 Oona O'Neill

《五行打油诗》(贝内特·瑟夫) Out on a Limerick

《无尽的岁月》(尤金·奥尼尔) Days Without End

《伍斯特郡记》(山姆·贝尔曼) The Worcester Account

X

西奥多·德莱塞 Theodore Dreiser

西奥多·盖泽尔(苏斯博士) Theodor Geisel

西尔维娅·比奇 Sylvia Beach

西尔维娅·西德尼 Sylvia Sidney

戏剧公会 Theatre Guild

《戏剧公会选集》The Theatre Guild Anthology

西蒙·迈克尔·贝西 Simon Michael Bessie

西蒙与舒斯特出版社 Simon and Schuster, Inc.

西摩·赫什 Seymour Hersh

锡盘街 Tin Pan Alley

《夏威夷》(詹姆斯·米契纳) Hawaii

《行动中心》(杰罗姆·魏德曼) The Center of the Action

夏洛特·福特 Charlotte Ford

《现代美国幽默百科全书》(贝内特·瑟夫主编) An Encyclopedia of Modern American Humor

先锋出版社 Vanguard Press

《先知》(纪伯伦) The Prophet

萧伯纳 George Bernard Shaw

《笑话大王》Jester

小查尔斯·斯克里伯纳 Charles Scribner, Jr.

小金鸡出版社 Golden Cockerel Press

《小姐》Mademoiselle

《小评论》杂志 Little Review

《肖像与祷告》(格特鲁德·斯泰因) Portraits and Prayers

《小镇》(威廉·福克纳) The Town

谢德尼·金斯利 Sidney Kingsley

谢尔比·富特 Shelby Foote

《新共和》杂志 The New Republic

辛克莱·刘易斯 Sinclair Lewis

新美国文库(N.A.L) New American Library (N.A.L.)

辛泰克斯公司 Syntex

"新生"书系 Pop-Up Books

新学院 New School of Social Research

《新闻周刊》Newsweek

《星期六评论》Saturday Review

《星期六晚刊》The Saturday Evening Post

《性与单身姑娘》(海伦·格利·布朗) Sex and the Single Girl

《性心理学研究》(霭理斯) Studies in the Psychology of Sex

秀兰·邓波儿 Sirley Temple

《袖珍战争幽默故事集》(贝内特·瑟夫编) Pocketbook of War Humor

《旭日》(约翰·托兰) The Rising Sun

约翰·赫西 John Hersey

约翰·M.伍尔塞法官 Judge John M.Woolsey

约翰·梅森·布朗 John Mason Brown

约翰·萨金特 John Sargent

约翰·萨姆纳 John Sumner

约翰·斯坦贝克 John Steinbeck

约翰·斯特拉奇 John Strachey

约翰·托兰 John Toland

约翰·西蒙 John Simon

约瑟芬·霍尔 Josephine Hull

约瑟夫·杜维恩 Joseph Duveen

约瑟夫·赫格斯海默 Joseph Hergesheimer

约瑟夫·康拉德 Joseph Conrad

约瑟夫·考顿 Joseph Cotton

约瑟夫·肯尼迪 Joseph Kennedy

约瑟夫·麦卡锡 Joseph McCarthy

约瑟夫·帕特森 Joseph Patterson

约瑟夫·希尔德克劳特 Joseph Schildkraut

《愈堕落愈彻底》(巴德·舒尔伯格) *The Harder They Fall*

《运河镇》(塞缪尔·霍普金斯·亚当斯) *Canal Town*

Z

《在黑暗中躺下》(威廉·斯泰伦) *Lie Down in Darkness*

《再见,哥伦布》(菲利普·罗斯) *Goodbye, Columbus*

《在雷电与太阳之间》(文森特·希恩) *Between the Thunder and the Sun*

《在圣路易遇见我》(莎莉·本森) *Meet Me in St.Louis*

《在圣路易遇见我》(电影) *Meet Me in St. Louis*

《战败》(尤多拉·韦尔蒂) *Losing Battles*

《战斗的信念》(约翰·斯特拉奇) *A Faith to Fight for*

战时生产委员会(二战期间) War Production Board

詹姆斯·布兰奇·卡贝尔 James Branch Cabell

詹姆斯·杜立特将军 General James Doolittle

詹姆斯·罗素 James Russell

詹姆斯·麦凯恩博士 Dr.James McCain

詹姆斯·麦凯恩太太 Mrs.Jame McCain

詹姆斯·梅瑞迪思 James Meredith

詹姆斯·米契纳 James A.Michener

詹姆斯·乔伊斯 James Joyce

詹姆斯·T.法雷尔 James T.Farrell

詹姆斯·希尔伯曼 James Silberman

詹姆斯·希尔顿 James Hilton

《这里不可能发生》(辛克莱尔·刘易斯) *It Can't Happen Here*

《这是我亲爱的》(沃尔特·本顿) *This Is My Beloved*

珍妮·弗兰纳 Janet Flanner

《珍妮姑娘》(西奥多·德莱塞) *Jennie Gerhardt*

珍珠港 Pearl Harbor

《织工马南》(乔治·艾略特) *Silas Marner*

《芝加哥论坛报》 *Chicago Tribune*

《芝麻街》(电视节目) *Sesame Street*

《中士没时间了》(麦克·海曼) *No Time for Sergeants*

朱迪·加兰 Judy Garland

朱立安·梅斯纳 Julian Messner

朱丽娅·柴尔德 Julia Child

朱塞佩·迪·兰佩杜萨 Giuseppe di Lampedusa

《追寻逝去的时光》(马塞尔·普鲁斯特) *Remembrance of Things Past*

自由公债 Liberty Bond

《综艺》杂志 *Variety*

作家联盟 Authors League

《作证》(惠特克·钱伯斯) *Witness*